공부가 좋아지는
허쌤의 공책레시피

공부가 좋아지는 허쌤의 공책레시피
— 학습능력을 올리는 공책정리 코칭 가이드

2013년 12월 19일 초판 1쇄 발행
2021년 11월 15일 초판 8쇄 발행

지은이 | 허승환
펴낸이 | 이형세
편집 | 윤정기
디자인 | 기민주
일러스트레이션 | 김경찬
노트 손글씨 | 기윤형
인쇄·제본 | 두성 P&L
펴낸곳 | 테크빌교육(주)
주소 | 서울시 강남구 언주로 551, 5층, 8층
전화 | 02-3442-7783(333)
팩스 | 02-3442-7793

ISBN 978-89-93879-57-5
정가 15,000원

· 이 책의 무단 전재와 무단 복제를 금합니다.

**학습능력을 올리는
공책정리 코칭 가이드**

공부가 좋아지는
허쌤의
공책레시피

테크빌교육

• 머리글 •

아이들이 배움의 즐거움을 알게 되길 바라며

　2013년을 서울 연구년 교사로 보내게 된 저는 북유럽의 핀란드, 스웨덴, 노르웨이 등을 방문할 기회가 있었습니다. 4시간 반 정도의 시간을 들여 공부하면서도 높은 학업성취도를 거두는 북유럽의 학교에 비해 우리나라는 학원 시간을 빼고 하루 평균 8시간 55분을 공부하면서도 '학교에서 행복하지 않다'는 결과에 가슴이 아팠습니다. 함께 핀란드 교육을 견학한 한 선생님께서는 "한국 아이들 불쌍해서 어쩌냐"며 우셨다는 말씀을 전해 들었습니다. 그래서 아이들이 행복하게 살도록 도와주려고 학교에서 교육을 하는 것인데, 왜 이런 일들이 벌어지는지에 대하여 근원적인 고민을 안고 돌아오게 됐습니다.

　초등학교 5학년 때부터 제 딸 예은이는 홈스쿨링을 하고 싶다고 졸랐습니다. 학원을 다니느라 늦은 밤이 되서야 집에 돌아오게 되는 생활은 하고 싶지 않다는 거였습니다. 무엇보다도 그림을 그리는 시간이 가장 행복하다는 예은이의 말에 진로는 결정되었고, 홈스쿨링이 시작되었습니다. 그러나 홈스쿨링을 하는 3년은 정말 지난한 시간이었습니다. 예은이가 초등학교 때 반에서 1, 2등을 하던 제법 모범적인 아이였음에도 불구하고 '스스로의 의지로 공부하는 게 얼마나 어려운 일인가?'를 알 수 있었습니다. 또한 사춘기에 접어든 아이와 많은 어려움을 겪었던 시기이기도 했습니다.

　통계청 조사에 의하면 우리나라 청소년들의 가장 큰 고민은 '성적'(공부)입니다. 적어도 교사라면, 아이들에게 '공부를 좋아하게 하거나', '성적이 나오지 않더라도 성적 포기가 인생 포기로 이어지지 않도록' 도와주어야 합니다. 아이들의 성적이 좋지 않은 건 선생님이 못 가르쳐서가 아닙니다. 아이들이 머리가 나빠서도 아닙니다. 교육의 어원은 라틴어 Educatio에서 왔다고 합니다. 이 말은 '끌어낸다'라는 의미로서, 교육이란 아이들에게 가르치는 게 아니라 아이들 속에 이미 있던 것을 '끄집어내는 것'이라는 걸 알려 주고 있습니다. 모든 아이들은 배우고 싶어 합니다. 비록 지금은 무력감에 빠져 스스로를 원망하고 힘들어 할 수도 있지만, 모든 아이들은 공부를 더 잘하고 싶어 합니다.

이 책은 딸 예은이가 홈스쿨링을 하지 않았다면 나오지 않았을 책입니다. 아이들이 입시에 메어 인생을 끊임없이 비교 당하며 좌절하지 않도록 교육적인 시스템이 갖춰지길 기원하며, 저 개인적으로는 아이들이 뇌기반학습에 기반을 둔 제대로 된 학습법을 익혀 공부에 대한 자신감을 되찾을 수 있도록 돕고 싶습니다.

아이들이 친구들과의 경쟁보다 스스로의 성장을 느끼며 기뻐하고, 친구들과 협력하여 과제를 해결해가며 배움의 즐거움을 알아가는 데 이 책이 작은 도움이 되면 기쁘겠습니다.

2013년 11월 27일 예은아빠 허승환

목차

Part 1 공부의 진짜 시작, 공책을 연구하자! · 8
1장 | 공부를 왜 하지? · 10
2장 | 공책정리 꼭 해야 할까? · 28

Part 2 공부 잘하는 기억력의 비밀 · 38
3장 | 공책정리에 대한 8가지 오해 · 40
4장 | 해마는 어떻게 기억할까? · 49
5장 | 시험성적을 올리는 수업태도 · 61
6장 | 의미기억을 에피소드화하기 ①질문하기 · 72
7장 | 의미기억을 에피소드화하기 ②가르치기 · 85
8장 | 의미기억을 에피소드화하기 ③파트너학습 · 95

Part 3 날단학공과 코넬 공책으로 업그레이드! · 106
9장 | 최고의 공부 비법 '5분 복습법' · 108
10장 | 번호 붙이기와 들여쓰기로 공책 뼈대 세우기 · 117
11장 | 날단학공 복습공책 작성의 실제 · 124
12장 | 공책정리의 정석! 코넬 공책 · 133
13장 | 코넬 공책 업그레이드하기! · 144

Part 4 인류 최고의 공책, 마인드맵 • 152

14장 | 두뇌가 원하는 최고의 필기법 '마인드맵' • 154
15장 | 우리가 피해야 할 마인드맵의 함정들 • 167

Part 5 성적을 올리는 필기 습관 • 182

16장 | 공부가 되는 오답공책 활용하기 • 184
17장 | 5단계로 지도하는 레벨업! 공책필기! • 195
18장 | 플래너로 333습관 만들기! • 205

Part 6 이제, 공부가 좋아지는 공책정리! • 220

19장 | 기억을 돕는 색펜 활용하기! • 222
20장 | 공부가 좋아지는 댓글 활용하기! • 231
21장 | 학습부진아를 위한 공책정리! • 246

 Part 1

공부의 진짜 시작, 공책을 연구하자!

공부를 왜 하지?

2011년 국제교육성취도평가협회IEA가 50개국 초등학교 4학년 학생과 42개국 중학교 2학년 학생 각각 30만 명을 대상으로 실시한 '수학·과학 성취도 추이변화 국제비교연구(TIMSS·팀스) 평가 결과'를 보면, 우리나라 초등학교 4학년 학생들의 수학 평균점수는 605점으로 싱가포르에 이어 2위, 과학은 587점으로 1위를 차지했습니다.

■ **초등학교 4학년·중학교 2학년 '수학 성취도 및 흥미도'**

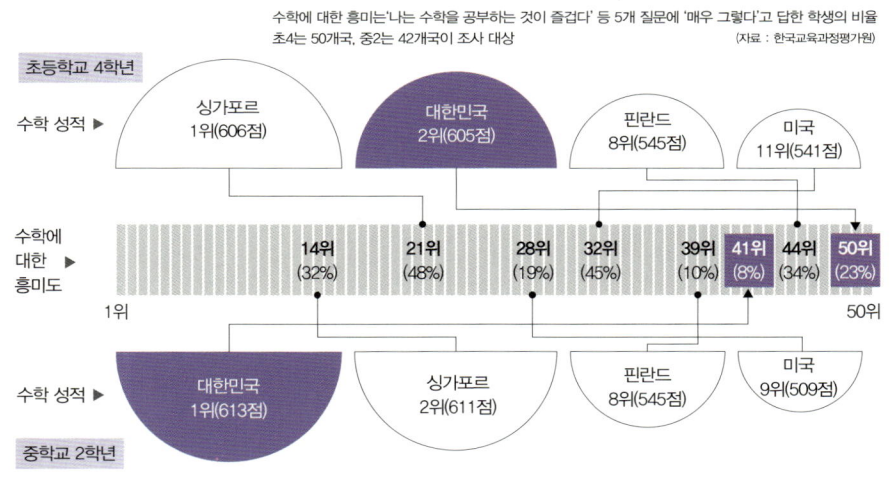

그러나 한국 초등학교 4학년 학생들은 '나는 수학을 공부하는 것이 즐겁다' 등 '수학 흥미도' 조사의 5개 질문에서 23%의 학생들만 '매우 그렇다'고 답해 50개국 가운데 꼴찌를 차지했습니다. 반면 수학 성적이 1위인 싱가포르는 48%의 학생들이 수학에 흥미를 느끼는 것으로 나타났습니다. '나는 대체로 수학을 잘한다' 등 7개 질문으로 파악한 '수학 자신감' 평가에서 한국 초등학생은 11%만 자신감을 갖고 있는 것으로 조사되어 50개국 가운데 49위입니다.

한국 학생들의 수학·과학 흥미도와 자신감이 낮은 원인은 무엇 때문일까요? 아마도 과도한 경쟁 때문이지 않을까 분석됩니다. 결국 우리나라 아이들은 공부를 잘하지만 공부를 싫어하고, 무엇보다 부모님이 시켜서 하지 스스로 하고 싶어 하지 않는 것이 가장 큰 문제가 아닐까 싶습니다. 그래서 시험을 상대평가 방식에서 절대평가 방식으로 전환할 필요와 함께 '학습에 대한 흥미', '자기주도 학습'에 대한 교사들의 관심이 어느 때보다 더 중요합니다. 또한 아이들의 부족한 학습동기와 자기관리 능력에 대한 교사의 지도 대책도 준비되어야 하겠습니다.

원동연 박사님은 5차원 전면 교육을 통해 교육의 열매를 결정하는 주요소로 가르침과 배움을 동반한 '배움의 능력'을 꼽고 수용능력 함양을 위해 5가지(체력, 심력, 지력, 자기관리, 인간관계,) 전인적 교육을 제시했습니다. 저도 이 기준에 맞춰 교육의 나침반을 세웠습니다.

개인적으로는 그동안 '체력'을 기르기 위해 《두근두근 운동장놀이》 책을 쓰며, 점심시간마다 운동장에 나가 아이들과 함께 뛰어놀려고 애썼습니다. '심력'을 키우기 위해서는 심성놀이 활동을 만들고 《토닥토닥 심성놀이》 책을 썼으며, 학생들의 심성을 가꾸기 위해 노력했습니다. '인간관계 능력'을 길러주기 위해서는 노르웨이의 올베우스 프로젝트와 핀란드의 키바 코울루 프로젝트 등에 관심을 가지고 회복적 정의, 평화샘 프로젝트, 따돌림없는사회 모임 등의 강의를 들으며 학교 평화교육 전문 강사 과정을 마쳤습니다.

최근 들어서는 학교의 존재 이유라고 할 수 있는 '지력'과 '자기관리 능력'을 키우려면 어떻게 해야 할지 관심을 기울이고 있습니다. '지력'이란 '참과 거짓을 구별할 수 있는 지적인 힘'을 말합니다. 이는 단지 지식의 습득이 아니라 지혜에 대해 말하고 있습니다. 그동안의 모든 교육들은 단지 얼마나 많은 지식을 얼마나 빠른 속도로 기억하고 잊지 않느냐에 대해 치중하고 있었습니다. 하지만 지력은 '궁리'를 하게 합니다. '궁리'란 사물의 이치를 깊이 연구한다는 뜻으로 표면적인 지식만을 배우고 지나가는 것이 아니라 그 사실에 대해 좀 더 깊은 생각을 요구하며 그것을 통해 좀 더 빠른 전체의 파악과 이해하는 방법을 학습하도록 도와줍니다.

아이들을 행복하게 만드는 방법도 공부에 있다

젊은 초임 교사일수록 아이들과의 '재미'에 매달려 학생들이 공부를 좋아하게 하려는 노력을 기울이지 않는 걸 보게 됩니다. 저 역시 한때는 놀이에 매달려 수업을 등한시하고 더 많이 놀아주려고만 애를 썼습니다. 그러다 제가 교사인 것을 모르는 학부모님들이 나누는 이야기를 학교 앞 카페에서 우연히 듣게 되었습니다.

"이번에 우리 아이 담임이 30대 초반의 젊은 남교사야."
"아, 그 아이들과 매일 놀아준다던……. 좋겠네."
"물론 애는 엄청 좋아하지. 그런데 맨날 놀기만 하고 공부를 안 해……. 그렇게 놀다 바로 중학교에 올라갈 텐데 걱정이야."

얼굴이 화끈거리며 큰 충격을 받았습니다. 학교에 대한 즐거운 인식을 심어주려는 노력만 했지, 학생들이 학습에 대한 즐거움, 학습에 대한 자신감을 키워주려는 노력은 도외시했던 것이 사실이었기 때문입니다. 그때부터 조금씩 학습 부분에 관한 관심을 기울였습니다. 그후, 2013년 통계청과 여성가족부가 함께 발표한 '2013 청소년 통계'를 볼 수 있었습니다. 가장 많은 청소년이 꼽은 고민 1위는 32.0%로 '공부'였습니다. 아이들이 불행한 가장 큰 이유가 공부라면, 아이들을 행복하게 해주는 방법도 '공부'에 있다는 확신을 얻게 된 계기였습니다.

우리 반 아침자습은 두줄쓰기 공책과 주간플래너를 작성하는 것입니다. 2012년 한 학기를 함께 했던 아이들에게 '내게 2012년 1학기는 _____였다. 왜냐하면…?' 이라는 주제로 글을 쓰게 했습니다. '착한 공부', '재미있는 공부 습관'을 들이며 아이들에게 이루어진 변화를 정리하게 하고 싶었던 겁니다.

내게 2012년 1학기는 _____였다. 왜냐하면?

한고은 | 2012년 1학기는 내게 잊지 못할 기억이었다. 왜냐하면 처음으로 좋은 선생님과 좋은 친구들을 만났고 항상 재미있게 수업하기 때문이다. 5학년 때와 비교해 내가 달라진 점은 허승환 선생님을 만나고 성적이 더 올라갔고 욕은 좀 줄었다. 6학년 때부터 학교 가기가 너무 즐거워졌다.

염다인 | 2012년 1학기는 내게 '게임 클리어'였다. 왜냐하면 처음엔 서먹서먹했어도 우리 반 모두와 친해지고 성적도 올랐고, 가장 중요한 것은 공부가 즐거워지고 또 오기 싫었던 학교가 즐거워진 것이다. 이건 엄청난 발전이다. 이렇게 큰 사건 없이 즐겁게 마친 1학기, 그러니 무사히 또 즐겁게 마친 1학기는 게임 클리어! 5학년 때와 비교해 성적도 올랐고, 반 모두와 친해졌고, 또 지나치게 밝아졌다. 헤헤헤~ 레벨 업!

손유진 | 2012년 1학기는 내게 '운동기구'였다. 5학년 땐 체육시간에만 운동을 했는데, 6학년 때는 점심시간에도 매일 체육을 했기 때문이다. 5학년 때와 비교해 달라진 점은 (1) 공부 습관이 많이 달라졌다. (2) 운동량이 달라졌다.

한원 | 2012년 1학기는 내게 '즐거움'이었다. 왜냐하면 허쌤과 함께 즐겁게 보냈기 때문이다. 5학년 때와 비교해 볼 때 5학년 때는 아침에 학교에 와서 숙제를 했는데, 6학년 때는 집에서 미리 숙제를 해오게 되었다.

정해리 | 2012년 1학기는 내게 '복습'이었다. 왜냐하면 1학기 때 복습공책을 쓴 덕분에 성적이 많이 올랐기 때문이다. 5학년 때와 비교해서 성취도 평가 공부한 것보다 잘못봐 아쉽다. 2학기 때는 아자아자!!!

구유정 | 2012년 1학기는 내게 '소중한 보물'이었다. 소중한 보물처럼 1학기가 내겐 너무 소중한 추억이 가득하기 때문이다. 5학년 때와 비교해 달라진 점은 5학년 때는 공부하기 싫고 정말 재미없었는데, 6학년 때는 공부가 좋고 재미있어졌다.

박지수 | 2012년 1학기는 내게 '세제'와 같다. 왜냐하면 나를 조금 바꿔줬기 때문이다. 5학년 때와 비교해 내가 달라진 점은 말이 많아졌고, 공부 시간이 늘어났다.

최상헌 | 2012년 1학기는 내게 '돈'이다. 1학기의 값이 비싸다. 하루하루가 소중하니까… 공부를 하여 5학년 때보다 달라졌다. 엄청 많이 많이…….

해마다 스스로의 '성장'을 확인하는 삶, 아이에게 이런 주제를 주면 어떤 글이 나올 거라고 생각하십니까? 저는 아이의 글에서 '공부'에 대한 즐거운 이야기가 나오면 좋겠다고 생각합니다. 그리고 저 자신의 '지력'에 대한 관심이 자랄수록 학생들의 글 속에서도 '지력'에 대한 이야기가 더 많이 나옴을 알 수 있었습니다. 학생들은 스펀지 같아서 선생님이 관심을 가지는 부분에 대한 관심이 함께 자랍니다. 그것이 저희가 학생들의 '지력'에 관심을 가져야 할 이유입니다.

공부를 왜 해야 할까?

> 2007년 7월 3일 화요일
> 날씨 : 비도 안 오고 맑아서 좋다. 그래도 내일 비 오면 싫은데.
> 겪은 일 : 공부, 샤프심, 괜히 가져 온 우산
>
> 내가 여태까지 제일 궁금한 것은 '공부는 왜 해야 하지?'이다. 나중에 편하게 먹고 살고 훌륭한 사람이 돼서 힘 안 들이고 살 수 있다는 사람이 많다. 그래도 난 공부하는 게 짜증난다. 옛날부터 우리들이 서로 돕고 사는 성격이었다면, 전 세계 사람들이 그랬다면 공부는 없었을 텐데 말이다. 내가 공부를 많이 하는 것도 아니지만 공부를 해야 되는 이유가 있어야지 목표를 정하고 공부를 하는 것이 아닐까라는 생각이 든다. 내가 우리 나라 어른들에게 이런 주장을 내세우면 나한테 나중에 후회하지 말고 공부나 하라는 말만 나올게 뻔하다. 가끔 애들한테 "너 공부 왜 해?"라고 물어보면 "모른다"고 답하는 경우가 많다. 왜 해야 하는지 이유도 모르고 하는 공부가 난 너무 짜증스럽게 여겨진다.
>
> (7시 40분 〈별 이야기〉 14호)

〈별 이야기〉 학급신문에 실린 초등학교 5학년 박수현 학생의 일기입니다. 이 아이에게 뭐라고 이야기해 주시겠습니까? 물론 "쓸데없는 생각 말고 공부나 하라"고 대답하진 않으시겠지요?

'왜 공부하지?'라고 생각하는 아이는 그래도 아주 마음이 건강한 아이라고 생각합니다. '공책 정리'에 대해 이야기하기 전에 우리는 먼저 아이들과 이 본질적인 질문에 관한 생각을 나누어야 합니다.

무작정 달리는 버스 안에서 승객이 다른 승객에게 "우리 어디로 가는 거죠?"라고 물었을 때, "몰라요. 어디로 알아서 가겠죠?"라고 대답하거나 기사마저 승객들의 궁금증에 대해 생각할 여유가 없어서 "운전하기 바쁘니까 나중에 대답할게요"라고 한다면 그건 정말 곤란한 상황일 것입니다. 하지만, 실제 많은 교실에서 '왜 공부해

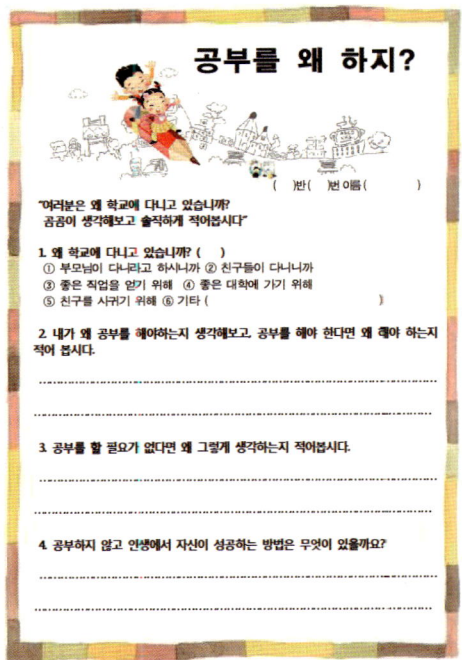

야 하는가'에 대한 생각보다 당장 급한 진도를 나가기에 바쁘고, 시험에서 처진 아이들은 왜 이런 재미없는 공부를 계속 하며 학교에 나와야 하는지 지쳐버리곤 합니다.

우리는 공부를 왜 하는 걸까요? 우리 반 학생들에게 물어보니 다음과 같은 대답들이 나왔습니다.

- **조주현** : 공부는 미래에 좋은 대학을 가기 위해, 그리고 좋은 직업을 가지기 위해서 해야 한다.
- **권은결** : 미래의 내가 좋은 직업을 가져서 돈을 벌기 위해서 공부를 해야 한다.
- **양송이** : 좋은 대학을 가고 좋은 직장을 얻어 부모님을 행복하게 해드리고 싶다. 운동선수가 꿈이라 해도 공부를 못하면 안 된다.
- **정민재** : 돈을 벌기 위해서 공부를 한다.
- **김성한** : 미래를 생각해서 돈을 벌어야 하고, 공부를 잘해서 좋은 아내를 얻고 싶다.
- **이창민** : 커서 좋은 직업을 얻고 편하게 살려고
- **한창엽** : 미래에 후회하지 않고 내가 원하는 직업을 안전하게 얻기 위해서 공부를 해야 한다.
- **전진영** : 좋은 대학을 가야 좋은 직업을 얻기 쉬울 것이다. 그러므로 좋은 대학에 가려면 공부를 열심히 해야 한다고 생각한다.
- **김지현** : 나중에 내 꿈을 이루기 위해 공부를 해야 하고, 미래의 꿈을 못 이뤘을 때도 대비해야 한다.
- **박두빈** : 먼 훗날, 즐겁게 살려고 공부를 해두어야 한다.

2011년에 가르쳤던 서울 영화초등학교 6학년 3반 아이들의 '공부에 대한 생각'을 통계를 내보니 다음과 같았습니다(중복 표시한 것까지 더해봤습니다).

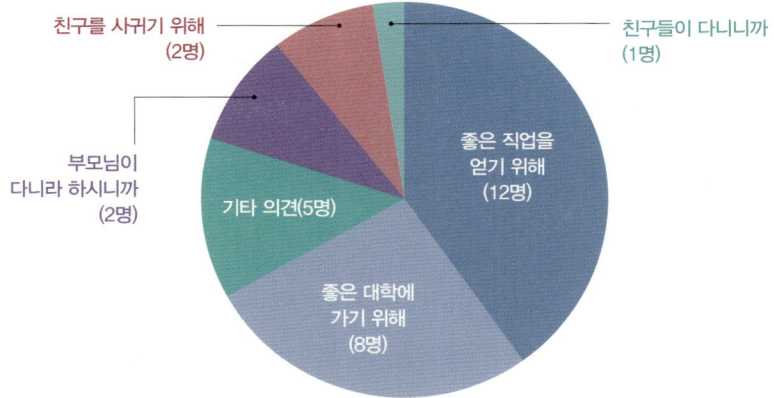

　아이들이 가장 많이 쓴 '공부를 하는 이유'가 '좋은 직업을 얻기 위해'라는 것 자체를 비판할 생각은 없습니다. 그러나 어린 시절부터 아이들은 '공부=대학=성공=돈'이라는 생각에 지나치게 영향을 받으며 살고 있습니다. 그 결과 우리는 과정이야 어떻든 세계에서 가장 똑똑한 10대 아이들을 가진 나라가 되었지만 더불어서 가장 책을 안 읽는 어른들을 가진 나라가 되었습니다.

　공부가 실용적인 목적으로 국한되면서 사람들은 대학에 진학하거나 취직을 하고 나서는 대부분 책을 놓아 버립니다. 기껏 공부해도 시간이 지나면 모두 까먹게 되고 그나마 대학을 진학하고 취업하는 데 말고는 필요 없는 공부를 우린 왜 해야 하는 걸까요? 이러한 의문은 앞으로 제가 공부를 계속하기 위해서도, 그리고 저보다 공부할 시간이 더 창창히 남아있는 내 딸을 위해서도 꼭 풀어야만 할 문제입니다. 저 스스로도 공부를 왜 하는지 모르면서 제 딸 예은이에게 공부를 권할 배짱은 없기 때문입니다.

　다행히 일본의 수학자 히로나카 헤이스케는 이런 저의 고민을 알았다는 듯 멋진 책을 집필하여 출간하였습니다. 수학계의 노벨상이라는 필드상을 수상한 히로나카 헤이스케는 그의 저서 《학문의 즐거움》에서 공부를 하는 이유에 대해 이렇게 말하고 있습니다.

나는 '지혜'를 얻기 위해서라고 말하고 싶다. 배워 나가는 과정에서 지혜라고 하는, 눈에 보이지 않지만 살아가는 데 있어 매우 중요한 것이 만들어진다고 생각한다. 이 지혜가 만들어지는 한, 배운 것을 잊어버린다는 것이 결코 손해만은 아니다.

예를 들면 일단 잊어버린 것을 필요에 의해 다시 한 번 꺼내려고 할 때, (배움을 얻었던 사람은) 전혀 배워 본 적도 없고 들어 본 경험도 없는 사람과는 달리, 최소한 마음의 준비는 되어 있고, 어느 정도 시간을 들이면 별 고생 없이 그것을 이해하게 되기 때문이다. 지혜에는 그런 측면이 있다. 나는 그것을 '지혜의 넓이'라고 한다.

더 나아가 지혜에는 대상을 깊이 살펴보는 '깊이'라는 측면이 있다. 그리고 결단력을 유도하는 '힘'이라는 측면도 있다. 그러므로 나는 '왜 배워야 하는가?'라는 질문에 대하여, 이러한 '지혜'를 얻기 위해서라고 대답하고 싶다.

학교에서 공부를 통해 얻는 '지식'이 '지혜로움'을 담보하지 않는다는 것을 우리는 잘 알고 있습니다. 오늘 책 한 권 더 읽었다고 내일부터 책 한 권 분량만큼 더 똑똑해지지도 않습니다. 저부터도 그렇게 책을 읽어 왔지만, 교실 속 어린 아이들의 작은 도발에도 이성을 잃는 저질 인격의 소유자임을 인정합니다.

아이들에게 '공부를 왜 하지?'라는 수업을 진행하고 난 후, 저는 이렇게 이야기를 했습니다.

"선생님은 '좋은 직업을 얻기 위해' 대신 '좋아하는 직업을 얻기 위해서'라고 대답하는 아이들이 더 많았으면 좋겠습니다. 선생님은 이왕이면 '내게 소중한 사람들을 행복하게 해주기 위해서'라는 대답도 나왔으면 좋겠습니다. 여러분이 내게 가장 소중한 사람들을 행복하게 해주기 위해 열심히 공부하다보니, 누구보다 내가 행복해지는 특별한 기적을 경험하길 기대합니다. '내 꿈이 다른 사람을 행복하게 하라'가 여러분이 공부를 하는 큰 이유가 되었으면 좋겠습니다."

성적만을 위한 공부에 두뇌는 반응하지 않는다

학교 생활에서 '공부'는 아이들에게 그저 시험을 잘 보기 위한 수단이나 도구로 생각되기 쉽습니다. 실제로 교실에서 '공부가 재미있다'고 생각하는 아이들을 조사해보면, 1~2명 정도, 그나마 다른 아이들에게 희귀동물 보듯 야유를 받고 친구들에겐 왕따를 당하기도 합니다. 개인의 관심과 흥미는 공부에서 제외된 지 오래입니다. 대신 무조건 참고 견디고 공부하는 것만이 학생들의 덕목이 되었습니다.

하지만 최근의 연구에 따르면, '어쩔 수 없어서 공부를 한다'는 생각에 두뇌가 반응하지 않음이 밝혀지고 있습니다. 뇌파의 종류 중 하나인 세타파는 창의력을 담당한다고 알려진 뇌파입니다. 지루함에 빠져드는 순간, 세타파는 감쪽같이 사라집니다. 시험은 배움의 정도를 평가하는 수단일 뿐 목적이 아닙니다. 아무리 중요하다고, 시험에 나온다고 설득해봐야 두뇌는 쉽게 반응하지 않습니다. 아이가 정말 공부가 하고 싶게 하려면 장기적으로는 자신의 인생 목표가 세워져야 하고, 단기적으로는 공부하는 방법을 익혀야 합니다.

1. '공부'를 위한 인생 목표 세우기

저는 아이들에게 '사하라 사막' 이야기를 들려주곤 합니다.

〈사하라 원주민의 사연〉

사하라 사막 서쪽에는 사하라의 중심이라 불리는 작은 마을이 있다. 매년 적지 않은 여행자들이 이곳을 방문하기 위해 사막을 찾는다. 하지만 레빈이라는 사람이 그곳을 발견하기 전까지는 그 마을은 전혀 개방되지 않은 낙후된 곳이었다.

이곳 사람들은 한 번도 사막을 벗어난 적이 없었다. 많은 이들이 이 척박한 곳을 떠나고 싶어서 탈출을 시도했지만 단 한 명도 성공한 사람이 없었던 것이다. 레빈은 믿을 수가 없어 마을을 떠나지 못한 이유를 물어보았다. 사람들의 대답은 모두 같았다.

"어느 방향으로 가든 결국은 처음 출발한 곳으로 다시 돌아오더라고요."

그는 이 말이 사실인지 실험해보기 위해 직접 북쪽을 향해 걸었고, 3일만에 사막을 빠져나왔다. 그렇다면 마을 사람들은 왜 빠져나오지 못했던 것일까? 레빈은 답답한 마음에 마을 사람 가운데 청년 한 명을 데리고 그가 가는 대로 따라가 보았다. 밤낮 없이 길을 걸었지만, 11일째 되는 날 마을 사람들의 말대로 그들은 다시 원점으로 돌아왔다.

레빈은 마침내 그들이 사막을 벗어나지 못하는 이유를 알아냈다. 마을 사람들은 바로 '북극성'의 존재를 몰랐던 것이다. 레빈은 청년을 데리고 다시 함께 길을 떠났다. 그리고 낮에는 충분히 휴식을 취하며 체력을 아꼈다가 밤에 북극성을 따라 걷다보면 사막을 벗어날 수 있을 것이라고 알려주었다. 청년은 레빈의 말대로 했고, 과연 사흘 만에 사막의 경계지역에 다다를 수 있었다. 그 청년은 훗날 사막의 개척자가 되었고, 개척지 중심에 그의 동상이 세워졌는데, 동상 아래에 이런 글귀가 새겨져 있다.

'새로운 인생은 방향을 찾음으로써 시작된다.'

그렇다. 사람은 나이의 많고 적음에 상관없이 삶의 목표를 정한 그날부터 진정한 인생의 항해가 시작되며, 이전의 날들은 그저 쳇바퀴를 도는 듯 한 생활에 불과하다. 우리에게는 우리 인생여정의 길잡이가 될 '북극성'과 같은 것이 필요하다. 삶의 목표가 그런 역할을 한다.

흔히 자녀를 열심히 공부하게 하려면 진로목표를 먼저 찾아줘야 한다고 얘기합니다. 실제로 진로목표를 정한 뒤 공부의지가 달라지고 눈에 띄는 변화가 나타나는 학생을 종종 볼 수 있습니다. 뚜렷한 진로목표가 생기면 학습 동기부여 효과가 있다는 데는 큰 이견이 없을 것입니다. 그러나 공부를 잘하는 모든 학생의 진로의식이 높은지 묻는다면 그 답은 "아니요"입니다. 진로목표가 뚜렷한 학생이 공부를 열심히 한다고 해서 공부를 열심히 하는 학생이 모두 진로목표가 뚜렷하지는 않습니다.

"공부를 열심히 하면 나중에 선택할 수 있는 진로의 폭이 넓어지니까 일단 열심히 공부해!"

　부모가 자녀에게 자주 하는 말입니다. 하지만 하버드 대학교에서 이런 통념을 깨는 연구 결과를 발표했습니다. 연구 결과에 따르면 1990년대 중반 하버드대에 입학한 전체 학생 중 한국 학생의 비율은 6%에 달했습니다. 미국수학능력시험SAT 성적이나 내신 성적도 우수했습니다. 그러나 같은 해 낙제생 비율은 한국 학생이 10명 중 9명일 정도로 많았습니다. 우리가 놓치고 있던 점은 무엇이며, 명문대 입학이 이후의 성공과 연결되지 못하는 이유는 무엇일까요?

　하버드 대학교는 '장기적 목표Long-term Goal'가 없기 때문이라는 결론을 내렸습니다. 왜 대학에 가려 하는지, 자신의 인생 목표를 이루는 데 대학 진학이 왜 필요한지 등의 내면적 고민보다는 '누가 어느 대학에 다닌다' 같은 외면적인 모습에만 관심을 두다 보니 결국 대학교 입학 이후에는 목표가 사라진다는 것입니다.

　학생들이 진정으로 행복하고 성공적인 삶을 살기 위해 가장 필요한 것이 무엇인지, '공부부터 잘하고 보자'는 근시안적인 생각이 자녀에게 진정한 동기부여를 해 줄지에 대해 고민해야 합니다. 교육 컨설턴트인 박대진은 《나는 아직 엄마가 되려면 멀었다》책에서 '시판 중인 과자에서 유해물질이 나왔다고 하면 당장 불매운동을 시작할 엄마들이 삶에 만족하지 않고 행복하지 않은 아이들을 보면서 요지부동인 이유는 무엇일까?'라고 꼬집습니다.

　부모들이 아이들에게 열심히 공부를 하라고 재촉하는 이유는 간단합니다. 경쟁에서 뒤처지지 않고 좋은 대학에 가고, 좋은 일자리를 얻어 내가 아이를 떠나게 되어도 스스로 잘 살기를 바라는 마음에 어찌 돌을 던지겠습니까? 삼성경제연구소, 경총은 '좋은 일자리'를 '다른 곳보다 20% 정도 급여를 더 주고 정규직인 일자리'라고 합니다. 국책 연구기관인 KDI은 그런 일자리를 '30대 대기업, 공사와 금융업'이라고 대답합니다. 하지만 이런 현상에 대해 사교육걱정없는세상의 송인수 대표는 다음과 같이 경고합니다.

그러나 조심해야한다. 그 기준을 우리 마음에 냉큼 받아들일 일이 아니니까. 삼성경제연구소, 경총, KDI가 말하는 좋은 일자리가 얼마나 되는지 아는가. 그곳에서 받아들일 수 있는 신규 일자리 숫자는 한해 2만 개가 고작이다. 2년 전인가 통계로 고교 졸업생은 60만 명, 대학 졸업생은 54만 명이다. '만'을 떼고 보면, 60명 중에 단 2명이 '좋은 일자리'에 들어가고, 나머지는 다 '루저'인 셈이다. 한반에 1등 하는 아이를 제외하고 모두 루저인 셈이다. 아무리 아이들이 열심히 공부하고 경쟁에서 승리하려고 애를 써도, 그 기준을 통과한 아이는 어차피 30명 중 한 명밖에 없으니 말이다.

부모가 돈과 안정성이 중심이 된 '좋은 일자리' 기준을 붙드는 순간, 아이가 한국 땅에 태어나는 순간부터 루저의 삶은 결정된다. 생각해 보라. 이 얼마나 부당한가를. 아이가 이 땅을 태어날 때는 저마다 생의 목적과 가치를 품고 이 땅에서 성공한 삶을 살도록 하는 것이 하늘의 뜻이다. 그 품은 뜻을 따라 사는 어느 인생인들 고귀하지 않다 말할 것인가.

90%가 원하는 목적지에 도달할 수 없는 것이 현실이라면, 그 90%의 아이들도 목적지에 도달할 방법을 찾아야 하지 않을까요?

공부를 왜 해야 하는지 교육의 원래 목표로 돌아가면 됩니다. 부모님들이 아이가 공부를 잘하길 바라는 진짜 목표, 바로 '아이의 행복'으로 돌아가야 합니다. 공부 잘하는 아이가 아니라 공부를 좋아하고 행복한 아이로 키우기 위한 교육으로 돌아가야 합니다.

인생의 목표를 이루는 과정에 대학이 왜 필요한지를 깨달으면, 이후의 현실이 힘들더라도 학생 스스로 더 열심히 공부해야겠다는 생각을 가질 수 있습니다. 대입 결과가 명문대 입학으로 이어지지 않더라도 자신의 삶에 대해 고민하며 보낸 시간은 아이의 인생에서 무엇보다도 값진 경험이자 인생의 지침이 돼 이후의 삶을 이끌어 줄 것입니다.

2. 공부하는 이유에 따른 지도 전략

아이들에게 공부를 하라고 할 때에는 왜 그래야 하는지 이유를 설명해줘야 합니다. 공부가 아이의 인생에 어떤 도움을 주는지, 공부를 통하여 아이는 어떤 꿈을 이룰 수 있는지 설명할 수 있어야 합니다. 학습에서 가장 중요한 것은 '나는 왜 공부를 해야 하는가?'에 대한 답을 아이 스스로 자신의 뇌 속에서 찾는 것입니다.

공부 목표	공부하는 이유	공부 지도 전략
불투명한 목표	"해야만 하니까" "남들도 다 하니까" "부모님이 원하시니까"	남들이 하는 대로 따라서 하는 공부는 도움이 되지 않는다. 구체적인 목표(단기: 시험 성적, 장기: 장래희망)를 정해서 공부하도록 지도한다.
추상적인 목표	"나중에 잘 살기 위해" "사는 데 도움이 되니까" "돈을 많이 벌기 위해" "훌륭한 사람이 되기 위해"	공부하는 이유를 좀 더 구체적이고 실천가능하게 정해야 한다. 공부를 하면 정말 잘 살 수 있는지, 내 삶에 어떻게 도움이 되는지, 훌륭한 사람은 어떤 사람인지 좀 더 깊이 생각할 수 있게 돕는다.
외적 목표	"사회적으로 인정받기 위해" "경쟁에 뒤지지 않기 위해" "공부를 못하면 무시당하니까"	공부는 경쟁에서 앞서고 남을 무시하기 위한 것이 아니다. 자신의 목표보다 남의 인정을 더 중요시하는 경향이 있으므로 자신을 위한 공부, 또 타인에게 도움이 되는 공부를 하면 사회에서도 존경받고 공부 그 자체의 가치에 대한 즐거움을 가지게 될 것이라고 지도한다.
내적 목표	"내 꿈을 이루는 데 필요하니까" "내가 원하는 것을 이루는 데 필요한 과정이니까" "새로운 것을 배우는 것 자체가 즐거우니까"	공부하는 이유를 매우 잘 알고 있다. 공부를 어렵고 힘들지 않게 하므로 더욱 일상처럼 즐기고 놀이하듯 하도록 안내한다.

자기주도학습이 가능한 아이일수록 공부하는 이유를 '내적 목표'에 두는 경향이 있습니다. 또한 불투명한 목표 → 추상적인 목표 → 외적 목표 → 내적 목표로 갈수록 목표를 달성했을 때 느끼는 내적인 만족감이 크므로 내적 목표를 세울 수 있도록 지도하는 데 중점을 두어야 합니다.

3. 공부하는 방법의 기술 익히기

바비 드포터 등이 저술한 《퀀텀 교수법》에는 전통적 학교 교육과정에는 포함되어 있지 않지만, 그리고 대부분의 교사들이 이 기술들을 가르칠 시간이 없다고 믿고 있지만 학습에 열의를 갖게 하는 다음 5가지 기술을 꼭 가르쳐야 한다고 주장하고 있습니다.

[학습에 열의를 갖게 하는 5가지 기술]
① 주의 집중
② 필기
③ 정리와 시험 준비
④ 속독
⑤ 암기법

장기적인 '인생목표'가 정해졌다면, 이제 아이들에게 어떻게 하면 수업 시간에 집중하여 학습하고, 학습한 내용을 어떻게 필기할지 가르쳐줘야 합니다. 그런 후에 시험 날짜가 나오면, 학습한 내용을 어떻게 정리하고 시험 준비를 할지, 어떻게 하면 두뇌를 혹사시키지 않고 즐겁게 공부할 수 있는지 '학습하는 방법의 학습'을 위해 노력해야 합니다.

요즘 아이들은 대부분 물질적인 부족을 모르고 삽니다. 가난한 사람들의 어려움이나 고충에 대해서도 별 관심이 없습니다. 오히려 노래를 못하거나, 새로 나온 컴퓨터 게임을 잘 모르거나, 연예인에 대한 정보를 모를 때 더 난감해 합니다. 그렇기 때문에 부모가 아이들에게 공부 못하면 무시당한다며 너무 다그치면 '공부 못하는 사람들을 무시하는 현실이 싫다'며 사회에 대한 불만을 키우게 됩니다.

부모의 체벌이 줄어든 요즘 아이들의 경우, 자기가 하고 싶은 일을 금지 당하는 걸 가장 싫어합니다. 자기가 좋아하는 일만 하고 사는 것이 소원인 아이들도 대다수입니다. 따라서 아이들이 알아서 스스로 공부하게 하고 싶으면, 자신이 좋아하는 일을 평생 할 수 있는 방법이 공부이며 그것이 목표라는 인식을 길러주면 쉽게 설득시킬 수 있습니다.

만약 자녀가 유난히 컴퓨터 게임을 좋아한다면, '컴퓨터 게임을 진짜 잘하려면 무슨 공부를 해야 하는지'와 그런 공부를 하면 평생 좋아하는 컴퓨터 게임을 하면서 돈도 벌 수 있음을 설명해주면 아이는 그 목표를 향해 스스로 열심히 공부할 것입니다. 어른들도 이유가 분명하지 않은 일을 시키면 하기 싫듯, 아이들도 마찬가지입니다. 공부해야 할 분명한 목적을 모르면 공부가 싫을 수밖에 없습니다. 아이들에게 왜 공부를 해야 하는지 이해하기 쉽도록 목적을 제시해 아이들 스스로 공부하는 목표가 뚜렷해지도록 하면 공부 문제로 갈등을 일으키지 않게 될 것입니다.

퀴즈로 풀어보는 공부의 원리

공부의 사전적 의미는 '학문이나 기술을 배우고 닦는 것'입니다. 학생들에게 '공부의 원리'에 대해 이야기할 때 이해를 잘 할 수 있게끔 재미있는 퀴즈 '퀴즈'를 많이 활용합니다. 여러분도 아래 질문들을 직접 풀어보며 '공부의 원리'에 대해서도 생각해보시길 바랍니다.

1. 공부의 달인들이 가장 중요하게 생각하는 시간이 있습니다. 정답은 두 글자이고, 'ㅁ시'입니다. 정답은?

정답 | [즉시]입니다.
에빙하우스의 망각곡선 이론에 의하면 사람이 뭔가를 배우고 난 후 1시간이 지나면 56% 즉 반을 잊어버린다고 합니다. 그래서 잊어버리기 전에 '즉시' 복습을 해 주어야 공부를 잘 할 수 있습니다.

2. 공부의 달인들이 무서워하는 벌레가 있다고 합니다. 힌트는 두 글자이며 'ㅁ충'입니다.

정답 | [대충]입니다.
대충 공부하면 안 되니까 우등생들이 무서워합니다. TMD 교육그룹에서 2007년부터 4년간 성적이 상위 1%인 학생들의 공통점을 조사한 결과, 성적이 오를 때 가장 도움이 된 것은 '공부 희열도'라고 합니다. 수학 문제 하나를 풀 때도 절대로 답을 보지 않고 끝까지 몰입해 풀고 기뻐하도록 도와야 합니다.

3. 공부의 달인이 통과해야 하는 두 가지 문은?
정답 | [의문]과 [질문]입니다.

기억에는 의미 기억과 에피소드 기억이 있는데 의미 기억은 책상에 앉아서 공부를 통해 기억되는 것이고 에피소드 기억은 말 그대로 공부하지 않고도 경험에 의해 기억되는 것입니다. 따라서 공부할 때 에피소드 기억을 적극적으로 활용하는 것이 중요한데, 첫째가 체험입니다. 그 다음이 바로 질문입니다. 질문을 하게 되면 질문하는 사람과 질문을 받는 사람 사이에 에피소드 기억이 생기게 됩니다. 그러므로 의문을 갖고 질문하는 자세가 중요하죠.

4. 공부의 달인은 복을 타고 온다고 합니다. 공부의 달인이 활용하는 학습법을 한 단어로 표현하면 이 단어가 됩니다. ▫복입니다.
정답 | [반복]입니다.

반복이 중요한 이유는 에빙하우스의 '망각곡선'이 설명해주고 있습니다. 잊어버리기 전에 '즉시' 반복하는 것도 중요하고, 반복한 내용을 주기적으로 관리하는 것도 중요합니다.

5. 공부를 잘하는 학생들만 다니는 길은 어디입니까?
정답 | [스스로]입니다.

공부를 잘하는 학생들은 부모님이나 선생님이 시켜서 하지 않고 스스로의 의지로 공부를 하려고 노력합니다. 교육부는 2013년 6월, 중3, 고2 전체 학생 약 110만 명을 대상으로 학업성취도 평가를 실시한 결과 3시간 이상 스스로 공부하는 학생일수록 학업성취도 결과가 긍정적이라는 분석을 내렸습니다.

한 걸음 더, 생각 더하기

매일, 스스로 하는 두 줄 쓰기 공책

'인생을 변화시키는 것은 매일, 스스로 하는 것뿐이다.'
처음 교사로 발령날 때부터 마음에 새겨 아이들에게 가장 자주하는 아리스토텔레스의 말입니다. 아이들이 진심으로 변하고 달라지기를 바란다면, 그것은 가끔 하는 게 아니라 매일 교실에서 해야 합니다.
우리 반 아이들은 아침에 교실에 들어오면, 책상 앞에 놓여있는 '두 줄 쓰기' 박스에서 자기 공책을 가지고 자리로 돌아가 어제 있었던 일이나 오늘 아침에, 현재에 느끼고 있는 감정을 두 줄로 적습니다.
'공부를 왜 하지?'라는 생각으로 수업을 했던 다음 날 아침, 두 줄 쓰기 공책에 이 주제로 글을 쓰게 했습니다. 다음은 우리 반 호현이가 두 줄 쓰기 공책에 쓴 글입니다. '공부를 왜 하지?' 수업을 하고 바로 생각이 달라지진 않을지 모릅니다만, 이렇게 두 줄 쓰기 공책을 활용한 추수지도를 통해 아이들의 생각은 계속 자랄 것입니다.

며칠 전 학교에서 우리 반만 '공부는 왜 할까?'라는 주제로 공부를 했다. 내 꿈은 과학자다. 그래서 되도록 꿈은 클수록 좋다고 과학고등학교→카이스트를 가고 싶다. 하지만 과학고등학교는 상위 1% 아이들만 들어갈 수 있다고 들었고, 또 만약 들어간다 해도 내신 성적 때문에 스트레스를 많이 받는다고 주변 사람들이 말한다. 물론 아무리 남들이 말해도 자기가 하고 싶은 것은 꼭 하겠지만, 조금 자신이 없다. 그렇다면 들어가기도 힘들고 스트레스도 엄청 받아야하는 과학고등학교 말고는 과학을 집중적으로 가르치는 고등학교가 따로 없을까? 찾았다. 바로 해결책은 '과학 중점고등학교', 과학고등학교보다는 들어가기가 쉽다. 하지만 이 역시 전교 10% 안에 들어가야 한다. 이번 공부를 계기로 내 진로가 확실해졌고, 공부도 더 열심히 해야겠다는 생각이 간절히 들었다.

공책정리 꼭 해야 할까?

 2010년 4월 8일 요미우리신문에서는 일본의 문부과학성이 한·미·중·일 4개국 고교생이 수업 중에 어떤 태도를 취하는지에 대한 조사결과를 발표했다고 보도했습니다. 재단법인 히토쓰바시문예교육진흥회와 일본청소년교육연구소가 2009년 여름부터 가을에 걸쳐 4개국의 고등학생 약 6,200명을 대상으로 실시한 것이라고 합니다. 이 보고서에 따르면 '(수업 시간에) 항상 잔다'와 '간혹 잔다' 항목을 고른 고교생은 일본이 45.1%로 가장 많았습니다. 2위는 한국으로 32.3%가 나왔습니다. 미국과 중국은 각각 20.8%, 4.7%로 집계됐습니다.

 '수업 시간에 적극적으로 발표하는가'라는 항목에서는 미국 51.0%, 중국 46.2%, 한국 16.3%, 일본 14.3%로 나와 일본 학생들이 수업참여도가 가장 뒤떨어지는 것으로 나타났습니다. 또한 일본 학생들은 세 명 중 한 명이 학교 수업과 숙제 이외의 공부도 하지 않는 것으로 나타났습니다. '전혀 공부를 하지 않는다'라고 답한 일본 고등학생은 34.4%로 나와 미국 24.3%, 한국 17.5%, 중국 6.8%를 제치고 선두를 달렸습니다. 하지만 '수업 시간에 공책 필기를 한다'는 항목에서는 일본 93.1%, 중국 90.1%, 미국 89.1%에 비해 한국 고등학생이 68.1%로 꼴찌를 기록했습니다.

왜 한국 학생들은 공책 필기에 소홀할까요? 어째서 미국과 중국, 일본의 고등학생들은 거의 90%의 학생들이 평소 수업 시간에 필기를 하는 습관이 바르게 자리잡혀 있는 걸까요? '수업 중 아무 것도 안하고 그냥 멍하니 있다'라는 항목에서도 한국은 미국 59.4%, 일본 45.8%에 이어 27.5%의 비율로 수업 시간을 의미 없게 보내고 있음을 알 수 있었습니다.

■ **4개국 고교생 수업태도 비교**(복수응답, %)

	한국	일본	미국	중국
노트정리를 확실히 한다	68.1	93.1	89.1	90.1
수업 시간에 존다	32.8	45.1	20.3	4.7
적극적으로 발언한다	16.3	14.3	51.0	46.2

■ **4개국 고교생이 좋아하는 수업 유형**(복수응답, %)

	한국	일본	미국	중국
교과서 내용을 잘 가르친다	39.6	71.4	31.2	64.9
그룹 단위로 조사, 연구 과제를 내준다	41.6	61.7	56.8	86.9
학생의 관찰력, 창의력을 발휘시킨다	69.9	55.6	79.3	96.3

자료 : 히토쓰바시문예교육진흥회&일본청소년연구소

《서울대 합격생 100인의 공책정리법》를 보면, 설문에 응한 서울대학교 학생 103명 중에 약 97%의 학생들은 공책정리가 공부에 큰 도움이 된다고 응답했습니다. 공책정리를 하지 않는 학생은 3% 정도였는데, 그 이유를 기존 참고서가 잘 정리되어 있어서 일단 시작하면 계속해야 할 것 같고, 그 부담감이 오히려 공부에 방해가 될 것 같아서

■ 학창시절, 공책 정리를 했었나요?

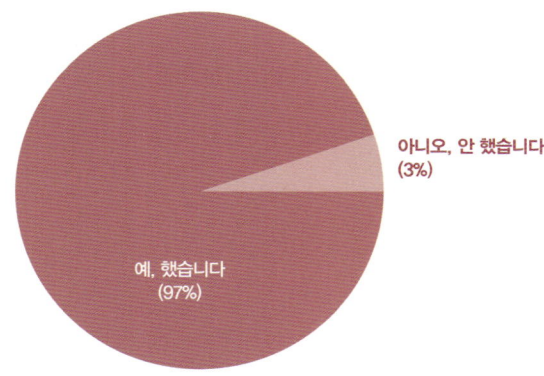

■ 왜 공책 정리를 했나요?

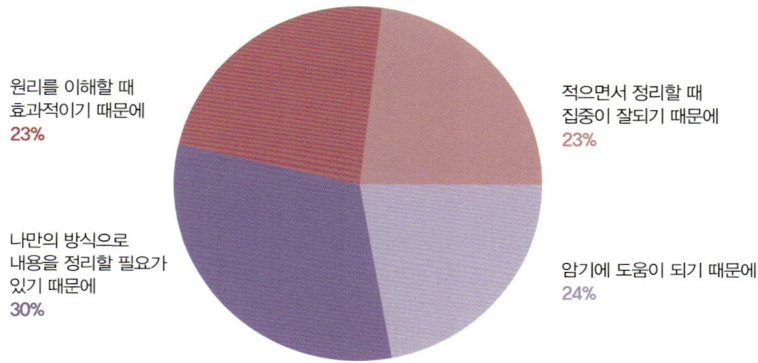

공책을 정리할 시간에 하나라도 더 보고 이해하는 편이 낫다고 생각해서라고 답했습니다.

공책정리를 왜 했느냐는 질문에는 '나만의 방식으로 내용을 정리할 수 있기 때문에'라고 대답한 학생이 30%로 가장 많았고, 두 번째로 '암기에 도움이 되기 때문에'라는 이유가 24%, '원리를 이해할 때 효과적이기 때문에', '적으면서 정리할 때 집중이 잘되기 때문에'라는 이유가 각각 23%였습니다.

공책 활용의 빈도에 대해서도 '자주 사용했다'는 학생이 40%, '항상 활용했다' 20%,

'보통' 25%, '가끔'은 10%, '아주 가끔'은 5%로 반수 이상의 학생들이 공부하는 데 공책을 적극적으로 활용했음을 알 수 있습니다.

공책정리의 필요성

'공책정리'란 학생들이 수업 시간에 배운 내용을 공책에 기록하는 활동입니다. 학교 교육이 단순한 지식만을 전수하는 것이 아니라 참된 인간을 기른다는 교육의 본질적인 측면에서 볼 때, 공책을 바르고 깨끗하게 정리하도록 하는 것은 중요한 교육의 하나입니다. 또한 최근의 교육 동향인 사고력 증진과 창의성 신장의 추세에도 적합한데, 학생들은 공책을 정리하면서 학습한 내용을 분석하고 종합하고 정리하는 능력을 기르게 되기 때문입니다. 공책을 정리하면 어떤 점이 좋을까요?

1. 우리의 기억이 오래 가도록 돕는다

반복해서 공부하지 않으면 대부분의 기억은 한 시간을 넘지 못합니다.

독일의 심리학자 헤르만 에빙하우스Ebbinghaus, 1855~1909는 '원학습元學習에 소요된 시간'으로부터 '재학습再學習에 소요된 시간'을 뺀 것을 '원학습에 소요된 시간'으로 나누어 '100'을 곱한 공식으로 절약율saving%을 내어 16년간 연구한 끝에 망각곡선을 만들었습니다. 실험 결과, 무의미한 철자를 암기하는 것과 같은 기계적 학습의 경우 학습 후 10분 후부터 망각이 시작되며, 1시간 뒤에는 무려 56%를 잊게 됨을 알 수 있었습니다.

결국 학습한 내용을 자기 것으로 만들려면, 복습 외에는 방법이 없습니다. 복습에 가장 큰 도움이 되는 것, 바로 수업 시간에 잘 정리해놓은 공책입니다.

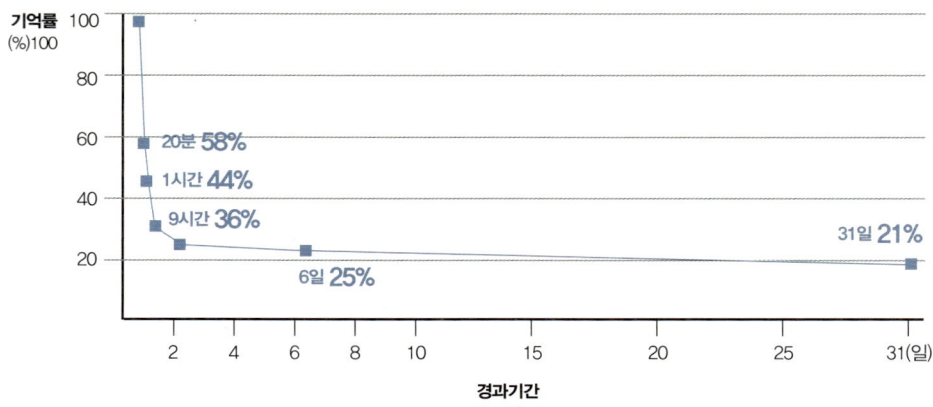
에빙하우스 망각 곡선

대부분의 아이들은 적어 놓지 않으면 무언가 배우긴 배운 것 같은데 떠올려보려고 하면 생각나는 것이 거의 없습니다. 그러나 공책 필기를 보면 '맞아, 이 시간에 이런 말씀을 하셨어!' 하고 생각이 납니다. 이것을 바로 '단서 회상'이라고 합니다. 우리는 단서가 있는 경우에는 쉽게 기억합니다. 초등학교 시절을 떠올리면 생각이 안 나는데, 졸업앨범을 보면 그때의 기억들이 모두 떠오르는 것처럼 공책은 '단서 회상'으로서 중요한 역할을 합니다.

2. 시험 기간에 참고서가 된다

배운 내용을 제대로 정리했다면, 시험에서 좋은 점수를 받을 수 있습니다. 그런데 사실 요점만 정리해놓은 공책은 실제 시험에는 큰 도움이 되지 않습니다. 모든 정보를 빠뜨리지 않고 기록해야 합니다. 심지어는 선생님의 농담까지 그대로 받아 적는 것이 좋습니다. 왜냐하면 수업 시간에 정리한 공책은 정보의 입구가 되기 때문입니다. 이러한 입구는 넓되 출구는 좁게 만들어야 합니다. 공책은 무조건 요약하는 것으로 생각하고 불필요하다고 생각해 버린 정보가 실제로 시험문제로 출제되는 경우가 많기 때문입니다.

'출구를 좁게 해야 한다'는 것은 암기 범위를 줄이는 것을 의미합니다. 반드시 기억해야 할 것, 절대 잊어버려서는 안 되는 것만 따로 밑줄을 긋거나 표시하여 복습을 통해 자기 것으로 만들고, 다시 정리해야 합니다. 그래야 시험에 도움이 됩니다. 공책은 절대 깨끗이 정리할 필요할 필요가 없습니다. 그런데 지저분한 공책에 강한 거부감을 가진 학생들이 많아서 예쁘고 깔끔하게 만들기 위해 공책정리에 많은 시간을 들이다보니, 반드시 필요한 정보가 거의 다 빠져나가는 것은 공책정리에 있어 큰 문제입니다. 다시 읽어보면 무슨 내용인지 이해가 안 되는 공책은 만들 필요가 없습니다.

학생들이 초등학교를 졸업하고 중등학교에 입학하고부터는 더더욱 공책의 중요성이 커집니다. 대학 입시에서 내신의 비중은 날로 커지고 있습니다. 학교에서 치르는 내신 관련 시험의 출제 위원은 바로 학교 선생님입니다. 초등학교에서야 여러 선생님 가운데 몇 분이 과목별로 나누어 출제하는 경우가 많지만, 중등학교에서는 가르치신 선생님이 시험문제를 출제하는 경우가 더욱 많아집니다. 대입에 내신이 미치는 영향은 수능과 대등해지고 있지만 그 출제위원은 우리가 지겹도록 보는 학교 선생님입니다. 그래서 내신이 중요하다는 것을 안다면, 초등학생 때부터 문제를 출제하는 선생님이 부담스러워할 정도로 집중해서 수업 내용을 기록하는 습관을 가져야 합니다. 초등학생 때 잡힌 필기 태도는 중등학교에 올라갈수록 더욱 큰 열매를 얻게 될 것입니다.

3. 공책 필기를 하다 보면 수업에 더욱 집중하게 된다

수업 시간에 학생들이 딴짓이나 잡담을 하는 이유는 학생들은 분당 평균 600 단어를 들을 수 있는 반면, 교사는 평균 150 단어밖에 말하지 못하기 때문이라고 합니다. 그러니 들을 수 있는 차이를 분배하여, 그 시간에 공책을 쓰는 활동을 함으로써 실시간으로 지식의 축적과 합성이 이루어질 수 있습니다. 수업을 들으면서 한 번 지식이 축적되고, 공책 필기를 하며 반복해서 축적이 이루어지면서 축적된 정보 간에 합성이 이루어지면 바로 단순 암기와는 다른 창의적 이해가 발생하게 됩니다. 그리고 반복되면서 자신도 모르는 사이에 기억과 이해가 증진됩니다.

4. 자기만의 지식 형태를 가질 수 있다

　수업 시간, 선생님의 수업은 정보의 융단 폭격이라고 해도 과언이 아닙니다. 수많은 정보 속에서 자신이 생각하는 중요한 정보와 중요하지 않은 정보를 구분하여 정리하는 것, 그리고 자기만의 사고를 통해 공책 필기를 하게 되면 학생들은 자기만의 지식 형태를 가질 수 있습니다.

　공책 필기를 할 때 아무리 노력해도 선생님의 말씀과 판서 내용, 표정, 뉘앙스 등을 다 적을 수는 없습니다. 즉 선생님이 말씀하시는 내용 중에 본인이 중요하다고 판단하는 것을 적는 것이기 때문에 학생이 어느 정도 수업 내용에 관해 지식을 가지고 있느냐가 공책 필기의 질을 결정합니다. 이러한 한계를 극복하는 방법이 있습니다. 무엇을 적어야 할지를 결정하게 해주는 중요한 요인은 '예습'입니다. 예습을 해서 다음 수업 시간에 무엇이 진행될지 예측이 된다면 수업에 임하는 태도가 달라질 것이고 예습한 내용과 관련 있는 내용은 주로 머릿속에 들어오고 그렇지 않은 내용은 무시하게 될 것입니다.

　이는 실제 공책과 필기에 관한 많은 학술적 연구를 통해서도 입증된 사실입니다. 영국 엑시터 대학교의 하우Howe 박사는 '여러 가지 서로 다른 유형의 공책이 가져오는 효과'를 평가하고 싶었습니다. 그 효과를 학생들이 자신이 필기한 공책을 얼마나 잘 발표할 수 있느냐에 의해 판단했습니다. 다음은 그 연구 결과입니다. 효과가 낮은 것에서 높은 것 순으로 되어 있습니다.

1. 다른 학생의 공책을 그대로 베낀 것
2. 자신의 공책을 그대로 베낀 것
3. 다른 학생의 공책을 요약한 것
4. 자신의 공책을 요약한 것
5. 다른 학생의 공책을 핵심 요약한 것
　　-이것은 가끔씩 공책을 받는 학생은 정보를 적절하게 내재화할 수 없기 때문에 특히 효과가 낮

은 것으로 입증되었습니다.

6. 자신의 공책을 핵심 요약한 것

하우Howe박사의 연구는 간결성, 능률성, 적극적이고 개인적인 개입이 성공적인 노트에 있어서 결정적으로 중요한 역할을 한다는 것을 보여 줍니다.

그 외에도 공책정리를 통해 얻을 수 있는 이점을 생각해보면 다음과 같습니다.

① 바른 학습 태도를 갖는데 도움이 된다.
② 공책정리를 통해 학생의 사고 과정을 알 수가 있다.
③ 공책을 통하여 학습에 대한 평가를 할 수 있으며, 연필 사용 습관 및 마음의 상태까지 추측할 수 있다.
④ 글씨를 정성껏 쓰며 공책을 깨끗하게 정리하고 보관하는 습관을 갖게 되어 학생들의 인성교육에도 많은 도움을 준다.
⑤ 공책을 걷어 확인하는 과정을 통해 학생과의 대화 기회를 제공해 주므로 바람직한 교육활동이 된다.
⑥ 사고력을 신장시켜 준다. 같은 내용이라도 학생에 따라 견해와 시각이 다를 수 있기 때문이다.
⑥ 연습의 효과를 노릴 수 있고, 학습한 내용의 반복 연습이 가능하다. 또한 공책은 실험이나 실습과 같은 행동 학습이다. 조사, 발췌, 요약, 관찰 등의 활동을 할 수 있기 때문이다.

꼭 위에 정리한 특별한 이유가 아니더라도 제대로 된 공책정리는 아이들이 학교 수업내용을 더욱 효과적으로 흡수할 수 있게 하고, 평범한 아이가 공부에 점점 흥미를 느낄 수 있도록 만들게 도와줍니다.

한 걸음 더, 생각 더하기

공부는 함께 하는 것, 창의성 게임!

2010년 9월 7일 화요일, 신형건 님의 〈넌 바보다〉 시를 읽고 서로의 생각과 느낌을 나누면 좋은 점이 무엇인지를 이야기하기 위해 '창의성 게임'을 했습니다. 방법은 간단합니다. 모두에게 종이 색지를 한 장씩 나누어주고, 2분의 시간 동안 '페트병으로 할 수 있는 것'을 쓰도록 한 것입니다. 예로 달걀로 할 수 있는 것에 대해 쓸 때라면, 계란 프라이, 계란찜 등 같은 먹는 것으로만 계속 써 내려가면 1개라고 일러뒀습니다.

2분의 시간 동안 번호를 달아 써보고, 모두 몇 개를 썼는지 개수를 위쪽에 기록했습니다. 대부분의 아이들이 5~6개 정도 찾아냈습니다. 이번에는 모둠별로 모여서 친구들에겐 적혀 있는데 자신은 찾지 못한 것들을 돌아가며 발표할 때 적도록 했습니다. 이번에도 모둠별로 찾은 아이디어 개수를 상단에 적게 하니 대개 9~10개 정도 나왔습니다.

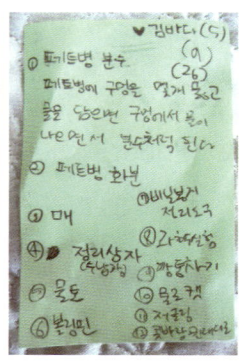

다음으로 친구들은 적지 않았는데 자신만 적었을 것 같은 아이디어들을 친구들 앞에서 발표할 시간을 주었습니다. 페트병으로 볼링핀, 비닐봉지 정리, 콧바람으로 불어 찌그러진 페트병 펴기 장기자랑, 게임 벌칙용 등 무궁무진한 아이디어들이 발표되어 감탄했습니다. 이렇게 전체 아이들의 이야기를 듣고 혼자서는 겨우 서너 개, 모둠이 함께 하면 열 개 정도의 의견을 찾아낼 수 있지만, 우리 반 모두 함께 지혜를 모으면 무려 26개의 창의적인 생각을 찾아낼 수 있다는 집단지성의 경험을 하도록 한 것입니다. 2학기에는 더 많이 생각수첩에 기록하고, 모둠 아이들과 돌아가며 발표하고, 그런 후에 전체 아이들과 의견을 나누는 과정을 많이 가지자고 말하며 마무리했습니다.

DATE

Part 2
공부 잘하는 기억력의 비밀

3장 공책정리에 대한 8가지 오해

'공책정리를 어떻게 하면 좋을까?'에 대한 고민을 하기 전에, 우리는 우리 곁에 암묵적으로 받아들여진 잘못된 '공책정리의 신화'들을 걷어낼 필요가 있다고 생각합니다. 그런 과정을 통해 더 제대로 된 공책정리를 할 수 있게 될 것입니다.

공책정리에 대한 근본적인 오해

'공책정리'에 관심을 가지고 서점의 '노트법'에 대한 서적들을 나름대로 빠짐없이 읽으며 느낀 가장 큰 문제점은 '노트법'의 대부분이 대학 입시에 도움이 되는 테크닉 정도로 인식되는 현실이었습니다. 게다가 거의 수능을 앞둔 고등학생들을 대상으로 한 노트법이다 보니, 아이의 학력 향상에 중요한 역할을 하는 초등학교 때의 기본적인 공책정리 방법에 대해서는 구체적으로 정리된 연구가 별로 없었습니다. 더군다나 초등학교 공책정리의 목표는 시험을 잘 보는 게 전부가 아닙니다.

저는 우연히 독서교육에 평생을 바치신 한 선생님의 강의를 통해 정신이 번쩍 든 경험이 있습니다.

"초등학교 독서교육의 목표는 무엇일까요? 책을 많이 읽는 것?, 독후감을 잘 쓰는 것? 모두 아닙니다. 독서교육의 목표는 아이들의 내적 동기와 맞닿아 있습니다. 바로 아이들이 책을 좋아하게 만드는 것입니다. 그런데 선생님의 지나친 열정으로 아이들이 책을 싫어하게 되었다면, 지금 당장 독서교육을 멈추셔야 합니다."

선생님의 일갈에 저는 얼굴이 벌게지도록 부끄러웠습니다. 나름대로 학부모님들의 지지를 받으며 월요일이면 한 주 동안 읽은 책과 책을 읽고 쓴 독후감을 검사했습니다. 읽지 않거나 독후감을 내지 않은 아이들은 누구를 위해 읽게 했는데 안 읽냐며 혼내고 수업 후에 청소까지 하게 한 후에, 기어코 책을 읽어 독후감을 쓰게 했습니다. 제가 괴롭힌 동안 아이들은 열심히 책을 읽었지만, 저와 헤어지고 아이들이 더욱 책을 좋아하게 됐을까요? 이 물음에 자신이 없었습니다.

일기 지도 역시 같은 생각을 하고 있습니다. 부모님도 안 쓰고, 교사도 쓰지 않는 일기를 왜 학생들만 써야 합니까? 단순히 검사에 집착하는 교육은 아이들이 초등학교 졸업을 일기에서 해방되는 것으로 인식하게 만들 것입니다. 일기 지도의 목표 역시 아이들이 스스로 좋아서 일기를 쓰도록 하게 만드는 것입니다.

독서교육의 목표가 학생들이 책을 많이 읽게 하거나 독서 감상문을 잘 쓰게 만드는 게 아니라 책을 좋아하게 만드는 것이듯이 공책정리 지도의 목표 역시 학생들이 공책정리를 좋아하게 만들어야 합니다. 그래서 공책정리를 통해 학교 수업을 더욱 효과적으로 흡수할 수 있게 돕고, 평범한 아이가 공부에 점점 흥미를 느낄 수 있도록 만들기 위해서입니다.

여기서 잠깐 다음 질문에 대답해 보세요.

"나는 최근에 아이의 공책을 펼쳐 하나하나 자세히 읽어본 적이 있는가? 그리고 펼쳐진 공책을 보고 아이에게 어떤 말을 했는가?"
"제대로 공부하고 있는지 물어보고 사인만 하지 않았나?"

그리고 "글씨 좀 예쁘게 쓸 수 없겠니?" "아는 글자는 왜 또 틀리는 거야"라며 자신도 모르게 아이가 주눅들게 '지적질'하고 있진 않은지 확인해 보세요. '공책정리'의 목표는 글씨를 예쁘게 정리하는 것도, 바른 철자로 글을 쓰는 것도 아닙니다. 바로 '아이가 공책을 좋아하게 만드는 것'입니다.

공책정리에 대한 잘못된 오해

1. 칠판에 정리한 판서 내용을 잘 따라 쓰면 된다?

'그대로 따라 쓰기'는 가장 효과가 떨어지는 공책정리 방법입니다. 브레칭Bretzing과 컬해리Kulhary가 1979년에 진행한 연구는 칠판에 쓴 교사의 판서를 그대로 베끼는 공책정리는 효과적이지 않다는 사실을 증명하고 있습니다. 학생들의 기억 용량을 너무 많이 사용하게 되어 투입하는 정보를 분석할 수 있는 작업 공간이 사라지게 되기 때문이라는 결론이었습니다.

물론 아무 것도 안 하는 것보다는 수업에서 선생님이 적어주신 판서 내용을 열심히 공책에 옮겨 적는 게 낫습니다. 그러나 '자기만의 생각이 담기지 않은 수동적인 필기'는 공부하는 행위일 뿐 공부는 아닙니다. 열심히 필기한 공책을 들여다봤는데, '이런걸 배웠나?' '언제 이런 내용을 적었지?'라는 생각이 난다면 그건 '자기만의 사고를 담은 필기'를 하지 않았기 때문입니다.

공책을 정리할 때 가장 중요한 것은 '내가 무엇을 적어야 할지 스스로 판단하여 필기한다'는 것입니다. 스스로 자기만의 생각을 담아 선생님의 농담까지 적은 공책은 그 생생함으로 인해 더욱 복습이 쉬워지고 공부가 재미있어질 것입니다.

2. 공책 필기는 한번만 쓰면 된다?

종종 여학생들이 온 정성을 다 기울여 공책에 필기를 하는 모습을 봅니다. 다양한 형광펜과 예쁜 색사인펜으로 정리하고, 정성들여 꾸미는 데 온 관심을 기울입니다. 물론 아무 것도 안 하고 노는 학생들보다는 낫습니다만, 예쁘고 정성스러운 필기는 스스로에게 '공부를 열심히 했다'는 착각을 줄 뿐 실제적인 효과를 내지 못합니다. 마음의 뿌듯함만을 위해 많은 시간을 예쁘게 꾸미는 것보다 글씨를 못 써도 좋으니 '나만의 필기'를 하는 게 중요합니다.

가르치는 사람은 아이들이 어느 정도 여백이 있게끔 공책정리를 하도록 하고, 학생들에게 내용의 이해가 심화되면서 지속적으로 필기한 내용에 새로운 내용을 추가하고 수정할 수 있도록 지도해야 합니다. 공책은 계속해서 수정되어야 하기 때문입니다. 마인드맵으로 지도할 경우에는 큰 단원을 중심으로 차시별로 중심 가지를 그리고, 공부하는 날마다 차시별로 한 가지씩 완성하는 것도 좋은 방법입니다. 물론 이때 두 번째 중심 가지를 그려나가기 전에는 첫 번째 중심 가지의 부가지들의 내용에 대해서 복습을 먼저 해야 합니다. 이러한 점을 고려해 지도하려면, 처음 작성한 공책에는 빈 여백이 충분히 있어야 합니다.

3. 필기한 공책은 시험 볼 때 도움이 되지 않는다?

공책 필기를 열심히 하는 학생들 중에도 실제 시험 공부를 할 때 자신이 작성한 공책을 활용하는 학생들이 많지 않습니다. 그러나 공책은 시험 공부를 할 때 가장 큰 도움이 되어야 진정한 공책입니다. 교실에서 공책정리를 지도할 때에는 이런 이유 때문에 완성된 형태로 공책을 작성하기보다는 빈칸이나 초성으로 중요한 단어 등을 떠올리며 생각할 수 있도록 작성할 필요가 있습니다. '시험'에 도움이 되는 공책을 작성하려면, 공책정리를 할 때부터 능동적인 필기를 하고, 그것을 시험에 도움이 될 수 있도록 복습하기로 다짐해야 합니다.

4. 공책정리는 중요한 내용만 짧게 요약할수록 좋다?

공책정리에 대해 가장 많이 흔한 오해 중의 하나는 '적을수록 좋다'는 것입니다. 그러나 공책정리의 효과성에 대한 연구 결과에 따르면 공책에 필기한 내용의 양과 학생들의 시험 성적과는 높은 상관관계가 있다는 사실을 발견하였습니다. 꼭 필요한 내용, 가장 중요한 부분만 요약하여 정리하는 것보다는 많은 내용을 정리하는 것이 낫습니다. 하지만 그보다 더 바람직한 필기 태도는 많은 내용을 정리하되, 정말 중요한 부분만큼은 정해진 형광펜이나 색펜으로 정리하여 기억을 돕도록 하는 것입니다.

5. 작년에 쓴 공책은 버린다?

옆 사진은 무슨 장면일까요? 수능이 끝난 한 고등학교 3학년들이 교과서를 찢어 버린 장면이라고 합니다. 대학 합격과 함께 지금까지의 모든 공부는 끝이 났다고 생각하는 걸까요? 그동안의 힘든 수험생 생활을 생각하면 이해가 가면서도 안타깝습니다.

더 이상 선생님께 검사 받을 일이 없다는 생각을 가진 학생일수록 시험이 끝나자마자 그동안 썼던 공책을 버리기 쉽습니다. 작년에 썼던 공책이 버려지는 가장 큰 이유는 아마도 선생님이 강제로 쓰라고 검사를 하여 억지로 '수동적인 필기'를 했기 때문일 것입니다. 자신의 집중력과 에너지로 필기한 것이 아니기 때문에 공책에 대한 애정은 고사하고 공부에도 아무런 도움이 되지 않았다고 생각했을 것입니다.

하지만 한 학년 더 올라갔다고 해서 이전 학년에 배운 내용과 전혀 다른 것을 배우는 것은 아닙니다. 개정 교육과정은 전체의 내용을 단원으로 구분하고, 몇 년에 걸쳐 나누어 배우는 것입니다. 작년에 배운 수업 내용은 올해 배울 내용의 기초가 됩니다. 올해 공부를 하다 부족한 부분이 나오면 작년 공책은 좋은 참고 자료가 됩니다. 대학 입시는 결국 한 해의 공부가 아니라 1, 2, 3학년 동안 배운 내용을 총정리하여 시험을 보는 구조이기 때문에 지금부터 이렇게 전 해에 공부한 내용을 잘 보관하고, 필요할 때 다시 찾아보는 태도를 갖추는 것이 중요합니다. 공책에는 자신의 사고의 흐름이 그대로 남아있기 때문에 새로운 책으로 공부하는 것보다 훨씬 더 빠르게 기억이 되살아나기 마련입니다.

6. 필기는 학교에서만 하면 된다?

초등학생 때부터 일기 검사, 독서록 검사, 숙제 검사 등 모두 공책으로 검사를 받다보니, 학생들의 머릿속에서 공책은 검사를 받기 위해서 쓰는 문구류로

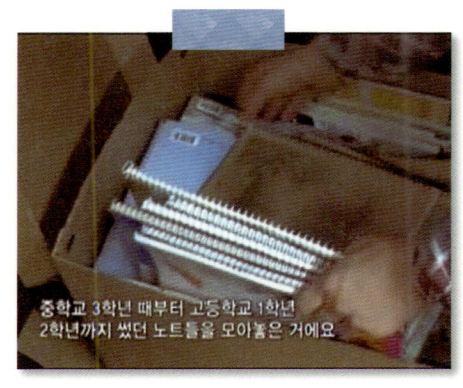

생각하는 듯 합니다. 스스로 자신의 생각을 담아야 하는 게 공책정리임에도 많은 학생들은 선생님에게 보여주기 위해서 억지로 하는 습관이 잡혀있는 경우가 많습니다.

필기는 학교에서뿐만 아니라 집에서도 스스로를 위해서 해야 하는 가장 중요한 '복습 습관'입니다. 학교에서 필기할 때도 선생님의 말씀을 받아 적는 데 급급해서 수업의 흐름을 끊는 것은 좋지 않습니다. 학교에서는 '학습문제'에 비추어 가장 중요한 부분만 그 시간에 정리하는 습관을 가지고, 집에서는 오늘 무엇을 공부했는지 1교시부터 배운 내용을 모두 점검할 필요가 있습니다. 그 과정이 복습이고, 이러한 복습을 도와주는 것이 공책 필기입니다.

7. 시험 공부는 정리를 잘한 친구의 공책을 빌려 준비하면 된다?

글씨를 잘 쓰지 못하는 남학생들은 평소 수업 시간에는 내내 딴짓을 하며 놀다가 시험을 앞두고 급히 공책정리를 잘하는 학생들의 공책을 빌려 벼락공부를 하는 모습을 많이 볼 수 있습니다. 그런데 똑같은 공책으로 공부했음에도 불구하고 빌려서 공부한 아이들의 성적은 별로 좋지 않습니다. 빌린 공책으로 한 공부가 효과가 없는 이유는 간단합니다. 바로 '내 생각이 들어있지 않기 때문'입니다.

공책을 빌려준 아이들은 수업 시간에 착실하게 정리한 공책을 시험 기간에 다시 복습하면서 그 수업 시간의 분위기와 선생님이 따로 강조한 내용, 선생님이 하신 유머 등

다양하고 복합적인 에피소드 기억을 떠올릴 수 있게 됩니다. 이러한 복합적인 반복이 공부한 내용이 뇌에 잘 기억되도록 도와 실제 시험 공부에서도 도움이 되는 것입니다. 단순한 쪽지시험이라면 빌린 공책도 적지 않은 효과를 얻게 해줍니다. 그러나 갈수록 비중이 높아지는 서술형 문제의 경우에는 빌린 공책이 아니라 자신이 직접 필기한 내용이 가장 도움이 됩니다.

8. 문구점에서 파는 공책으로 정리해야 한다?

간단하게 중요한 내용만 기록하는 것이 편하다면, 꼭 문구점에서 파는 일반 공책을 고집할 필요는 없습니다. 일반 공책은 필요 이상으로 큰 편입니다. 쓴 게 없어보이면 공부를 안 한 것 같은 불안감이 들 수도 있습니다. 그래서 손에 잡기 쉬운 크기의 수첩을 사용하는 것도 좋습니다. 공부하다가 확장되는 자신의 생각이 기록되어 있다면 교과서든, 시험지든, 수첩이든 모두 공책이 될 수 있습니다.

실패하는 공책정리 유형 분석하기

공책 필기에 대한 학생들의 유형을 분석해보면 다음과 같습니다.

A유형 : "문제집에 다 요약되어 있는데 왜 해요?"라며 필기 자체를 안 하는 유형.

B유형 : 교사의 판서 내용만을 안이하게 그대로 베끼는 유형.

C유형 : 예쁘게 꾸미는 형식에 집착하는 유형   D유형 : 필기가 끝나면 다시 쳐다보지도 않는 유형

역할을 충실히 수행하도록 하기 위해서 '자기만의 필기'가 들어가도록 지도해야 합니다. 무엇보다 복습의 시작이라고 할 수 있는 수업 시간에 충실히 수업에 참여하고, 내용의 중요도에 대한 '강약의 흐름'이 명확하게 공책에 기록될 수 있게 지도합니다.

교사가 반복해 강조한 내용은 무엇이고, 시험에 낼 만큼 중요한 부분은 어디인지 한눈에 확인할 수 있도록 세밀하게 정리해야 합니다. '수업의 실마리'를 생생하게 떠올려 수업 내용을 이해하는 데 도움이 되는 것이라면 사소한 예나 선생님의 농담도 적어두는 것이 좋습니다. 별 것 아닌 것 같은 에피소드가 의외로 기억을 되살리는 열쇠가 될 수 있습니다. 그리고 자신이 수업을 들으며 이해한 내용과 이해하지 못한 내용을 구분해 체크해 두고, 이해하지 못한 부분에는 충분한 여백을 두도록 합니다.

수업 중에 생겼던 의문이나 질문, 연상된 다른 개념을 별도의 공간에 적어두는 것도 좋습니다. 이렇게 여백을 둔 부분과 별도의 공간에 적어두었던 의문을 중심으로 스스로 교과서를 찾고 관련 자료를 찾으며 자기 것으로 만드는 과정을 통해 더욱 공부한 내용은 자신의 것이 될 것입니다.

한 걸음 더, 생각 더하기

"수업 시간에 열심히 필기를 하는데 성적이 안 나와요"

수업 시간에 하는 공책정리의 목적은 선생님이 하시는 말씀을 그대로 옮겨 적는 게 아니라 수업이 끝난 후 언제라도 필기한 내용을 보면 수업의 내용이 떠올릴 수 있도록 하는 것입니다. 따라서 필기를 할 때는 중요한 부분, 연상을 할 때 단서가 되는 부분, 좀 더 공부해야 하는 부분, 선생님에게 질문해야 할 부분 등을 분류해 나만의 다양한 기호로 표시할 수 있어야 합니다. 형광펜이나 색연필 역시 공책을 예쁘게 꾸미는 도구가 아니라 자신이 수업 내용을 이해하는 다양한 방식을 표현하는 도구여야 하는 것입니다.

빽빽한 필기는 나중에 보기가 불편하기 때문에 쉽고 단순하게 하는 게 좋습니다. 수업의 흐름을 정리하며 필기하고 여백을 많이 남겨서 수업이 끝난 후 복습을 할 때 생각나는 내용을 채워 넣도록 하는 것이 기본입니다.

1. 공책은 기능에 따라 공간을 구분하도록 한다

구조화시키면 더욱 효율적으로 활용할 수 있는 것이 공책입니다. 공책정리의 구조화에 대해서는 다음에 좀 더 자세히 소개하겠지만, 수업 내용에 대한 이해를 돕기 위한 공간, 수업의 핵심을 요약하는 공간, 궁금한 점이나 핵심 단어를 적는 공간 등으로 구분하여 수업 내용을 구조화시켜 정리할 필요가 있습니다. 공책 필기 시간이 공부 시간보다 많이 소요된 상황은 열심히 필기를 하고도 그만큼의 효율성을 얻지 못한 경우입니다. 공책 필기가 정말 공부가 될 수 있도록 집중해야 합니다.

2. 필기구나 기호는 자신만의 용도를 정해 사용한다

교사의 판서는 검정색 펜, 설명 및 예시는 파랑색 펜, 수업의 핵심은 빨강색 펜, 시험에 반드시 나오는 내용은 형광펜 등으로 용도를 구분하여 한눈에 수업의 흐름을 파악할 수 있도록 하는 것이 일반적으로 가장 권할 만한 방법입니다. 여기에 자신만 알아볼 수 있는 기호를 활용하는 것도 좋은 방법입니다.

4장

해마는 어떻게 기억할까?

생물학자 제임스 줄 James Zull 은 '수업은 뇌를 변화시키는 기술'이라고 말했습니다. 내가 가르치는 방법이 아이들에게 효과가 있으려면 먼저 수업이 아이들의 뇌 속에서 어떻게 이해되는지를 알아야 할 것입니다. 이번에는 '뇌는 어떻게 학습하는가?', '인간은 어떻게 기억하는가?'와 같은 질문들에 대한 답을 최근의 뇌기반 학습의 연구 결과에 비추어 알아보고, 이를 통해 아이들에게 수업 중에 어떻게 배움이 일어나게 할 수 있을지 생각해보려고 합니다.

공부 방법에 대한 잘못된 오해

"공부는 재미없어."
"난 머리가 나빠서 안 돼."
"어려운 공부, 못하는 게 당연하지."

과연 공부는 재미없는 게 당연할까요? 의외로 우리의 뇌는 새로운 것을 좋아합니다. 자신의 두뇌가 가진 능력을 제대로 써먹지 못하면서 머리가 나쁘다고 자책하는 것은 두뇌에 대해 제대로 알지 못하기 때문입니다.

공부를 못하는 학생들은 공부를 잘하는 아이들을 대개 세 가지 부류로 나누어 생각합니다.

"쟨 타고나길 머리가 좋게 태어났어."

"쟤는 매일 공부만 하는 아이야. 그러니 그런 노력을 어떻게 당해."

"쟤는 학원도 10시까지 다니고, 좋은 참고서는 다 사서 보고 있대. 난 학원도 못 다니고 집에서 공부하니 어쩔 수 없지."

아이들이 공부를 좋아하게 하려면, 그 첫 단추는 오랫동안 아이들의 뇌 속에서 굳어진 공부에 대한 이러한 잘못된 신화들을 걷어내는 일부터 해야 합니다.

1. 아이큐가 높은 아이들이 공부를 잘한다?

여러 조사에 따르면 지능지수IQ는 성적 차이의 25% 정도만을 설명한다고 합니다. 물론 지능지수가 높으면 대체로 공부도 잘 합니다. 지능지수 검사 자체가 짧은 시간 동안 문제를 많이 풀도록 되어 있습니다. 지능지수가 낮은 학생이라도 시간을 충분히 준다면 높은 학생만큼 풀 수 있습니다만, 그렇지 않다면 시간이 확실히 더 걸립니다. 그러니 지능지수가 높은 학생들은 같은 시간 동안 시험을 보면 성적을 더 잘 받을 수 있는 것입니다. 그리고 이와 관련하여 당연한 얘기지만 지능지수가 높으면 좀 더 빨리 배울 수 있습니다.

이처럼 지능지수가 높을수록 대체로 성적도 좋을 수밖에 없는 게 사실이지만 지나치게 강조하는 것도 바람직하지 못합니다. 성적은 지능지수만으로 설명되는 것도 아니고, 어느 정도 차이는 다른 요소로 얼마든지 극복할 수 있기 때문입니다. 결국 학생들의 최종적인 실력은 지능지수가 아닌 학습량에 따라 달라집니다.

체격 조건이 좋으면 운동도 더 잘합니다. 하지만 체격이 좋아도 태도가 나쁘고, 잘못된 습관이 몸에 배어있으며, 연습을 열심히 하지 않는 사람은 운동을 잘 할 수 없습니다. 올림픽 금메달리스트들 중에도 불리한 조건을 극복한 사람들은 얼마든지 있습니다. 공부도 마찬가지입니다. 지능지수는 여러 가지 조건들 중 하나일 뿐입니다

2. 노력하면 누구나 공부를 잘한다?

과연 누구나 노력하면 공부를 잘할 수 있을까요? 대체로 중위권 학생들에게는 '노력'이 중요한 성공 요소가 될 수 있습니다. 하지만 상위권 학생들은 '노력'의 영향을 별로 받지 않습니다. 중위권 학생들은 주로 고생하며 두뇌를 괴롭히는 방식으로 벼락치기식 공부를 하지만, 상위권 학생들은 수많은 시행착오를 거치며 두뇌의 본질을 깨닫고 자신에게 가장 적합한 방법으로 공부를 하는 경우가 많기 때문입니다. 똑같은 성적 상위 0.1%에 속하는 학생이지만 하루에 5시간 이상 공부하는 학생이 있는 반면, 2시간 정도 공부하는 학생도 12%나 된다고 합니다. 공부 시간과 성적의 관계 역시 중하위권에서는 매우 밀접한 상관관계가 있지만, 상위권에서는 상관관계가 약하다는 연구 결과가 발표되었습니다.

'노력'은 정말 중요한 요소인 것은 사실입니다만, 무턱대고 뇌를 괴롭히는 방식으로 공부 시간을 늘리는 것은 효율적이지 않습니다. 뇌를 괴롭히는 방식으로 성공을 경험한 학생들은 대학교를 가자마자 곧바로 책을 손에서 놓아버리게 될 것입니다.

3. 환경만 갖춰지면 누구나 공부를 잘할 수 있다?

교육환경을 갖춰 주면 누구나 공부를 잘할 수 있다고 주장하는 환경론이 있습니다. 이 환경론은 특히 학원이라는 '환경'을 활용한 사교육이 학습에서 중요한 요소라는 주장에 커다란 설득력을 부여하는 것 같아 안타깝습니다.

두뇌가 원하는 공부와 두뇌를 억지로 끌고 가는 공부가 있습니다. 좋은 참고서, 좋은 선생님도 중요하지만, 학생들에게 가장 중요한 것은 두뇌가 좋아하는 공부법, 자신에게 가장 맞는 공부법을 찾는 것입니다. 두뇌가 가지고 있는 기억 프로그램을 제대로 활용하면 누구든지 잘할 수 있습니다.

기억한다는 것은 무엇을 뜻하는가?

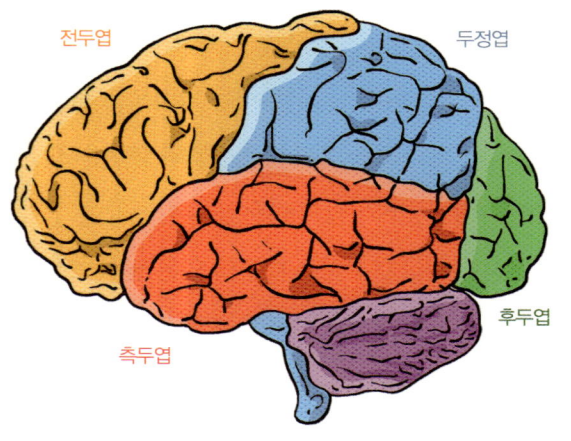

뇌는 신경세포가 하나의 큰 덩어리를 이루고 있으면서 동물의 중추신경계를 관장하는 기관을 말합니다. 본능적인 생명 활동에 있어서 중요한 역할을 담당하는데, 여러 기관의 거의 모든 정보가 일단 이곳에 모여 여기에서 여러 기관으로 활동이나 조정 명령을 내립니다.

또한 고등 척추동물의 뇌는 학습의 중추이기도 합니다. 성인의 뇌 무게는 약 1,400g 정도이며 이는 1000억 개가 넘는다고 추정되는 뉴런(뇌세포)을 포함합니다.

뇌는 대부분의 움직임, 행동을 관장하고, 신체의 항상성을 유지시킵니다. 즉 심장의 박동, 혈압, 혈액 내의 농도, 체온 등을 일정하게 유지시킵니다. 뇌는 인지, 감정, 기억, 학습 등을 담당합니다. 만약 선생님이 두 주먹을 나란히 놓으면 거의 뇌와 크기가 같습니다. 뇌는 그 무게가 체중의 2%에 불과하지만, 우리 신체 에너지의 20%를 사용합니다. 뇌는 어째서 그렇게 많은 에너지를 사용하는 걸까요?

두뇌에서 기억은 수많은 신경세포 간의 활동을 통해 이루어집니다. 모든 외부 정보는 전기 신호로 바뀌어서 두뇌에 전달됩니다. 두뇌의 신경세포를 '뉴런'이라고 하는데, 두뇌에서 전기신호를 전달하는 전선의 역할을 합니다. 그리고 신경세포끼리는 '시냅스'를 통해 서로 연결됩니다. 전기신호를 화학적 신호(신경전달 물질을 방출하는 것)로 바꾸어서 신경세포끼리 연결하는 것이 시냅스가 맡은 역할입니다.

뉴런은 신체에서 가장 작은 세포이기도 합니다. 뉴런 40개로 책의 마침표 하나를 덮을 수 있습니다. 뉴런 1천억 개가 100조 개의 시냅스를 이루며 뉴런 1개가 1000~10만

개의 시냅스를 형성한다고 합니다. 1:1 통화 방식이 아니라 1:99998의 그룹 발송 방식이기 때문입니다. 이 접속 부위에서는 매 순간 무수한 화학 반응이 일어나며 이때 많은 에너지를 소모하게 됩니다. 작은 모래 한 알 정도 부피에 뉴런은 10만 개가 들어가고, 시냅스는 무려 10억 개가 들어간다니 놀랍지 않습니까?

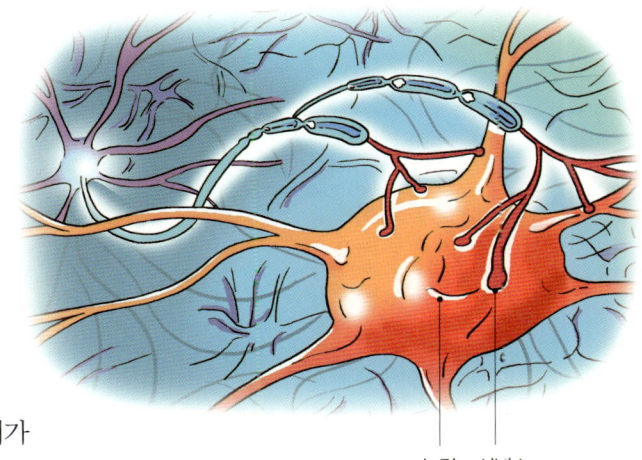

뉴런   시냅스

 1000억 개에 이르는 각 신경세포는 2만 개의 연결점을 가질 수 있으므로, 10의 28승이나 되는 연결을 할 수 있는 잠재력을 가지고 있습니다. 러시아 신경해부학자인 페트르 K. 아노킨의 계산에 의하면, 이런 조합의 수를 타자기로 칠 때 그 길이는 무려 1500만 킬로미터에 달합니다. 뉴런은 태아 때 1분에 250만 개씩 만들어지며 일단 뇌가 만들어지면 뉴런은 죽기를 거듭하여 하루에 약 10만 개 정도의 뇌세포가 죽는다고 합니다. 1년이면 3,650만개, 100년을 살 경우 36억 5천만 개의 뇌세포를 잃어버리게 됩니다.

 이러다 기억하는 게 남아 있을까 염려되겠지만, 100년을 산 뒤에도 우리는 태어날 때 가지고 있었던 뉴런의 96%가 넘는 963억 5000만 개에 달하는 뉴런을 여전히 보유하고 있다고 합니다. 여기에 뇌를 젊게 유지하는 방법들을 실천한다면 뉴런이 죽는 양을 대폭 감소시킬 수 있습니다. 따라서 문제는 잃어버린 뇌세포가 아니라 남아있는 뇌세포를 얼마나 잘 쓰는가에 달려있습니다.

 만약 기억이 공책에 내용을 새로 쓰거나 빈 뇌에 공부할 때마다 차곡차곡 공부한 내용이 담기는 것이었다면, 공부에 쏟아 부은 우리의 노력 앞에 두뇌는 벌써 무릎을 꿇었어야 합니다. 하지만 전기적, 화학적으로 뉴런이 변화한 결과가 '기억'이기 때문에 우리의 노력은 무모한 도전일 수밖에 없습니다. 그렇다면 우리는 어떻게 해야 더 잘 기억할 수 있을까요?

1. 내 머리 속의 지우개, 해마

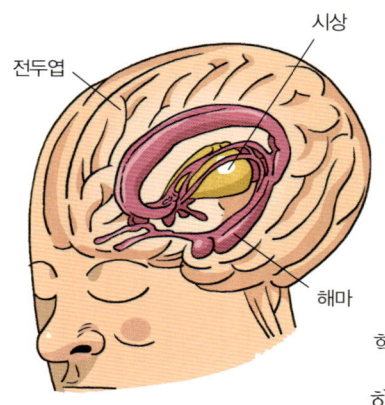

인간의 뇌는 모든 정보를 기억할 수 없기 때문에 일시적으로 기억했다가 잊어버려도 좋은 정보와 장기적으로 기억해야할 정보를 구분합니다. 뇌는 입력된 정보가 일시적으로 기억해야 할 것인지 오랫동안 기억해야 할 것인지 판단하는데, 이 분류작업을 담당하는 부위가 '해마'(단기기억을 저장하는 곳으로 기억과 학습에 관여)입니다.

해마에 대한 첫 연구는 1957년 윌리엄 스코빌 Willianm Scoville 과 브렌다 밀너 Brenda Milner에 의해 이뤄졌습니다. 논문을 통해 스코빌과 밀너는 HM이라는 환자의 해마 제거 수술 이후 환자가 지능지수나 판단력은 정상이지만, 더 이상 새로운 것을 기억할 수 없다는 사실을 밝혔습니다. 미국 보스턴 하트포드 병원에서 시행된 수술에서 간질의 진원지인 양쪽 해마 3분의 2를 제거한 HM은 간질 증세가 눈에 띄게 좋아졌습니다. 그러나 간호사가 다녀간 사실을 5분이 지나면 기억하지 못했고, 식사를 한 뒤에도 이 사실을 잊어버렸습니다. 얼마 뒤 그의 어머니가 사망했는데 그는 슬피 울었습니다. 하지만 이 사실을 기억하지 못해 그 이후에도 어머니가 돌아가셨다는 말을 들을 때마다 충격을 받고 슬피 울곤 했다고 합니다. HM의 증상을 통해 해마는 기억과 관련된 중요한 부위라는 사실이 밝혀졌고, 이후 해마는 기억을 일시적으로 저장할 뿐이며 장기 저장은 다른 뇌 부위에서 맡게 된다는 사실이 후속 연구를 통해 드러났습니다.

해마를 통한 〈기억의 구조〉를 간단히 나타내면 다음과 같습니다.

〈기억의 구조〉
측두엽 ⇨ 해마 ⇨ 측두엽(장기기억)
측두엽 ⇨ 해마 ⇨ 폐기(단기기억)

아이들이 알게 된 새로운 정보는 뇌의 측두엽(뇌의 측면에 자리하며 언어와 개념적 사고, 연상을 담당)에서 해마로 보내집니다. 이곳에서 임시로 정보를 기억하게 되는데, 정도를 일시적으로 기억할지 장기적으로 기억할지 분류를 하기 위해서입니다.

이제 아이들이 영어 단어를 외우는 상황을 떠올려 보겠습니다. 단어장을 꺼내 영어 단어를 하나 암기하면, 그 단어에 대한 정보는 측두엽을 통해 해마로 보내집니다. 그리고 1주일 후 같은 영어 단어를 한 번 더 암기하면 그 정보가 다시 해마로 보내집니다.

다시 1주일 후, 같은 암기학습을 반복합니다. 이것을 여러 차례 반복하면 이 영어 단어의 정보가 반복해서 해마로 보내지므로 뇌는 이것을 기억해두어야 할 중요한 정보로 판단하여 다시 한 번 측두엽으로 보냅니다. 측두엽에서 이 영어 단어는 장기기억이 되어 장기적으로 저장되고, 언제든 꺼내 활용할 수 있는 기억이 되는 것입니다.

해마가 새로운 정보를 일시적으로 저장하는 기간은 얼마쯤 될까요? 뇌기반학습에서는 약 한 달 정도라고 주장합니다. 이 기간 동안 같은 전화번호의 정보가 다시 해마에 오지 않으면 해마는 이 전화번호가 장기기억을 할 필요가 없는 정보로 분류하여 그것을 측두엽에 보내지 않고 폐기합니다. 학습에서도 이 원리를 잘 적용하면, 주기적인 반복을 통해 한달 안에 해마가 중요한 정보로 판단할 수 있도록 '복습'을 진행해야 함을 알 수 있습니다.

2. 뇌가 기뻐하는 공부법은 따로 있다

한참 매달렸던 수학 문제가 드디어 해결되는 순간의 희열은 정말 말할 수 없을 정도의 기쁨을 줍니다. 이때 우리의 뇌에서는 '도파민Dopamine'이 분비됩니다.

도파민은 신경전달물질의 하나로 '쾌감'을 만들어내는 뇌내 물질로 알려져 있습니다. 도파민의 분비량이 많으면 많을수록 인간은 더욱 쾌감과 기쁨을 느낍니다. 따라서 인간의 뇌는 어떤 행동을 취했을 때 도파민이 분비되었는지 기억해 두었다가 그 쾌감을 재현하려고 하는 습성을 가지고 있습니다. 뇌 속에서는 도파민을 더 효과적으로 분

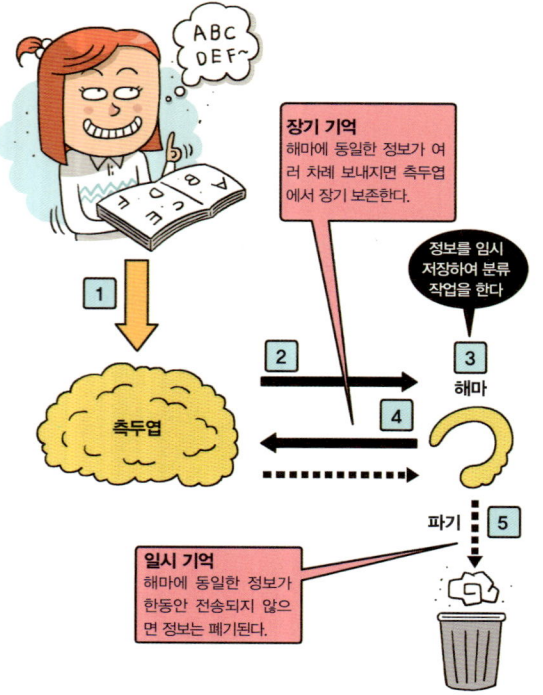

비시키기 위해, 쾌감을 얻기 위해 뇌 속의 신경세포(뉴런)가 연결되어 새로운 시냅스(신경회로망)가 만들어집니다. 이로 인해 쾌감을 만들어내는 행동이 습관이 되고, 이를 반복할수록 그 행동이 능숙해집니다. 이것이 바로 '학습'의 메커니즘입니다.

(1) 어떤 행동을 한다.
(2) 시행착오 끝에 그 일을 해낸다.
(3) 칭찬받거나 성취감을 느끼는 등의 대가가 주어진다.
(4) 도파민이 분비되어 쾌감을 얻는다.
(5) 어떤 행동과 쾌감이 연결된다.
(6) 또다시 같은 행동이 하고 싶어진다.
(7) 같은 행동을 반복해 하며 습관이 된다.

"나는 체육은 좋아하지만, 수학은 정말 싫어. 계산할 때마다 자주 틀리거든"
위와 같은 견해에 대해 뇌기반학습에서는 수학을 싫어하는 행동을 도파민에 의한 강화학습의 사이클이 작동되지 않을 뿐이라고 봅니다. 도파민이 분비되지 않으니 그 행동을 해도 즐겁지 않은 것입니다. 때문에 아무리 노력을 해도 결과가 나타나지 않고, 결국 "난 수학을 못해"라는 의식이 싹트게 됩니다.

미국 경제 전문매체 비즈니스인사이더는 2013년 11월, 《아동 발달 Child Development》 저널에 실린 연구 결과를 인용해 수학 실력 향상에 있어 가장 중요한 요인은 '좋은 공부 습관'과 '열심히 하는 것'이라고 보도했습니다. 초기 학년에서는 높은 지능지수가 높은 수학 성적을 의미했지만 시간이 지나면서 타고난 지능은 수학 성적에 큰 영향을 끼치지 못했습니다. 대신 얼마나 수학을 열심히 공부하느냐가 수학 성적 향상에 큰 영향을 끼치는 것으로 드러났습니다.

중요한 것은 도파민에 의한 강화 사이클이 작동하는가의 여부입니다. 뇌 활동의 본질은 '자발성'입니다. 수학을 못하는 학생의 뇌라 해도 긍정적인 기대와 칭찬받은 일은 아주 좋은 경험으로 받아들이게 됩니다. 꾸지람을 들은 아이의 뇌는 의욕을 잃어버리게 되어 있습니다. 뇌가 기쁨을 느끼게 하기 위해서는 '억지로 하지 않는 것'이 정말 중요합니다. 무엇을 하든 '스스로 선택했다'는 감각이 절대적으로 필요합니다.

할 수 있을지 없을지 모르는 일에 열심히 도전해보고, 고생 끝에 목표를 달성했을 때 도파민은 대량으로 분비됩니다. "하나도 풀지 못했던 내가 수학 문제를 다섯 개 중에서 세 개나 풀다니"라는 말이 나올 만큼 의외성이 강하면 강할수록 기쁨도 그만큼 커지는 것입니다.

공부를 망치는 주범, 암기

어떤 새로운 정보가 두뇌에 입력되면 엄청나게 많은 뇌세포가 수상돌기라는 가지를 통해 시냅스라는 연결고리를 형성하려고 합니다. 새로운 정보를 흡수하여 두뇌의 정보 저장 상태를 개선하려고 노력하는 것은 유전적으로 물려받은 두뇌의 본능이라고 합니다. 그러한 두뇌의 본능은 기억회로의 자연스러운 확장을 통해 충족됩니다.

어떤 말을 듣거나 어려운 개념을 접했을 때, 그 의미가 파악되지 않으면 사람들은 대부분 답답함을 느낍니다. 이것은 바로 두뇌의 본능이 억압되고 있다는 증거입니다. 이와 같은 상황에서 두뇌의 회로 구성은 제대로 이루어지지 않습니다. 특히 시험을 앞두고 벼락치기로 암기를 하게 되면, 스트레스 호르몬인 코르티졸Cortisol이 분비되어 뇌세포를 파괴한다고 합니다. 이렇게 되면 무엇보다도 공부를 싫어하게 만들어 버리는 것이 문제입니다.

초등학교때까지는 암기가 통할 수 있지만, 중학교, 고등학교로 올라갈수록 시험 범위는 점점 넓어지고 난이도 높은 문제 유형을 만나게 됩니다. 그래서 암기는 제 역할을 하지 못합니다. 그래도 암기에 대한 미련을 놓지 못하겠다면, 하이드와 젠킨스가 1969년에 했던 재미있는 실험을 눈여겨볼 필요가 있습니다.

그들은 4개 집단에게 24개의 단어를 제시했는데, 단어는 Red, Green, Table, Chair처럼 연관이 있는 쌍이었지만, 무작위로 섞어서 전달했습니다. 그리고 각 집단에 다음과 같은 지시를 했습니다.

A집단 : 제시된 단어를 기억하라
B집단 : 단어를 그냥 살펴만 보되, 제시된 단어가 유쾌한지 아닌지 판단하라
C집단 : 단어를 그냥 살펴만 보되, 단어에 알파벳 e가 포함되어있는지를 살펴보라
D집단 : 단어를 그냥 살펴만 보되, 단어의 알파벳 개수를 세라

실험 뒤에 실시한 기억 검사에서 어떤 실험 집단이 가장 많은 단어를 기억했을까요? 결과는 다음과 같습니다.

A집단 : 평균 16.1개
B집단 : 평균 16.3개
C집단 : 평균 9.9개
D집단 : 평균 9.4개

단어를 살펴봤다는 점에서 네 집단 모두 같은 전기신호가 두뇌에 전달되었다고 볼 수 있습니다. 그런데 결과는 왜 서로 다를까요?

그건 '전달된 전기신호가 두뇌에서 어떻게 처리되었느냐'에 달려 있습니다. 기억한

단어수가 적은 C집단과 D집단은 낱낱의 철자에 관심을 가지는 정보처리를 한 것입니다. 이런 작업은 단어를 의미가 아니라 기호로 처리합니다. 따라서 이미 머릿속에 들어있는 지식 정보망을 활용할 필요가 별로 없습니다. 지식 정보망을 활용하여 연결 고리가 만들어지지 않으면 두뇌는 새로운 정보를 기억하려 들지 않습니다.

이 실험에서 또 하나 눈여겨 볼 사실이 있습니다. 일부러 외우려고 애쓴 A집단보다 그냥 살펴보기만 한 B집단이 차이는 적지만 더 많은 단어를 기억했다는 사실입니다. B집단은 단어가 유쾌한지 판단하기 위해 그 의미를 떠올려야 했고, 이렇게 의미를 떠올리는 과정에서 이미 두뇌에 있는 지식 정보망에 접속하여 기존의 지식 정보망과 통합하여 새 기억회로를 형성했던 것입니다. 의미를 이해하는 이해학습이 정보를 기억하는데 얼마나 중요한지 잘 보여주는 실험이라고 하겠습니다.

두뇌는 새로운 정보가 자신의 경험과 연관될 때 쉽게 이해하며, 이해한 뒤에야 그것을 의미 있는 정보로 받아들인다는 사실을 꼭 기억하길 바랍니다.

한 걸음 더, 생각 더하기

뇌가 가장 좋아하는 시간 활용하기

하루 중에 뇌가 가장 좋아하는 시간은 언제일까요? 일단 뇌가 깨어나는 시간은 오전 6시~10시이며 그때쯤이면 신체 저항력이 약화되고 정신이 날카롭게 각성됩니다.

뇌가 가장 활발하게 활동하는 시간은 오전 10~12시 사이입니다. 이때는 뇌의 판단력과 사고력이 최고조에 이릅니다. 단기기억력도 높아지고 쾌감 호르몬이 활발하게 나오므로 어려운 수학 문제를 풀거나 창조적 발상이 필요한 과목은 이 시간을 적극 활용하는 것이 좋습니다. 중요한 선택이나 결정을 내려야 하는 일들은 오전 시간이 끝날 무렵이 최적기입니다.

대뇌 생리학자들의 실험에 의하면 인간이 연속적으로 집중력을 유지할 수 있는 시간은 60~90분에 한정되며, 그 중에서도 뇌의 활동이 가장 활발한 시간은 처음 10분 정도라고 합니다. 성인은 60분을, 아이들은 40~50분을 분기점으로 하여 잠깐 휴식을 취하는 것이 뇌의 집중력도 회복할 수 있고, 참신한 아이디어도 척척 내놓을 수 있습니다.

《운동화 신은 뇌》 책에 소개된 미국 일리노이 주의 네이퍼빌 센트럴 고등학교는 0교시에 전교생이 1.6km를 달리기를 하는 체육 수업을 배치했습니다. 달리는 속도는 자기 심박수의 80~90%가 될 정도의 빠르기, 즉 자기 체력 내에서 최대한 열심히 뛰도록 했습니다. 이후 1, 2교시에는 가장 어렵고 머리를 많이 써야하는 과목을 배치했습니다. 이렇게 한 학기 동안 0교시 수업을 받은 학생들은 학기 초에 비해 학기 말의 읽기와 문장 이해력이 17% 증가했고, 0교시 수업에 참가하지 않은 학생들보다 성적이 2배 가량 높았습니다. 또한 수학, 과학 성적이 전국 하위권이었던 이 학교는 전 세계 과학평가에서 1위, 수학에서 6위를 차지했습니다.

운동을 하면 뇌세포가 생성되지만 운동 직후 이 뇌세포들이 할 역할을 잡아주지 않으면 바로 죽고 맙니다. 즉 새로운 것을 학습하며 뇌세포 간 연결을 이뤄 새로 생긴 뇌세포를 기존 지식체계 속에 포함시켜야 학습능력 향상에 도움이 되는 것입니다. 센트럴 고등학교가 0교시 체육 시간 이후 가장 어려운 수학 수업을 배치한 이유는 결국 운동을 한 직후의 뇌가 학습을 하기 가장 좋은 상태로 세팅이 되기 때문이었습니다.

열심히 운동한 후 꼭 뇌를 사용하라! 학습능력 향상을 원한다면 기억해야 할 필수사항입니다.

5장

시험성적을 올리는 수업태도!

가수 이적 씨는 2013년 8월 5일 SBS《힐링캠프》에 출연해 삼형제를 모두 서울대에 보낸 어머니의 교육방법을 공개했습니다. 뜻밖에도 이적 어머니의 교육방법은 학원도 보내지 않으며 교육시키지도 않는 것이었습니다.

"어릴 때부터 어머니가 책을 보면 같이 보고 숙제도 했다. 어머니는 공부하라는 말은 안 했다."

이적 씨는 "공부를 잘하면 뭐해 줄 거냐고 물으면 '네가 공부를 하는 건 엄마를 위한 게 아니다. 네 일이다. 네가 좋은 거지, 내가 좋은 거니?'라고 어머니께서 말씀하셨다"고 했습니다. 특히 "학교에 있는 시간만이라도 공부를 하라고 했다. 선생님 눈만 똑바로 쳐다보라고 하셨다"는 교육법을 공개했습니다.

공부와 수업태도의 관계

1. 복습과 수업태도

공부는 습관이 돼야 합니다. 그래서 초등학생 때부터 공부의 기본 태도만큼은 분명하게 다지고 넘어가야 합니다. 학교에서 수업 시간에는 딴 짓을 하고 쉬는 시간에는 친구들과 어울리다 머릿속에 남은 것 하나도 없이 집으로 돌아오는 학생들이 많습니다. 학원 수업이나 인터넷 강의, 과외를 통해 보충할 수 있다고 믿기 때문입니다.

하지만 학교에서의 시간을 허투루 보내는 게 습관이 되면 중·고등학교에 진학해 낭패를 보기 쉽습니다. 이런 학생들은 중·고등학교에 입학하고 학습량이 엄청나게 늘어나면 '무엇을' '어떻게' 공부해야 할지 몰라 허둥대기 일쑤입니다. 복습이 가장 중요하지만, 복습 이전에 수업 때의 집중력 있는 수업 태도와 그런 태도와 함께 작성된 필기가 공책정리를 살립니다. 복습의 시작은 수업 시간입니다.

2. 수업 시간 중에 하지 말아야 할 세 가지

수업 시간에 학생들이 절대 하지 말아야 할 것에는 어떤 것이 있을까요? 공부를 포기한 학생들에게서 발견하는 공통적인 특징이 몇 가지 있습니다.

(1) 꾸벅꾸벅 졸기

조는 아이들이 주로 다시 졸게 되는 것만 봐도, 수업 시간에 조는 건 일종의 습관입니다. 나쁜 습관은 쉽게 몸에 익습니다. 가장 좋은 방법은 깨어 있는 동안 최상의 컨디션을 유지할 수 있도록 규칙적인 생활 리듬을 유지하는 것입니다.

(2) 선생님 눈길 피하기

수업은 선생님과 학생이 주고받는 쌍방향 의사소통입니다. 공부 잘하는 학생들은 선생님을 향해 끊임없이 신호를 보냅니다. 대표적인 신호가 바로 '눈 맞추기'와 '고개 끄덕거리기'입니다. 실제로 교실에서 두 팀으로 나누어 실험을 해보니, 선생님들은 자기도 모르는 사이에 눈빛을 마주치며 고개를 끄덕이는 쪽으로 몸을 향했습니다.

(3) 수업 끝나자마자 책 덮기

최고의 공부 방법은 수업이 끝나자마자 '즉시' '복습'하는 것입니다. 수업이 끝난 후 어떤 내용을 배웠는지 교과서와 공책을 중심으로 다시 한 번 훑어보는 것이 정말 중요합니다. 단 1분이면 충분합니다. 1분이면 수업 시간 동안 배운 내용의 흐름을 일목요연하게 정리할 수 있습니다.

수업의 주인이 되는 수업태도

막연히 공부가 좋아지는 것도 좋겠지만, 부모님과 선생님 역시 학생들의 성적이 올라갈 때 공부에 대한 자신감이 커지며 더욱 공부가 좋아지게 됩니다. 과연 성적이 오르도록 공책 필기를 지도하려면 어떻게 해야 할까요?

2010년 1월 1일 방영된 KBS의 다큐멘터리《습관》편에서는 전국 상위 1% 성적인 144명, 그리고 일반 고등학교 2학년 118명을 대상으로 공부 습관과 성적과의 관계를 조사하였습니다. 그 조사를 토대로 상위 1%의 세 가지 공부 습관을 찾았습니다. 상위 1% 학생들의 공부 습관 세 가지는 ①계획하고 반성하라! ②수업의 주인이 되라! ③보고 또 보고!였습니다.

1. 계획하고 반성하라!

추상적 목표는 포기를 쉽게 불러옵니다. 장기 로드맵을 작성하고, 구체적 계획과 계획 실천에 대한 반성을 기록해야 합니다. 월, 학기, 년 단위로 해야 할 공부 리스트를 만든 후 리스트에 맞춰 스스로 실천하고 체크하도록 해야 합니다. 계획을 실천하지 못했을 때는 자기반성을 기록하고 읽어봐야 합니다. 자기반성은 더 나은 계획을 세울 수 있는 토대가 됩니다. 아울러 롤모델을 정하고 롤모델의 좋은 습관을 따라하며 내 것으로 만들어야 합니다.

2. 수업의 주인이 되라!

수업이 중요하고 수업을 열심히 들어야 한다고만 말하면 막연하고 쉽지 않습니다. 이제 '수업의 주인이 될 수 있도록 돕는 방법'을 어떻게 지도하면 좋을지 알아보겠습니다.

(1) 질문을 한다.

대다수의 학생들은 자기에게 딱 맞는 수업을 듣는 게 아닙니다. 그런데 누군가가 질문을 하는 순간, 그 학생의 수준을 선생님이 알게 되고 그 학생의 수준에 맞춰 수업을 진행하게 됩니다. 즉 '질문'이라는 습관은 수업을 자기에 맞춰 이끌어가는 습관이라고 할 수 있습니다. '질문'을 하는 순간, 교사와 학생 사이에는 에피소드가 생깁니다. '기억'은 에피소드 기억으로 오랜 경험이 되어 기억에 남도록 도와줍니다.

(2) 수업 중에 공책 필기를 한다

수업 중에 '자기 사고'를 통해 필기를 하면서 수업을 듣다보면 선생님이 하시는 말씀에 아이들 머릿속에서 상호작용을 일으킵니다.

(3) 다양한 표정을 짓는다.

수업 중에 고개만 숙이고 있지 말고 항상 선생님을 바라보며 이해를 못했을 때는 못했다는 표정을 선생님께 보여야 합니다. 사람들은 자신의 이야기를 잘 들어주는 사람을 좋아합니다. 선생님들 역시 예외는 아닙니다. 잘 듣지 않는 학생보다 잘 듣는 학생에게 눈길이 더 자주 가는 것은 당연한 반응입니다. 타인의 말을 잘 듣는다는 것은 '경청한다'는 것입니다. 듣는 것과 경청하는 것은 매우 다릅니다. 듣는 것은 그냥 소리를 듣는 것이지만, 경청은 소리의 의미와 의도까지 함께 듣는 것입니다. 다른 사람의 이야기를 경청한다는 것을 상대방이 느낄 수 있게 해주는 구체적인 방법이 몇 가지 있습니다.

시선 맞추기

선생님이 이야기하실 때 시선을 맞추고 있는 학생은 선생님의 이야기에 관심이 있다고 단정하게 됩니다. 학생들에게 선생님의 말씀에 집중하며 선생님에게서 눈길을 떼지 말고 바라보자고 알려주어야 합니다.

고개 끄덕이기

경청을 나타내는 두 번째 단서 행동은 '고개를 끄덕이는 것'입니다. 아무 때나 끄덕이는 게 아니라 선생님의 말씀이 잠시 멈추는 짧은 사이사이에 고개를 끄덕여야 합니다. 말하는 사람이 알아차릴 정도로 크게 끄덕거려야 합니다.

어느 심리학자가 교실에서 한 실험 중에 교실의 오른쪽 그룹 학생들은 고개를 숙이고 필기를 열심히 하는 행동을 하게 하고, 왼쪽 그룹 학생들은 선생님과 시선을 맞추며 말하는 사이사이에 고개를 끄덕이고 눈이 마주치면 웃는 행동을 하도록 부탁했습니다. 이런 사실을 전혀 모르는 선생님은 과연 어떻게 했을까요?

얼마간의 시간이 지나자 선생님은 왼쪽 그룹의 학생들을 자주 바라보셨고, 15분 정도가 지나자 아예 왼쪽으로 자리를 옮겨서 강의를 했습니다. 강의가 끝난 후에도 선생님은 교탁 왼쪽에서만 수업을 진행한 사실을 전혀 의식하지 못하고 있었습니다. 선생님은 자신도 모르게 경청 행동을 보인 학생들에게 관심을 보이며 맞춤 수업을 하게 됩니다.

미소 짓기

선생님의 말씀을 들으며 적극적으로 재미있는 이야기에는 웃거나 웃는 것이 쑥스러우면 미소라도 지어야 합니다. 선생님은 더욱 흥이 나서 즐겁게 수업을 하고, 다음 시간에는 더욱 더 수업준비를 열심히 하는 선순환을 만들어 낼 것입니다.

〈웃는 학생이 공부도 잘한다〉

수업 시간, 학생들이 공부할 때 표정을 보면 웃으며 공부하는 아이가 없습니다. 양 미간에 힘을 주고 찡그린 경우가 대부분입니다. 공부할 때 심각한 표정을 짓는  게 당연하다고 생각한다면, '찌푸린 얼굴 자체가 공부를 재미없게 만들어 결과적으로 학습 효율성을 떨어뜨릴 수도 있다'는 것을 알아야 합니다.

볼펜 끝을 입에 무는 방법은 두 가지가 있습니다. 하나는 치아로 무는 것이고, 다른 방법은 치아에 닿지 않게 입술로만 무는 것입니다. 학기 초에 수업태도에 대해 이야기를 나눌 때 꼭 연필이나 볼펜을 물도록 하여 실험해보시길 바랍니다. 치아만을 사용해 볼펜 끝을 물때는 어쩔 수 없이 입이 옆으로 벌어지고, 입술로만 물때는 입이 앞으로 나오면서 볼이 홀쭉해질 겁니다. 마틴 Leonard L. Martin, 새빈 스테퍼 Sabine Stepper가 수행한 이 실험의 목적은 표정이 판단에 얼마나 영향 미치는지 알아보는 것이었습니다. 볼펜 끝을 입술로만 물 때의 얼굴은 찡그린 표정('똥한' 표정과 같음)과 유사하고, 치아로 물 때는 입이 옆으로 벌어지기 때문에(즉 웃을 때 움직이는 근육을 동일하게 사용하기 때문에) 웃는 표정과 비슷합니다. 볼펜을 입에 무는 방법으로 얼굴 표정에 조작을 가하면 실제로 기분이 언짢거나 좋을 리 없더라도 그런 감정이 유발되고, 그렇게 변화된 감정 상태가 판단에 상당한 영향을 미친다는 것이 연구자들이 내린 결론이었습니다. 19세기 말 미국의 심리학자 윌리엄 제임스와 칼 랑게는 '사람들은 울기 때문에 슬퍼지고 도망가기 때문에 무서워지고 웃기 때문에 행복해진다'고 했습니다. 공부할 때 아이들의 표정도 관심 있게 살펴보고 지도해야 할 필요가 있습니다.

똑기질끄나 SLANT 습관으로 수업 집중 기술 가르치기

아이들이 수업을 받는 모습을 비디오로 촬영해 본 적이 있습니다. 대부분 저와 호흡하듯 열심히 따라주는 줄 알았는데, 몇몇은 창밖을 보고, 몇몇은 수다 떨기에 바쁘고, 한두 명은 엎드려 있었습니다. 웃으며 쪽지를 건네는 모습도 보였습니다.

물론 교실 속에는 언제나 눈빛을 반짝이며 중요한 내용을 말할 때마다 고개를 끄덕이고 선생님이 하는 모든 말에 열심히 대답하는 학생들도 있습니다. 모든 학생들이 이렇게 행동을 한다면 얼마나 멋질까요? 수업 집중 기술인 SLANT를 활용하면, 학생들은 좀 더 집중해서 수업을 듣게 될 것입니다. SLANT는 퀀텀교수법을 통해 슈퍼캠프에서 오랜 시간동안 지도되며 많은 학생들이 수업에 집중할 수 있도록 도와준 집중 기술입니다.

1. S―똑바로 앉기 Sit up

슈퍼캠프에서 말하는 주의집중 전략은 선생님의 설명을 들었을 때 어떻게 해야 할지를 잘 보여줍니다. S는 '똑바로 앉기'입니다.

2. L―앞으로 기울이기 Lean forward

'몸을 선생님 쪽으로 아주 약간 숙이기'입니다. 이것은 학생들이 수업에 흥미를 가지고 있고, 호기심으로 뇌가 자극받고 있는 상태입니다. 이 자세를 취할 때 학생들은 더욱 집중하게 됩니다.

3. A―질문하기 Ask questions!

수업 중에 알맞은 질문은 학생들이 내용을 이해할 수 있게 해주고, 학생들의 마음이 학습에 바로 들어갈 수 있도록 도와줍니다. 수업 중에 자신에게는 '다음에는 무엇을 하게 될까?'라고 재미있는 질문을 던집니다. 언제든 이해가 안 될 때에는 "분명하게 다시 설명해주세요"라고 요청해야 합니다.

4. N-끄덕이기 Nod yes and no

대화할 때 고개를 끄덕인다는 것은 '내가 공감하고 있다'는 것을 보여줍니다. 고개를 끄덕이는 것은 교사와 학생 사이에서 두 가지 의미를 가지고 있습니다. 선생님에겐 "저 지금 듣고 있어요" 라는 의미를 가지고 있고, 뇌에게는 '지금 배우고 있는 것을 이해한다'는 메시지를 보냅니다. 교사는 이런 '끄덕이기'를 만나면 신이 나서 더욱 열심히 가르치게 될 것입니다.

5. T-나중에 선생님과 이야기나누기 Talk with teachers

"똑바로 앉으십시오."("똑바로"라고 하며 시범을 보이십시오)

"앞으로 몸을 기울이세요."(덜그럭거리는 소리를 내며 시범을 보이십시오)

"질문하십시오."('네?'라고 하며 손을 올리십시오)

"고개를 끄덕이십시오."('아하'라고 말하며 시범을 보입니다)

"나중에 선생님에게 말하십시오."(손바닥을 붙인 채 입처럼 열었다 닫으며 박수소리를 내십시오)

여기에 제가 추가할 마지막 단계는 '선생님에게 말하기'입니다. 폴 맥린 박사의 실험 결과에 의하면, 학습은 관계와 연결이 만들어지는 곳과 같은 곳에서 이루어진다고 합니다. 학생들이 학습을 극대화하려면, 선생님과 먼저 관계를 맺어야 합니다. 수업을 시작했을 때나 수업을 종료했을 때에 선생님을 찾아가 질문을 위해 잠시 남거나 그날 배운 것에 대해 이야기하는 것만으로도 선생님과의 관계가 맺어지기 마련입니다.

기초학력 수준이 높은 아이들의 대표적인 특징은 무엇일까요? 교육과학기술부는 2007년 10월 11일 실시한 초등학교 3학년 국가 수준 기초학력 진단평가 결과를 발표했는데, 평가는 전국 초등학교 3학년생의 3%인 2만540명을 표집해 읽기, 쓰기, 기초수학 등 3개 영역을 대상으로 실시됐습니다.

 기초학력에 영향을 미치는 배경 원인을 설문조사를 통해 분석한 결과 교사의 칭찬을 많이 받는 학생일수록, 숙제를 혼자 해결하는 학생일수록, 학교 생활의 흥미도가 높은 학생일수록 점수가 높았습니다. 실제 '교사의 칭찬을 항상 듣는다'거나 '숙제를 혼자 해결한다'고 답한 학생들의 영역별 평균점수는 그렇지 않은 학생들보다 각각 7.02~9.05점, 7.69~9.61점 높았습니다. 학생들이 교사의 칭찬을 항상 듣게 되려면 가장 좋은 방법은 숙제를 잘하고, 수업 시간에는 '똑기질끄나SLANT'로 선생님의 수업에 집중하고 있음을 선생님께 알려줘야 할 것입니다. 교사 역시 '똑기질끄나SLANT'를 수업 시작할 때마다 학생들에게 알려주는 일을 반복해야 합니다.

한 걸음 더, 생각 더하기

자신의 수업태도 점검하기

습관habit의 본래 뜻은 翾익힐 습 慣익숙할 관, '어린 새가 날갯짓을 연습하듯 매일 반복하여 마음에 꿰인 듯 익숙해진 것'입니다. 여러 번 반복하여 노출되거나 행동하여 자동으로 하게 되는 자동

"나의 학교 수업태도는?"

서울난우초 6학년 (　) 반 (　) 번 이름 (　　　)

1. 선생님이 들어오시기 전에 책과 공책을 미리 꺼내놓는다.(O, X)
2. 수업 시작 전에 교과서를 들춰 오늘 배울 내용이 무엇인지 제목이라도 들여다본다.(O, X)
3. 수업 시간에 지난 시간에 배운 내용과 관련지어서 이해하려고 노력한다.(O, X)
4. 공책 정리를 반드시 한다. (O, X)
5. 선생님께서 수업 중에 중요하다고 강조하시는 부분을 따로 표시해둔다. (O, X)
6. 수업 중에 모르는 것이 있어도 질문하지 않는다. (O, X)
7. 수업중 친구들과 작은 목소리로 잡담을 종종 한다. (O, X)
8. 수업 중 주변 잡음에 많은 신경을 쓰는 편이다. (O, X)
9. 수업이 끝나자마자 교과서를 덮고 공책을 치운다. (O, X)
10. 수업 시간에 학원 숙제나 다른 책을 종종 본 적이 있다.(O, X)

[평가] 1번부터 5번까지는 O의 개수를, 6번부터 10번까지는 X의 개수를 세서 더한다. (한개 10점씩)

☞ 나 (　　　)의 수업태도 점수는
(　　　)점입니다.! 내가 더 노력할 부분은

※ 80점이상: 바른수업맨, 수업 시간 나름대로 최선을 다하고 있음
※ 40~70점: 대충대충맨, 대충 때우는 식으로 수업을 받고 있음.
※ 0~30점: 학교 왜 오니 맨, 수업에서 얻는 것이 거의 없음.

적인 행동, 그것이 '습관'입니다. 습관이 없다면 무슨 일을 해야 하는지 매번 생각하고 배우는 데 많은 시간이 걸리게 됩니다. 저는 아이들이 올바른 수업태도를 기르는 습관을 가질 수 있도록 학기 초에는 꼭 「수업태도 점검 학습지」로 자기를 돌아보게 하고 있습니다.

학기 초에는 칠판에 '교과서 OO쪽을 읽으세요'라고 글을 써 놓습니다. 아이들이 책을 읽고 나면 교사가 "오늘 무엇을 배울 것 같아요?"라고 질문을 해서 학습 목표를 확인시킵니다. 이 작업을 몇 번 해 줍니다. 시간이 지나면 교사가 몇 쪽을 읽으라는 지시를 하지 않아도 아이들 스스로 몇 쪽을 배울지 생각해 내서 읽도록 하는 것이 좋습니다. 그리고 "오늘은 몇 쪽을 배울 차례인가요?"라고 질문함으로써 아이들이 스스로 지난 번 진도를 기억해 내서 오늘의 진도를 찾는 것부터 하도록 합니다.

또한 종이 치면 자리에 앉아서 스스로 책을 펴는 것도 아이들 스스로 해야 합니다. 교사가 아이들에게 "자리에 앉아라!", "책을 펴라!"라고 지시하면 아이들은 교육의 주체가 될 수 없기 때문입니다. 교사의 지시가 없어도 아이들 스스로 할 수 있도록 하는 것이 수업의 첫 번째 목표여야 합니다. 스스로 책을 펴서 읽을 수 있는 아이라면 한 시간 동안 공부에 집중할 수 있습니다. 만일 그걸 할 수 없는 아이라면 한 시간 동안 공부에 집중할 수 없다고 보아도 될 것입니다. 그러므로 수업의 성패는 종이 치고 난 뒤 아이들 스스로 책을 펴느냐 안 펴느냐에 달렸다고 해도 과언이 아닐 것이라 생각합니다.

6장

의미기억을 에피소드화하기
① 질문하기

아이가 머리가 나쁜 게 아니란 것을 보여줄 때 많이 활용하는 재미있는 실험이 있습니다. 아이들이 눈을 감고 있을 때 칠판에 10개의 단어를 씁니다. 잠시 후에 눈을 뜨게 하고, 20초의 시간 동안 10개의 단어를 순서대로 기억하게 했습니다. 아이들이 어떻게 하나 관찰했더니 대부분의 아이들은 손가락을 꼽아가며 반복적으로 단어를 암기하고 있었습니다. 그래서 화이트보드로 칠판을 가리고 순서대로 쓰게 하니 한 아이만 척척 대답할 뿐이었습니다.

다음으로 우뇌를 활용한 기억을 돕기 위해, 발문했습니다. 어떤 단어가 기억에 잘 남느냐고 물었습니다. 아이들은 맨 앞이나 맨 뒤에 있는 단어, 짧은 단어, 그리고 색깔 있는 분필로 쓴 '이영진'이란 단어가 기억에 남는다고 했습니다.

이번엔 우뇌가 좋아하는 이야기를 만들자고 했습니다.

"교실 문을 열려고 하니, 문에 칼이 박혀있었어요. 문을 열고 들어선 앞 의자 위에는 크레파스가 있었고, 칠판 오른쪽에는 누군가 선생님 드시라고 귤을 올려놓았지요. 그 옆에는 귤을 다 먹으면 배고프니까 감자도 드시라고 감자가 있었어요. 왼쪽 대형 텔레비전에는 화살 광고가 나오고 있었고, 창가 쪽 창문 선풍기에는 독수리가 쉬고 있었답니다. 창가 쪽 뒷 청소함 위에는 총이 하나 놓여있었고, 그 안쪽에는 할아버지께서 이영진을 칭찬하고 계셨어요. 뒷문 앞쪽에는 이영진이 많이 보는 책이 놓여있었습니다."

"자, 이제 묻겠습니다. 교실 문을 열려고 보니 문에 뭐가 박혀 있었어요? 예, 맞습니다. 문을 열고 들어오니 의자 위에 뭐가? 그렇죠, 크레파스입니다. 칠판 오른쪽에는? 귤 맞습니다. 그 옆엔 배고프니까 또 뭐가? 예, 감자 맞습니다……."

이렇게 진행하면 어느새 대부분의 아이들이 큰 소리로 자신이 외운 단어를 외치게 됩니다.

저는 교사 연수를 할 때에는 위에서보다 좀 더 복잡한 그림을 사용합니다. 선생님들에게 20개의 단어들을 보여 주고 30초 동안에 외우라고 합니다. 그런 후에 선생님들이 많이 기억하고 있는 단어들이 어떤 특징을 가졌는지 함께 이야기합니다. 선생님들이 자주 기억해냈던 단어들에는 이런 특징이 있습니다.

① 초두 효과 : 아이언맨, 밧줄
② 초미 효과 : 밧줄, 그리고
③ 반복되는 단어 : 밧줄
④ 색깔이 있는 단어 : 그리고
⑤ 이미지 : 빼꼼

재미있는 실험은 강의가 끝나고 끝날 때 물어봐도 대부분의 선생님들이, 대부분의 아이들이 여전히 기억하고 있습니다. 뇌를 혹사하는 벼락치기를 하지 않아도 이야기 속에서 기억하고 있는 자신의 모습에 무척 신기해합니다. 그렇게 하여 뇌가 좋아하는 공부방법이 따로 있다는 것을 몸으로 체험하게 됩니다.

의미기억 Semantic Memory과 일화기억 Episodic Memory

피라미드 구조 (위에서 아래로):
- 일화기억 (현재기억)
- 단기기억 (현재기억)
- 의미기억 (잠재기억)
- 프라이밍기억 (잠재기억)
- 절차기억 (잠재기억)

뇌기반학습 전문가는 일반적으로 30초부터 몇 분 정도까지를 '단기기억'이라 부르고, 그것보다 긴 시간의 기억을 '장기기억'이라고 구분합니다.

장기기억은 여러 가지 종류로 분류됩니다. "과거에 일어난 일 가운데 가장 기억에 남는 일은 무엇입니까?"라고 묻는다면 무엇이 생각납니까? 대개의 경우 언제 어디서 무엇을 했다는, 과거 자기에게 생긴 일과 관련된 기억일 것입니다. 이러한 기억을 '일화기억'(에피소드 기억)이라고 합니다. 그런데 장기기억에는 경험과는 그다지 관계없는 '지식'도 있습니다. '영국의 수도는 런던이다' 등 경험이나 사건이 아닌 좀 더 추상적인 기억을 뜻합니다. 이러한 기억을 '의미기억'이라고 합니다.

골프와 관련된 예로 나누어 보겠습니다.

가. 의미기억 semantic memory : '골프는 18홀 72타가 표준이다'라는 단순한 지식 기억.

나. 일화기억 episodic memory : '8월 1일에 관악산에서 친구하고 골프를 쳤다'는 시공간과 관련된 경험과 결합된 기억.

다. 절차기억 procedural memory : 반복된 연습으로 자신도 모르게 골프채를 쥐고 샷을 날리는 몸동작처럼 훈련으로 무의식중에 숙달된 기억.

'의미기억'은 1966년 미국의 심리학자 키리안에 의해, '일화기억'은 1972년 캐나다의 심리학자 텔빙에 의해 분류되었습니다. 일화기억은 자신의 경험과 관련이 있어서 의식적으로 생각해낼 수 있지만 의미기억은 뭔가 특별한 계기가 주어지지 않으면 생각이 나지 않습니다. 의미기억도 과거의 기억이기는 하지만 의식적으로 자유롭게 생각해낼 수 있는 것은 아닙니다. 어떤 계기가 필요합니다.

의미기억이란 자아(의식)가 개입되지 않은 추상적인 기억입니다. '흥선대원군이 서원을 철폐했다'는 사실은 자신의 경험과 아무런 관계가 없습니다. 이런 의미기억처럼 자신의 경험과 관련이 없는 기억을 '잠재기억'이라고 부릅니다. 반면에 일화기억(에피소드 기억)처럼 자신의 경험과 함께 떠오르는 기억은 '현재기억'이라고 부릅니다.

의미기억은 잠재기억이므로 '계기'가 없으면 생각해낼 수 없습니다. 그래서 의미기억의 경우 일반적으로 생각해내고 싶어도 생각이 나지 않거나 깜박 잊어버리는 경우가 많습니다. 시험 도중 답이 생각나지 않는 이유는 그 기억이 의미기억이기 때문입니다. 그렇다면 의미기억을 통해 얻은 지식의 평가, 시험 점수를 높이기 위해서는 어떻게 해야 할까요? 방법은 의외로 간단합니다. 의미기억을 의미기억이 아닌 일화기억으로 뇌에 저장하면 됩니다.

의미기억을 에피소드화하기 — 질문하기

에피소드 기억을 공부에 활용하는 첫 번째 방법은 바로 '질문하기'입니다. 수업 시간에 질문을 하게 되면 질문을 하는 사람과 질문을 받는 사람 사이에 에피소드가 형성되어 질문한 내용을 쉽게 기억할 수 있습니다. 또한 보통 질문하는 내용은 잘 이해가 가지 않거나 어려운 내용이므로 질문을 통해 문제를 해결하면 혼자서 복습하는 데 드는 시간과 노력을 줄일 수 있습니다.

1. 질문이 사라진 교실

한국일보는 2011년 4월 1일부터 1주일 동안 한국교원단체총연합회, 전국교직원노동조합 소속 전국 초중고 교사 1,000명을 대상으로 설문조사를 진행했습니다. 조사 결과 교사 대부분(91.5%·915명)이 '교육을 위해 활발한 질문이 중요하다'는 데 동의했지만, 절반 이상(53.1%)의 교사가 '학생들이 전반적으로 질문을 통한 수업 참여에 소극적 혹은 매우 소극적'이라고 답했습니다. 학생의 질문이 교육 효과를 자극하고 수업의 질을 높이는데 반드시 필요하다고 생각은 하지만 현실의 교실은 정반대인 것입니다.

그렇다면 왜 우리나라 교실에서 질문이 자취를 감춘 것일까요? 그 원인에 대해 대다수의 교사들은 '입시 위주 교육시스템'(38.3%)과 '과다한 학급당 학생 수'(32.1%)를 꼽았습니다. 한마디로 공교육 구조가 학생들의 호기심을 억누르고 있다는 이야기입니다. 이밖에 '급한 학습 진도'(8.0%), '사교육을 통한 선행학습'(5.4%), '윗사람에게 질문하기 어려운 유교 문화권의 관행'(1.9%) 등도 질문 없는 교실을 만드는 원인으로 꼽혔습니다.

2. 교실에서 질문은 왜 중요할까

■ 질문이 자취를 감춘 원인은?

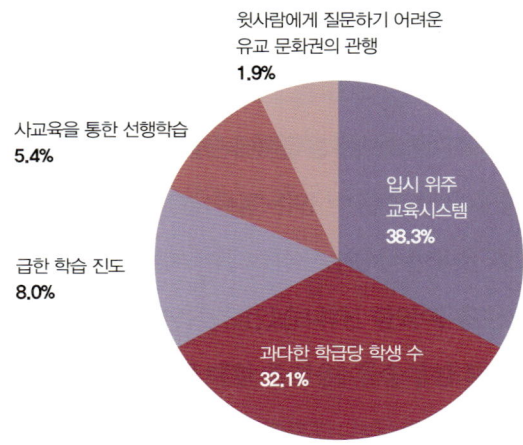

교육 전문가들은 학습의 전 과정을 분석해보면 그 핵심에 '질문'이 있다고 말합니다. 너무도 당연한 이야기겠지만, 교실에서 질문은 왜 중요할까요?

첫째, 질문을 하면 답이 나옵니다.

어린 학생들은 어떤 것을 처음 접하게 되면 호기심이 생기게 됩니다. 호기심은 질문의 형태로 표출됩니다. 이어 그 질문에 적합한 답을 듣거나 구하게 됩니다. 하지만 답에 대한 질문이 다시 꼬리를 물고 이어집니다. 계속 질문하고 다시 답을 찾는 과정이 바로 학습의 메커니즘입니다. 마치 어린 아이가 처음 세상과 접하면서 보고 듣고 경험하는 모든 것에 대해 끊임없이 질문을 쏟아내며 세상을 하나하나 배우는 것과 마찬가지 이치입니다.

하지만 우리나라 교실에서의 현실은 생각과 조금 다릅니다. 아이들은 교실에 들어서는 순간부터 머릿속에서 떠오르는 질문은 꾹 눌러 참고 조용히 선생님이 진행하는 수업을 들어야 한다고 배웁니다. 부모들은 주로 "선생님 말씀 잘 듣고 와"라는 인사를 아침마다 건넵니다. 아이들은 결국 학교에서 궁금한 것의 답을 찾기보다는 꼭 외우고 알아야 할 것들에 떠밀려 스스로 가야할 길을 잃어버리고 맙니다.

둘째, 학생과 교사, 학생과 학생이 질문을 통해 서로 상호작용하게 됩니다.

상호작용은 호기심과 함께 학습의 가장 중요한 동력입니다. 다른 사람의 지식을 자신의 지식으로 소화하는 과정을 학습이라고 한다면 학생들은 교사에게 질문하거나 또래 친구들과 서로 묻고 답하며 지식을 얻습니다. 또 질문을 하기 위해 상대방의 이야기에 경청하는 과정에서 자신과 다른 생각을 자연스럽게 받아들이고 다른 생각을 가진 남과 소통하는 법을 배우게 됩니다. 질문 위주 수업에서 토론을 강조하는 것도 이 때문입니다.

셋째, 깊이 있는 학습을 가능하게 합니다.

지금껏 학습은 교과서에 나온 내용을 반복해 익히는 것이라는 생각이 지배적이었습니다. 하지만 질문은 학습자가 단순 반복 학습에서 벗어나 원리의 본질을 깊이 있게 파고들게 합니다. 궁금한 것이 많은 아이는 단순히 교사가 던져주는 지식을 수동적으로 암기하기보다 자신이 모르는 것을 먼저 적극적으로 파헤치기 때문입니다. 지속적으로 질문하며 탐구한 학생들은 반복 학습으로 단편적 지식을 암기한 학생에 비해 쉽게 문제를 해결하기 때문에 변별력이 생깁니다.

기업 컨설턴트로 유명한 도로시 리즈는 저서 《질문의 7가지 힘》에서 질문의 힘을 다음과 같이 요약했습니다.

1. 질문을 하면 답이 나온다.
2. 질문은 생각을 자극한다.
3. 질문을 하면 정보를 얻는다.
4. 질문을 하면 통제가 된다.
5. 질문은 마음을 열게 한다.
6. 질문은 귀를 기울이게 한다.
7. 질문에 답하면 스스로 설득이 된다.

3. 교실에서 '질문하기'를 지도하는 세 가지 방법

"수업 중 학생들의 질문을 유도하기 위해 적극 노력"한다면서 "학생들의 엉뚱한 질문은 타이르거나 무시"하는, 일견 모순적인 상황이 학교 교실에서는 존재합니다. 한국일보의 설문 조사 결과 교사들은 '수업 중 질문을 유도하기 위해 얼마나 노력하느냐'는 질문에 66.9%가 '적극적으로 노력하고 있다'고 답했습니다. 그러나 설문에 응한 교사 중 절반 이상(65.4%)이 교사가 질문하고 학생이 답하는 전형적인 수업을 진행하고 있었습니다. '학생이 질문하고 교사가 답'(9.2%)하거나 '학생이 질문하고 다른 학생이 답'(3.4%)하는, 제대로 된 질의응답과 토론이 벌어지는 수업을 한다는 교사는 10%를 약간 웃돌았을 뿐입니다.

■ 어떤 수업 방식으로 수업을 진행하고 있나요?

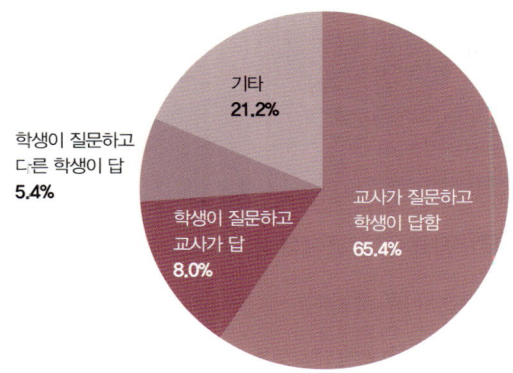

교실에서 더욱 더 '질문하기'를 활성화하려면 어떤 방법이 있을까요?

(1) 생각수첩 활용하기

생각수첩은 수업 중에 활용하는 수첩으로 교실 수업을 하면서 궁금한 질문이 생기면 날짜와 과목 이름을 쓰고, 질문을 적도록 했습니다.

생각수첩에 적는 양식은 (1)날짜 (2)과목 (3)질문의 순으로 적도록 했습니다.

[2012년 3월 28일 수요일 수업일기 중에서 한 토막]

질문 및 토의 시간, 미리 준비한 생각수첩과 다인이의 선물 두개의 네임 펜을 나누어주고, 날짜와 과목, 그리고 오늘 사회 시간 교과서를 읽고 스스로 질문을 적도록 했다. 아이들의 질문을 정리하니 다음과 같았다.

① 대경 : 1905년도에는 서울에서 부산까지 무려 17시간이 걸렸다고 하는데, 이때의 교통수단은 주로 무엇이었습니까?

― 현우가 6모둠을 도와 답변했다. "주로 말을 이용했고, 도보로도 많이 이동했습니다."

② 유정 : 교통과 산업의 발달 간에는 어떤 관계가 있습니까?
- 다음 시간에 7모둠이 진행할 부분이라 다음에 공부할 예정이라고 답변했다.

③ 다인 : 왜 우리나라 사람들은 2, 3차 산업에 종사하고 있습니까?
- 민경이가 용수와 토의후, 제조업이 발달하며 많은 사람들이 수도권으로 인구 이동을 시작했고, 이런 결과로 점점 1차 산업에 종사하던 사람들은 줄어들고, 2, 3차 산업에 종사하는 사람들은 늘게 되었다고 잘 대답했다.

생각수첩은 이외에도 다양한 용도로 활용됩니다만, 사회 시간에는 모둠 발표수업이 진행되는 중에 잠시 3분 정도의 시간을 주고, 질문을 만들도록 했습니다. 일단 개인별로 교과서를 공부하는 중에 떠올랐던 질문을 쓰고, 2단계에는 모둠별로 모여 그중에 모둠 아이들이 모두 수긍하는 공통된 질문을 고릅니다. 이어 교사가 모둠 번호를 부르면(예 : 각 모둠의 3번 일어나세요) 일어나서 모둠 토의로 결정된 질문을 발표하는 모둠에게 질문하는 것입니다.

발표하는 모둠에게도 하루 전에 미리 모둠별로 '예상 질문'을 뽑아 인터넷이나 여러 자료를 참고하여 답변을 준비할 수 있도록 하니, 좀 더 수준 높은 발표 수업이 진행될 수 있었습니다.

(2) 3단계 질문법으로 학생들의 질문수준 높이기

EBS에서 방영한 《공부의 왕도-김태현 편》을 보니, '단답형이 아닌 서술형으로 적을 수 있는 문제를 만들어라'는 조언이 가슴에 깊이 와 닿았습니다. 수업 중에 학생들에게 무조건 '질문을 만들어라'라고 하기 전에 좋은 질문은 어떤 것인지를 따로 이야기 나누어야 할 필요성을 느꼈습니다.

[예문] 어느 숲 속에서 일어난 일입니다. 많은 동물들이 한가로이 낮 시간을 보내고 있었습니다. 어디에선가 비버가 나타나 나무를 타고 올라갔습니다. 그런데 갑자기 나뭇가지가 "뚝" 부러졌습니다. 쉬고 있던 동물들이 깜짝 놀랐습니다.

위 예문을 보고 질문을 만들 때 단계별로 수준을 보여주면 좀 더 깊이 있는 질문을 만들도록 지도할 수 있습니다.

1단계 : 가장 낮은 수준의 질문으로, 2개의 문장으로 만듭니다.
교사가 예시를 하나 만들어서 보여주는 것이 좋습니다.
2단계 : 글의 문단 이해나 단락과의 관계, 글 전체의 내용 파악이나 주제를 묻는 질문으로, 답은 글 전체, 또는 적어도 한 단락 이상의 글을 읽어야 찾을 수 있습니다. 2단계 질문은 교사와 학생이 함께 만드는 것이 좋습니다.

3단계 : 독자의 배경 지식, 상상력, 논리력, 추리력을 요구하는 질문으로, 답은 배경 지식 활용, 상상(예상), 추리, 논리 등을 통해 찾아야 합니다. 일정한 답이 있는 것은 아니지만 글의 상황, 분위기 등에 너무 벗어나지 않는 답을 해야 합니다.

[예문]

1단계 질문 : 나무를 타고 올라간 동물은 무엇입니까?
2단계 질문 : 조용히 쉬고 있던 동물들은 왜 깜짝 놀랐습니까?
3단계 질문 : 비버는 어떻게 되었겠습니까?('비버'에 대한 배경 지식, 상상력 이용)

(3) 아이들이 만든 질문으로 퀴즈수업 하기

'읽기' 등의 교과서를 읽을 때 미리 A4용지를 8장으로 잘라낸 카드를 개인별로 2장씩 나누어줍니다. 포스트잇으로 대체해도 좋습니다. 그리고 교과서 본문을 읽는 중에 스스로 시험 출제자의 입장에서 문제를 내도록 합니다. 이때 각 모둠의 이끄미는 아직 문제 출제가 서투른 3, 4번 학생들을 도와줍니다.

출제자 : 4모둠 윤서희
문제1 | 국회에서는 이것을 만들고 사법부에서는 이것을 지키기 위해서 노력합니다. 이것은?
정답 | 법(법률)

이제 읽기를 마치고 선생님이 발표통에서 이름을 뽑은 학생이 일어나 자신이 만든 문제를 읽습니다. 이때 가장 먼저 문제의 정답을 맞힌 학생이 그 카드를 가져갑니다. 마지막에 어느 모둠이 카드를 가장 많이 모았는지 숫자를 확인하고 칭찬해 줍니다.

이 활동을 조금 세련되게 진행하려면 '모둠 카드'로 만들어 진행합니다. 개인이 아니라 모둠별로 카드를 3장씩 나누어줍니다. 모둠별로 골든벨판을 준비해서 1모둠부터 차례대로 문제를 출제합니다. 이때 1모둠이 준비한 문제를 내고, 다른 모둠이 골든벨판을 "하나둘셋" 신호와 함께 들어 올립니다. 재미있는 것은 문제가 너무 쉬우면 불리하다는 것입니다. 8모둠이 모두 맞췄다면 모두 10점씩밖에 못 받으며 게다가 출제 모둠은 10점 감점을 받습니다. 만약 모든 모둠이 문제를 다 틀리게 되면, 거꾸로 모든 모둠에 10점을 주고 출제 모둠은 점수를 10점 감점합니다. 한 모둠만 문제를 맞히면 80점을 모두 받고, 두 모둠만 정답을 맞히면 80점을 나누어 40점씩 가지게 됩니다.

활용사례 : 아이디어 더하기

「나는 누구일까」 질문 게임

자신의 등에 붙여 놓은 단어에 무엇이 쓰여 있는지 맞추는 게임으로 자신은 볼 수 없고 다른 친구에게 그것이 무엇인지 질문만 할 수 있는 질문 게임입니다.

(1) 모든 학생들의 등에 교사가 오늘 함께 공부한 내용 중에서 중요하다고 생각되는 단어들을 붙여 놓는다.
(2) 학생들은 교실을 돌아다니며 짝을 찾는다. 인사를 나눈 뒤 짝의 등 뒤에 무엇을 붙이고 있는지 확인한다.
(3) 학생들은 자신이 무엇을 달고 있는지 알아내기 위해 짝에게 Yes나 No로 대답할 수 있는 질문을 3가지만 할 수 있다.
(4) 대답을 알게 될 때까지 돌아다니며 짝과 대화를 한다.
(5) 학생들이 등에 붙일 내용을 추천하게 해서 활용할 수 있다.

자신이 어떤 사람의 사진이나 이름을 등에 붙이고 있는지 엿보지 않도록 하는 것이 가장 중요합니다. 아이들은 무척 즐거워하며 놀이학습에 참여합니다. 아이들이 너무 어렵지 않게 느껴지도록 교실 칠판에 학생들이 물어봐야 할 단어들을 8개 정도 적어주면 좋습니다. 다만 첫 글자가 '~입니까?' 같은 질문이 아니라 그 단어에 해당하는 내용으로 질문할 수 있도록 미리 지도해야 합니다.

7장

의미기억을 에피소드화하기
② 가르치기

"내가 뭐랬니? 문제가 길다고 주눅 들지 말랬지? 이 문제 또한 다를 바 없어. 말만 길지 사실은 문제 속에 주어진 변수만 대입하면 끝나는 문제야. 이런 문제는 해마다 출제되는 전형적인 수능 기출문제다. 로그라는 도구가 사용됐지만 단순 대입 문제니깐 떨 필요 없어. 틀리고 또 틀리는 문제, 아리까리한 문제는 친구 놈에게 직접 가르쳐봐. 문제를 설명하다 보면 내가 뭘 모르는지를 깨닫게 된다. 그러면 그런 문제는 절대로 안 잊어버려."

종영된 KBS 인기 TV드라마 《공부의 신》에서 수능 수리 영역 기출문제를 분석하면서 차기봉 선생님이 학생들에게 한 말입니다.

의미기억을 에피소드화 하기 '가르치기'

일화기억을 공부에 활용하는 방법으로 '질문하기'와 함께 또 다른 대표적인 방법이 바로 '가르치기'입니다. 예를 들어 오늘부터 그동안 자신 없었던 영어회화를 공부하려고 다짐먹었습니다. 어떻게 공부해야 가장 효과적으로 영어회화를 공부할 수 있을까요? 전문가들은 두 가지 방법을 제시합니다. 매일 외국인을 만나 영어회화를 사용해야 하는 절박한 상황에 놓이거나 영어회화를 가르쳐야 하는 상황을 만들거나.

생각해보면 선생님들만큼 가르치는 내용에 대해 잘 아는 분들도 없습니다. 매일매일 가르치는 상황에 놓여있기 때문입니다. 저는 이 '가르치기'의 효과를 제 유익한 습관으로 많이 활용하고 있습니다. 어느 해에는 계발활동부를 '메이킹북부'로 만들어서 제가 알고 싶었던 메이킹북을 매 주마다 학생들에게 가르쳐야 하는 강제적인 상황을 만들었습니다. 일 년 동안 매주 한 번씩 다양한 메이킹북을 만들며 활동하다 보니, 메이킹북 만들기는 제게 언제든 아이들과 활동적인 수업을 계획할 때에 큰 도움을 주고 있습니다.

어느 해에는 일부러 '농구부'를 만들어 농구를 좋아하지만 잘 하지 못하는 아이들을 어떤 체계로 하나하나 지도하면 좋을지 일 년 동안을 고민할 수 있었습니다. 그 다음 해에는 보드게임부를 만들어서 교실 속에서 아이들과 함께 할 수 있는 보드게임, 그리고 아이들과 함께 만들어서 쉽게 활용할 수 있는 보드게임을 찾아보았습니다. 예를 들어 젠가 게임을 지도할 때에는 웨하스를 젠가 대신 쌓아놓고 뺄 때 무너지지 않으면 먹을 수 있도록 하니, 아이들이 정말 행복해했습니다. 마술부도 만들어보았고, 만화그리기부도 만들어 운영해봤습니다. 최근 3년 동안에는 제가 관심이 깊은 '수업놀이부'를 만들어 매 주마다 허락받고 각 반에 놀이를 좋아하는 아이들을 모아 재미있는 놀이를 진행하고 있습니다.

1. '가르치기'의 이론적 기반

'가르치기'의 이론적 기반은 사회적 상호 작용을 강조하는 비고츠키Vygotsky의 사회 구성주의 사고 발달 이론에 근거를 두고 있습니다.

비고츠키의 인지발달 이론에서는 아동이 과제를 혼자서 해결할 수 있는 실제적 발달 수준과 성인, 혹은 유능한 타인의 도움을 받아 해결할 수 있는 잠재적 발달 수준을 따로 구분하고 있습니다. 따라서 아동이 실제적 발달 수준에 머무르거나 계속해서 유능한 타인의 도움만을 받아 해결하게 할 것이 아니라, 둘 사이의 간극을 줄여 현재의 발달 수준을 점차 늘려가야 합니다. 여기서 중요한 것은 실제적 발달 수준과 잠재적 발달 수준 사이의 간극인데, 이 간극을 '근접발달영역'이라고 합니다.

'근접발달영역'이란 혼자서 문제를 해결할 수 있는 실제 발달 수준에서부터 성인이나 우수한 동료와 협동하여 문제를 해결할 수 있는 잠재적 발달 수준 사이의 일정한 범위를 가리킵니다. 근접발달영역 안에서 정교한 교수-학습 작용이 일어나게 되면 학습자의 현재 발달 수준이 늘어나게 되고, 아동이 성인과 같은 수준으로 계속해서 발달해 나간다는 것입니다. 이는 서양 학계에서 널리 알려졌던 피아제의 이론에서 발달이 개인에 의해 일어난다고 보았던 것과는 달리 개인과 사회가 지속적으로 접촉·교류하면서 인지적 발달이 일어난다고 보는 관점입니다.

사회 구성주의에 근거를 둔 '가르치기' 교수법은 교사의 직접적인 교수 활동을 최소화하고 학생과의 상호작용, 즉 대화를 사고 발달에 근본적인 중요한 요소로 보는데, 이 관점에 의하면 교사와 학생뿐만 아니라 학생과 학생 사이에서도 학습이 발생한다고 봅니다.

2. '가르치기'의 효과

(1) 가르치는 사람과 배우는 사람 사이에 에피소드가 형성된다

'가르칠 때에 가르치는 사람과 내용을 듣는 사람 간에는 에피소드가 형성됩니다. 의미기억이 일화기억으로 변하게 되는 것입니다. 이런 '경험'이 추가되며 가르치는 내용까지 굳건하게 기억으로 정착됩니다.

(2) 학습한 내용을 복습하는 효과가 있다

가르치는 활동은 배우는 사람의 공부에 도움이 되는 것은 물론 가르치는 사람에게도 자신이 학습한 내용을 복습하는 효과까지 있어 질문하는 방법보다 효과가 더욱 좋습니다. 따라서 학습한 내용을 가족, 친구, 동료들에게 적극적으로 가르치는 것은 효율적인 학습을 할 수 있는 지름길입니다.

(3) 가르치면서 학습할 내용이 구조화되어 더 기억에 남는다

학생들 사이에서 가르치는 역할을 하는 우수학생은 공부가 부족한 학생들을 가르치는 동안 손해를 보는 걸까요? 전문가들은 도리어 우수학생은 자신의 학습결손을 발견하여 교정할 기회를 가지게 되고, 열등한 학생은 촉진학습의 기회를 제공받게 되어 학습능률이 향상된다는 연구 결과를 발표했습니다. 배우는 학생보다 가르치는 학생의 입장에서 '학습한 내용'은 더욱 완전하게 조직화되고 구조화되어 기억에 남게 됩니다. 남을 가르치려면 어렴풋이 알면 안 되기 때문입니다. 가르치려는 입장에서는 어떻게 하면 더 쉽게 가르칠 수 있을까 주체적으로 고민하게 되고, 이러한 과정을 통해 구조화된 학습 내용은 확실히 자기 것이 되는 선순환을 거치게 됩니다.

'가르치기'를 적용할 때에 학습의 초기에는 교사가 과제 해결 활동의 주도적인 역할을 하지만 점차 그 주도권이 학생에게로 옮겨가게 됩니다. 책임이 교사와 학생의 공동 책임에서 점진적으로 학생에게 이양되는 과정을 강조하는 것은, 의미의 구성은 동료나 자기보다 우수한 사람들과의 상호작용을 통해 형성될 수 있다는 사회 구성주의자들의 관점에 입각한 것입니다. 학생들은 소극적 관찰자에서 독자적으로 대화를 이끌어 가는 적극적인 자세를 가질 수 있습니다. 점차 학생이 교사의 역할을 맡아 질문을 해야 하기 때문에 스스로 질문하는 능력을 갖기 위해 노력하게 되며, 그 과정에서 혼자서도 이러한 과정을 수행하게 됩니다.

학생과 교사가 서로 역할을 바꾸어 가며 수업을 진행할 수도 있습니다. 교사는 학생의 입장이 되어 학생들이 알아야 할 것을 질문의 형태로 바꾸어 교사의 역할을 맡은 학생에게 설명을 요구하기도 하고, 그와는 반대로 교사의 역할을 맡은 학생의 질문에 대답을 하기도 합니다. 이 과정에서 학생은 중요한 내용이 무엇인지 스스로 생각할 수 있는 능력을 기르게 되고, 수업 내용을 자신의 것으로 받아들이게 되는 것입니다.

교실에서의 '가르치기' 활용의 실제

1. 학생들의 발표 수업에 활용하기

우리 반 아이들은 사회 수업을 참 좋아합니다. 초등학교 선생님들이 가장 가르치기 어려워하는 과목 중 하나가 '사회'라는 것, 가르쳐 보셨다면 공감하실 것입니다. 그런데 우리 반 아이들이 사회 수업에 보이는 긍정적 반응은 '제가 사회 수업을 재미있게 잘 진행하기 때문'이 아니라는 사실에 주목하셔야 합니다. '우리가 직접 하는 사회 수업'이라는 것이 포인트입니다. 우리 반 아이들은 직접 사회 수업을 친구들 앞에서 진행하는 과정을 통해 배움의 즐거움을 차츰 알아가고 있습니다. 물론 전날에 발표할 모둠 아이들과 교사가 함께 수업을 미리 준비해야 하는 번거로움이 따르지만, 그런 번거로움을 감내할 수 있을 정도로 충분히 즐거운 수업을 진행할 수 있었습니다. 우리 반 사회 수업의 진행은 다음과 같습니다.

(1) 발표 모둠의 진행으로 사회 교과서 읽기(3~5분)

쉬는 시간, 미리 칠판에 오늘 공부할 단원명과 학습문제, 교과서 범위를 적어 둡니다. 교과서를 읽을 때에는 중요한 단어에 연필로 밑줄을 치며 읽습니다. 이 시간은 예습을 하는 시간이기 때문에 읽을 때에는 전심을 다해 집중합니다.

(2) 발표 모둠이 오늘 공부할 범위의 핵심 정리하기(5분)

발표할 모둠은 발표 전날, 교실에 남아서 선생님과 함께 발표할 내용에서 핵심부분을 PPT로 제시합니다. 이때 빈칸을 두어 퀴즈 형태로 제시하여 학생들이 생각하며 교과서를 읽었는지 확인합니다. 정준영 선생님의 경우처럼 아예 교과서를 스캔 받아 빈

칸을 제시해도 좋겠습니다.

(3)질문 및 토의 시간(20분)

2분 정도의 모둠토의 시간을 주고, 각 모둠별로 오늘 학습한 범위 안에서 질문할 내용을 생각수첩에 적습니다. 모둠토의후 각 모둠의 1번이, 그다음 시간에는 각 모둠의 2번이… 돌아가며 질문하는 순서를 미리 약속합니다. 사회 수업 시간마다 가장 중요한 시간은 '질문 및 토의' 시간임을 강조해야 합니다. 질문을 만들 때에는 '학습문제'에 초점을 맞춰서 엉뚱한 질문으로 수업 시간을 뺏기지 않도록 교사가 도와줍니다.

저는 발표 전날, 발표할 모둠과 남아 PPT를 함께 만들고 이때 아이들의 능력에 맞추어서 발표할 범위를 나눕니다. 공부를 잘하는 학생은 조금 수준 높은 내용을 조사하고, 공부를 어려워하는 학생은 조금은 쉬운 내용을 인터넷으로 조사하도록 합니다. 이 시간이 가장 중요합니다. 선생님이 시간을 내어 함께 준비하는 과정 속에서 배움이 일어나기 때문입니다.

> 그리고 꿈이 하나 더 생겼다. 사회 100점 맞기.
> 허승환 선생님을 만나고 나서 사회가 훨씬 즐겁고 재미있었다.
> 우리가 직접 하는 사회수업! 야. 이런 사회가 어디있나?
> 1~5학년까지 사회를 한것보다, 6학년이 매우 좋다. 6학년..
> 허승환 선생님을 만나고 나서 자신감이란 아이템을 얻어 기분이 황홀하다.

(4) 5분 퀴즈로 정리하기(5분)

질문 및 토의 시간을 마치면, 발표 모둠이 준비한 퀴즈를 PPT로 제시합니다. 이때 지엽적인 내용이 아니라 '학습문제'와 관련 있는 가장 중요한 내용들을 문제로 제시하도록 합니다.

(5) 교사의 보충 지도 조언하기(3분)

수업을 하며 다루어지지 않은 중요한 내용이나 부족한 부분이 있으면, 지도 조언합니다.

(6) 발표 모둠 평가하기(4분)

오늘 발표한 모둠의 수업을 보며 느꼈던 좋은 점, 부족한 점을 솔직하게 평가해줍니다. 질문 및 토의 시간과 함께 가장 중요하다고 생각하는 시간, 오늘 수업을 한 아이들에 대한 친구들의 평가와 수업한 아이들의 자평이 이어지는 시간입니다. 이 시간을 통해 준비하면서 어떤 점이 어려웠는지 이야기하고, 아이들의 격려와 부탁도 곁들여지며 더욱 성장하는 발표 수업이 가능해집니다.

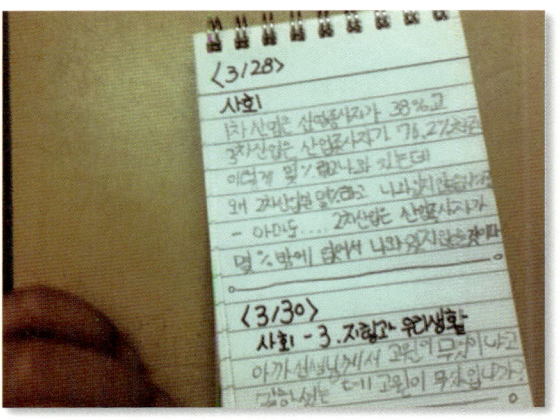

"제가 가장 지루하다고 느꼈던 사회시간을 가장 재미있는 사회 수업으로 만들어 주셔서 감사합니다. 정말 감사합니다." (이현지)

"허승환 선생님!!
정말 감사합니다. 제가 5학년 때까지만 해도 제일 싫어하는 과목 1위가 사회였는데 선생님과 함께 수업하면서 사회가 제일 좋아하는 과목 1위가 되었어요. (고운비)

작년 말, 헤어지며 아이들이 내게 전해준 편지 내용들이다. 학기 초 조사 결과, 아이들이 가장 싫어하는 과목은 1위가 사회, 2위가 수학이었다. '어떻게 하면 사회 과목을 좋아하게 할 수 있을까' 고민하다 결국 내가 수업하기보다 아이들이 스스로 파워포인트를 제작해 진행하는 방법을 훈련시켰다. 두 주 동안 내가 어떻게 수업하는지를 시범으로 보여주었고, 드디어 오늘, 1모둠의 발표 시작!
부지런한 세현이와 태은이는 일찌감치 파워포인트 파일을 제작해서 준비해두었다. 태은이는 새벽 3시까지 준비했다고 열성을 보였다.
드디어 교과서를 읽고 [핵심정리] 시작~ 파워포인트 파일을 잘 제작했는데, 읽기도 전에 앞에 앉아있는 아이들이 먼저 텔레비전의 문제를 보고 답을 맞히는 상황이 발생했다. 발표 모둠 아이들에게 어떻게 해야 하면 좋을지 물어보니, 스스로 답을 찾아 먼저 출력한 PPT 유인물의 문제를 읽고, 그 다음에 파워포인트의 슬라이드를 제시하여 문제를 제시하는 방법으로 수정했다.
드디어 발표 수업의 꽃인 '질문토의 시간', 발표하는 1모둠 아이들을 보니 친구들이 물어볼 거라 예상되는 질문을 뽑아 답변을 준비해뒀다.
"날씨를 알아보는 방법은 교과서 12쪽의 인터넷, 131전화, 신문, 텔레비전 외에 또 있습니까?"
"교과서에 나온 날씨와 관련된 속담 외에 또 어떤 속담이 있는지 발표해 주세요."
제법 생각하고 조사해야 할 질문들이 쏟아졌고, 의외로 의연하게 훈노가 답변했다. 훈노의 답변 태도가 좋았던 것은 이미 충분히 발표할 내용에 대한 학습준비와 답변에 대한 예상을 하고 기다린다는 것이 느껴진 점이다. 자료를 찾느라 부산떨지 않고, 척척 답변하는

데 느리지만 정확한 답이었다.

드디어 5분 퀴즈 시간!

오늘 공부한 내용 중에서 가장 중요한 여섯 가지 문제를 내는 시간이다. 그런데 석규와 승호, 예빈이 등 몇 아이들이 문제를 다 맞혔다. 특히 석규의 답변을 예상하고 기다리는 능력엔 탄복했다. 마지막으로 친구들의 평가 시간, 많은 아이들이 첫 발표인데도 너무나 능숙하게 수업을 진행한 1모둠 아이들을 칭찬했다. 이렇게만 발표해준다면 올 한 해도 더 많은 아이들이 사회 시간을 좋아하게 될 거라 믿는다.

"오늘 정말 수고 많았다. 예쁜 1모둠, 태은이, 소하, 훈노, 태욱아^^"

― 2009년 3월 교단일기 中에서

한 걸음 더, 생각 더하기

가르치기 교수법을 지도할 때 유의점

의미기억을 에피소드기억, 즉 일화기억으로 바꾸기 위해 '가르치기' 방법을 적용하는 것은 주로 읽기 교육에 적당합니다. 그리고 단순히 글을 읽고 그 의미를 단순하게 해독하는 수준보다는 추론이나 비판적 읽기 능력 등, 고차원적인 읽기 활동을 지도하는 데 적용하는 것이 좋으며, 특히 효과적인 독해 전략을 가르칠 때 많이 활용할 수 있습니다.

1. 처음에는 글의 일부분을 가지고 그 글을 읽고 토론을 하면서 학습 방법을 익히게 하고 점차적으로 긴 글을 대상으로 하는 것이 좋고, 글의 내용 수준이나 주제에 있어서도 다소 쉽거나 단순한 것에서부터 어렵거나 복잡한 순으로 수업을 진행함으로써 점차적으로 학생들 스스로 학습을 해 나갈 수 있도록 배려합니다.

2. 처음에는 자기보다 나은 친구나 교사가 주도하여 질문을 하고 나머지 아이들이 대답을 하는 형식으로 진행할 수 있습니다. 이때 그 질문에 대해 다른 아이들이 의문을 제기할 수도 있습니다. 물론 점차적으로 다른 아이들도 질문을 제기할 수 있게 하고, 결국에는 자기 스스로 질문을 제기할 수 있게 하는 것이 중요합니다.

3. 교사나 우수한 또래 아이가 시범을 보여 주기도 하고 적극적으로 도와주는 등의 활동으로 다른 아이들이 충분히 이해하게 하는 것이 중요합니다. 그냥 지시만 하는 것은 바람직하지 않습니다. 특히 처음에는 교사의 시범이 중요합니다. 가르치기 교수법을 적용할 때에, 교사가 우선 이들 단계를 어떻게 활용하는지 시범을 보여 줘야 합니다. 그런 다음 교사의 도움을 받으면서 학생들이 이들 단계를 적용해 보게 합니다. 결국에는 학생들 스스로 이들 전략을 적용하면서 글을 읽게끔 이끌어 줘야 합니다.

길을 가다 누군가가 길을 물으면, 대부분 친절하게 답변해 줍니다. 자신이 아는 것을 친구들에게 가르친다는 경험은 참 기분 좋은 일일 것입니다. 학습의 원리를 떠나서 아이들에게 그런 기분 좋은 경험을 많이 가지게 하는 것이야말로 교육이 해야 할 일 아닐까요.

8장

의미기억을 에피소드화하기
③ 파트너 학습

KBS 드라마 《공부의 신》에서 합숙 3일차에 강석호 변호사는 게임식 계산 훈련을 시작하면서 이렇게 이야기합니다.

"간단한 계산 놀이로 몸을 풀겠다. 2인 1조로 짝을 지어라.
상대방이 틀렸을 땐 꿀밤 한 대씩."

'파트너 학습법'은 두 사람이 질문하기를 활용해 일화기억(에피소드기억)을 만드는 학습방법입니다. 공부는 혼자 할 때가 많지만 두 사람 이상이 한 조가 되어서 파트너 학습을 하는 것이 더욱 효과적입니다. 파트너끼리 공부한 내용을 서로 묻고 답하면 질문하는 사람과 대답하는 사람 사이에 에피소드가 형성되어서 기억이 잘 되기 때문입니다. 파트너 학습법은 게임처럼 재미가 있다는 장점도 있습니다.

1. 파트너 학습의 이론적 기반

교사의 설명을 들을 때는 다 아는 것 같지만 친구한테 설명하라고 하면 머리가 하얘지는 아이들이 많습니다. 그래서 서로에게 문답을 하며 학습하는 파트너 학습은 자신이 알고 있는 지식을 점검하는 학습이라고 할 수 있습니다. 교육학에서는 이를 '인지정교화'라고 하는데 이는 파트너 학습의 효과를 뒷받침하는 대표적인 이론입니다.

인지정교화 이론은 어떤 정보를 암기하거나 이미 가지고 있는 정보와 관련시킬 때, 가장 효과적인 방법은 그 정보 자료를 인지적으로 재조직하거나 정교화하여 자기 것으로 만드는 것이라고 주장합니다. 예를 들어 강의내용을 단순히 기록하는 것보다는 자신이 이해한 바대로 요약해 보는 것이 훨씬 더 효과적입니다. 또는 어떤 주어진 정보나 개념을 그냥 인지하기보다는 그것을 다른 사람에게 설명해 주는 경험을 할 때 더 그 내용을 잘 이해하고 오래 기억하게 된다는 것입니다.

2. 파트너 학습의 장점

(1) 많은 사회적 상호작용을 경험하게 해준다.

파트너와 함께 하는 학습은 활발한 상호작용을 통하여 학생이 원만한 대인 관계를 맺게 하고 여러 동료들을 경험함으로써 사고의 폭과 경험의 폭을 넓혀 주어 건전한 인격을 형성하게 합니다. 아울러 똑같은 공부를 하면서도 협동학습에서는 주어진 과제와 관련된 부수적인 이야기꺼리들도 함께 나눌 수 있기 때문에 혼자 공부하는 것보다 더욱 재미있게 학습을 할 수 있습니다.

(2) 지적 모험을 할 수 있는 기회를 제공한다.

아동들은 전체 학급에서와 같이 많은 사람들 앞에서 망신을 당할까봐 자신의 의견을 마음 놓고 주장하거나 자신의 작품을 내어놓지 못합니다. 그러나 파트너 학습에서는 그러한 위험이 훨씬 감소되기 때문에 학생들 개인의 생각들을 마음껏 표현할 수 있는 기회를 제공하고 상당한 모험을 동반한 창의적 사고를 조장합니다. 또한 아이들은 동료들로부터 비난받거나 비판받기 싫어서 보편적인 생각이나 태도에 겉으로 따라가기 쉽지만 파트너 학습에서는 개인이 차지하는 비중이 매우 크기 때문에 마음껏 독창적 사고를 하고 이를 표현할 수 있게 됩니다. 즉 창의력을 마음껏 발휘할 수 있는 학습 구조인 셈입니다.

(3) 긍정적 자아개념을 가지게 한다.

파트너 학습에서 학생은 동료들을 경쟁 상대가 아니라 그가 없으면 해결할 수 없는, 함께 과제를 해결하는 동반자이기 때문에 개개인이 가진 약점보다는 장점을 받아들이는 경험을 하게 됩니다. 따라서 아이들은 긍정적 자아개념을 가지게 되는데, 이는 자아개념이 점점 발달하는 아이들에게 매우 중요한 경험이 됩니다.

(4) 독립심을 기를 수 있다.

교사 중심의 수업에서 유일한 정보원은 교사였지만, 파트너 학습에서는 파트너가 되는 동료가 정보원이기 때문에 다양한 정보와 사고를 접할 수 있습니다. 또한 교사나 어른들로부터 독립적으로 사고하고 창의력을 키우고, 여러 가지 행동을 통한 피드백을 경험할 수 있습니다. 이외에도 파트너 학습 상황에서 학생들은 능동적으로 활동을 많이 하게 되므로 학생이 가지고 있는 잠재력이 발휘되고 발달될 가능성이 더욱 많다고 할 수 있습니다.

파트너 학습 지도의 실제

캐나다 두뇌연구자들의 실험에 의하면 '움직임이 없는 수업' 시간 동안 아이들의 두뇌, 특히 뇌세포는 굳어 있었다고 한다. 그와는 반대로 쉬는 시간을 알리는 종소리가 울리면, 이 세포들이 활기를 띠고 흥분하기 시작했다. 바로 이 활력과 생동감이 뭔가를 배울 때 필요한, 즉 교육에 필요한 조건인데, 이런 현상이 수업 시간이 아닌 휴식시간에 일어나고 있다는 것은 많은 반성을 하게 한다…….

(중략)

우리가 주목해야 할 부분은 이 세포의 힘이 아니라 휴식 시간에, 즉 자유로운 시간에 배움과 관련된 두뇌활동이 가장 활발하다는 사실이다.

페에 치쉬의 저서 《교실혁명》에 나온 내용입니다. 이걸 읽고 교실에서 학생들의 뇌세포를 활발하게 활기를 띠도록 하면서 배움과 관련이 있는 두뇌활동이 일어나도록 하려면 '파트너 학습'의 비밀을 활용하는 것이 좋다는 걸 알 수 있었습니다.

1. 파트너 학습의 훈련

3월에 새로운 모둠을 꾸리고, 모둠별로 토의를 하라고 주제를 주면 아이들은 대개 이런저런 수다를 떨며 시간을 보내는 경우가 많습니다. 토의도 훈련이 필요한 법, 저는 그 첫 시작을 파트너 학습을 활용하여 짝토의를 시킵니다. 둘이 만나서 칠판에 제시한 주제에 대해 이야기를 나누고, 잠시 후 발표통에서 이름을 뽑으면 이름이 불린 친구는 짝에게서 들은 이야기를 하는 것입니다. 내가 말한 것을 이야기하는 것은 조금 쑥스럽기도 하고 어색하기도 해서 쉽게 발표하기 어렵습니다만, 친구에게 들은 대로 발표하는 것은 어렵지 않습니다. 잘 듣고 그대로만 전달하면 됩니다.

학기 초 파트너 학습의 기초 훈련은 다음과 같이 진행하는 것이 좋습니다.

(1) 짝끼리 약 3분간 이야기 나누기

① 둘이 마주 바라본다.
② A가 묻고 B가 대답한다.
③ B가 묻고 A가 대답한다.

④ 둘이서 편하고 자유롭게 의견을 교환한다.

⑤ 대화한 주제를 세 번 정도 되풀이한다.

⑥ 손을 들어 대화가 끝났음을 알린다.

⑦ 지명된 아동은 짝과의 대화를 다음 요령으로 정리해서 발표한다.

　- "둘이 다 …… 입니다."

　- "둘이 다 같이 …… 이라고 했습니다."

　- "나는 ~에 대해서 말했고, ㅇㅇ는 ~에 대해서 이야기했습니다."

　- "나는 …… 이지만, ㅇㅇ는 …… 이라고 말했습니다."

이때 발표하는 학생은 듣는 학생 쪽으로 몸을 돌리고, 목소리의 성량은 모두가 들을 수 있도록 똑똑히 말합니다. 학기 초부터 의도적으로 이러한 단계별 지도를 시키면 학생들은 좀 더 자신감을 가지고 파트너 학습에 임하게 됩니다.

2. 또래 도우미 제도를 활용한 파트너 학습

수학 교과서는 상당히 평균적인 아이들을 위해 만든 교재입니다. 개별교육을 해야 하지만 열린교육식으로 많은 학습지를 준비하기 힘든 바에야 교과서를 소화하지 못하는 아이들을 중심으로 수업을 진행해야 할 것입니다.

단원이 끝나면, 수학익힘의 연습문제를 이용하여 간단한 단원평가 시험을 치릅니다. 그리고 시험 결과에 따라 수학을 잘하는 아이들을 도우미로 정해 친구들을 도울 수 있도록 하겠다고 예고합니다. 반대로 수학 공부에 도움이 필요한 아이들은 자원을 받습니다. 친구가 도와주면 열심히 잘하고 싶다는 의욕을 가진 아이, 그리고 선생님이 생각하실 때 기초학력이 부족해 도움이 반드시 필요한 아이들을 '배우미'로 정합니다. 학생들이 마음의 상처를 받지 않도록 유의하며, 스스로 배우미가 되겠다는 학생들은 격려하고 칭찬해야 합니다.

① 도우미(멘토)와 배우미(멘티)가 서로 짝이 되도록 정해 줍니다. 되도록 남자와 남자, 여자와 여자를 짝을 지어주되, 짝이 맞지 않으면 성별이 달라도 도와줄 수 있도록 합니다.

② 도우미가 된 아동은 미리 집에서 수학익힘은 풀어올 수 있게 허락하고, 수업 시간 동안에는 배우미 친구를 도울 수 있도록 합니다.

③ 수학 수업이 시작되기 전 쉬는 시간, 자동으로 배우미 학생(수학 못하는 아동)은 도우미의 옆 좌석으로 이동합니다. 물론 그 자리에 앉았던 아동은 배우미의 자리로 자리를 바꿉니다. 이때 도우미가 서로 겹치는 경우에는 서로 가위바위보를 해서 아이들끼리 정하도록 합니다.

④ 도우미 학생은 연필을 들어 대신 풀어주면 절대 안 됩니다. 말로만 어떻게 풀면 좋을지 기다려주며 도와주도록 지도합니다.

⑤ 교사는 이때 수학을 못하는 배우미들의 주변을 돌아다니며 제대로 도우미가 가르쳐주는지 살펴봅니다.

학기 초 수학 수업에 임하기 전에 "수학은 단계형 교과이기 때문에 이 단계를 이수하지 못하면 앞으로 깊이가 더해지는 내용을 따라잡기 힘들게 됩니다. 지금 분수와 소수를 이해하지 못하는 사람은 한 학년씩 거슬러 가보면 결국 2학년 곱셈의 이해부터 부족한 사람도 있을지 모릅니다. 따라서 현재 수학에 자신이 없으면 과거 자신이 배웠던 내용을 돌아보는 것이 무척 중요하고, 현재 배우는 내용을 충실히 이해하는 것이 중요합니다. 어떤 친구들은 정말 2학년 곱셈 구구부터 배워야 할 친구들도 있겠지만, 우리는 이렇게 연산 영역에 끈기 있게 도전하는 친구를 격려해주고 대단하게 생각해야 합니다"라는 이야기를 해 줍니다. 그 누구도 자신의 수학 점수에 부끄러워하지 않도록, 그리고 자기의 점수가 높다고 우쭐해 하지 않도록 지속적으로 지도해야 합니다. 못하면 자기가 못하는 것을 인정하고 도움을 구하는 것이야말로 용기 있고 자랑스러운 태도라고….

> 子曰, 由, 誨汝知之乎. 知之爲知之 不知爲不知 是知也.
> 공자 가라사대, "자로야, 네게 안다는 것이 무엇인지 가르쳐주마. 아는 것을 안다고 하고 모르는 것을 모른다고 하는 것이 진정 아는 것이다."
> – 《논어》

모르는 것을 모른다고 인정하고 알려고 하는 태도를 지도할 때 아이들에게 자주 들려주는 글귀입니다. "지지위지지, 부지위부지, 시지야"라고 읽으므로 제비도 《논어》를 읽는다고 농담할 때 이용하기도 합니다.

수학의 여러 영역 중 자기가 잘하는 영역이 있고 못하는 영역이 있게 마련이므로, 한 단원을 시작할 때 "저는 솔직히 이 단원이 어렵고 부담스러워서 도움을 받고 싶다" 하는 학생들의 자발적인 지원을 받습니다. 그러면 의외로 학생들이 도움을 받고 싶다고 하는데 이 친구들이 '배우미'가 됩니다. 그리고 반대로, "나는 이 단원은 이해가 빠르고 자신있어서 친구를 도와줄 수 있다" 하는 친구를 배우미의 인원수에 맞게 모집합니다. 이 친구들은 "도우미" 혹은 "작은 선생님"이 되는 것입니다.

도우미 배우미 학생들은 각자의 역할에 맞게 서약을 합니다. "열심히 배우겠다, 성심껏 가르치겠다" 등… 사인을 받아놓으면 효과는 더욱 좋습니다. 그리고 다른 시간에는 자기 자리에 앉지만 수학 시간에만 도우미와 배우미들이 짝이 되어 앉습니다. 저는 핵심 개념만 제가 잡아주고, 문제를 풀게 하면서 도우미들이 배우미들을 도와주게끔 했습니다. 절대 대신 풀어주는 것이 아니라 푸는 방법을 알려주는 것임을 지도하고 또 지도해야 합니다. 그러면 때로는 교사의 설명보다 동료의 설명을 더 쉽게 알아듣는 아이들이 많이 있습니다. 선생님께 질문하면 왠지 모를 어려움이 있는데, 친한 친구에게 배우니 부담도 덜하고 편하고 자유롭게 배울 수 있는 것 같다는 겁니다.

단, 주의할 점은 도우미 학생이 무작정 답을 가르쳐 주는 것이 아니라 인내심을 가지고 친구를 기다려야 한다는 점입니다. 배우미 스스로 문제를 해결할 수 있도록, 문제의 결과가 아닌 해결과정을 안내해 줄 수 있도록 지도해야 합니다. 도우미를 정할 때에는 해당 학생의 뜻을 존중하기 위하여 배우미 학생이 좋아하고 원하는 또래 도우미를 우선 선정하는 것이 좋습니다.

수업이 끝날 무렵에는 도우미가 배우미 학생을 열심히 가르쳤는지 교과서의 기본 문제로 테스트할 필요가 있습니다. 협동학습의 「칠판 나누기」 구조로 칠판을 나누고, 칠판에 주어진 기본 문제를 스스로 풀도록 합니다. 칠판에 자기의 이름을 쓰고 푸는 게 아니라 '도우미'의 이름을 써서 도우미의 자존심을 걸고 문제를 풀도록 하고 있습니다. 그래서 저는 혹시 틀리더라도 도우미 학생의 이름을 불러 어느 부분이 약한지 확인하고 다시 지도하도록 했는데, 효과가 괜찮습니다.

다. 파트너 4단계 복습

4단계 복습이란 모둠원 전체가 함께 한 문제를 풀어가며 복습하는 파트너 학습입니다. 질문 카드, 정답 카드, 확인 카드, 칭찬 카드의 네 가지 카드를 활용합니다. 질문 카드를 든 A학생은 모둠원 전체를 향해 질문 카드의 문제를 읽어줍니다. 정답 카드를 든 B학생은 그 문제의 정답을 이야기합니다. 세 번째 확인 카드를 든 C학생은 교과서나 교재 등을 활용하여 답변이 정답인지 판별하여 확인해 줍니다. 마지막 칭찬 카드를 든 D학생은 정답을 맞힌 경우는 칭찬을 하고, 틀렸으면 도움을 주거나 격려를 해 줍니다. 위와 같은 방식으로 모둠원들의 역할을 서로 바꾸어 가면서 반복해서 복습합니다.

1번 학생 : (질문 카드를 들고) "재판을 세 번까지 받을 수 있도록 한 제도를 무엇이라고 하지?"

2번 학생 : (정답 카드를 들고) "삼권분립?"

3번 학생 : (확인 카드를 들고) "아냐, 다른 단어 같은데… 음…(자료를 찾고 나서) 국회, 법원, 정부로 권력을 나누어가지는 걸 삼권분립이라고 하고, 이 문제의 정답은 삼심제도야."

4번 학생 : (칭찬 카드를 들고)"아쉽다. 조금 헷갈렸지만, 다음 문제는 잘 풀 수 있을 거야."

한 걸음 더, 생각 더하기

수업 시간 마지막 2분은 파트너 학습으로!

'구조 중심 협동학습'의 창시자 스펜서 케이건 박사가 제안한 '파트너 학습'을 꼭 권하고 싶습니다.

전통적인 교사는 질문을 하고 답을 아는 학생에게 손을 들라고 시킵니다. 그러면 2~3명이 손을 들고 자기의 의견을 말할 것입니다. 그런데 타임 페어드 쉐어Time Paired Share라 불리는 파트너 학습은 학생들이 짝을 정해서 A학생이 B학생에게 1분간 이야기하고 B학생은 경청해야 합니다. B학생은 A학생에게 "잘 정리해줘서 고마워. 나도 즐거웠어"라고 감사의 표시를 한 후 1분간 이야기하는 방식으로 진행됩니다.

처음에는 30초씩 이야기하고, 1분으로 점차 늘려 갑니다. 2분이면 교실의 모든 학생들이 의견을 서로 공유할 수 있습니다. 전통적인 방법이었다면 2분 동안 3명의 학생들만 의견을 공유할 수 있었을 것이고 다른 학생들은 참여하지 못하고 떠도는 느낌을 받았을 것입니다. 그러나 이 교수법을 사용하면 모든 학생들이 참여하게 됩니다. 전통적인 수업 방식과 비교해서 이 파트너 학습을 한 학생들이 평균 28점 점수가 향상되었다는 연구 결과도 있습니다.

학생들은 듣는 것보다 자신이 말하는 내용을 훨씬 더 잘 기억합니다. 말로 표현하면 기억도 오래 가게 됩니다. 모든 학생들이 수업에 적극적으로 참여하게 되기 때문에 전체적으로 시험 성적이 높아지게 됩니다. 또한 최고 점수를 가진 학생과 가장 낮은 점수를 가진 학생과의 격차도 줄어들게 됩니다. 손을 드는 게 수줍다거나 숫기가 없는 학생들도 모두 적극적으로 수업에 참여하게 되기 때문입니다.

 Part 3

날던 학공과 코넬 공책으로 업그레이드!

9장

최고의 공부 비법 '5분 복습법'

많은 학생들이 학교 끝나고 나면 쉴 틈도 없이 학원에 간다고 합니다. 학교와 학원 숙제도 만만치 않아 '복습'이 중요하다는 것은 알지만 그럴 여유를 내지 못하고 있습니다.

이런 학생들을 위해 선생님이 권할 수 있는 가장 효과적인 공부비법은 무엇입니까? 장기적인 계획이라면, 인생의 목표를 설정하는 것이겠지만, 당장 이번 중간고사나 기말고사 등의 시험을 대비해서 학교에서 공부할 때 학생들에게 권할 수 있는 가장 효과적인 공부 방법은 무엇일까요?

제가 생각하는 최고의 정답은 바로 「5분 복습법」입니다. '복습'은 수업 시간에 배운 내용을 '나의 것'으로 정착시키고, 수업과 시험을 연결하는 중요한 이음매 구실을 합니다. 에빙하우스의 망각곡선 이론과 뇌기반학습에 따른다면 결국 공부를 해야 하는 가장 중요한 날은 공부를 한 그날입니다. 바로 그날, 수업이 끝나자마자 5분 안에 빠르게 훑어보는 공부를 해야 합니다.

《하버드를 감동시킨 박주현의 공부반란》을 쓴 박주현 씨는 "수업이 끝나면 쉬는 시간을 활용해서 핵심내용을 간단하게 정리하고, 집에 와서 자기 전에 5분간 그 내용을 반복해서 읽었으며, 하루, 일주일, 한 달 뒤에도 역시 5분씩 복습을 했더니 오랜 시간이 지난 뒤에도 기억을 유지할 수 있었다"라고 말하고 있습니다.

「5분 복습법」은 수업이 끝나자마자 쉬는 시간, 5분 안에 방금 전에 공부한 내용을 전체적으로 복습하는 공부방법입니다. 습관만 들인다면, 따로 많은 시간을 들이지 않고도 성적을 올릴 수 있는 '최고의 공부비법'이라고 할 수 있습니다.

토니 부잔의 황금 복습주기

1. 에빙하우스의 '분산 반복'

16년간 '기억'을 연구한 독일의 심리학자 에빙하우스는 '복습'의 중요성을 일깨우며, 한편으론 '한번 종합해 반복'하기보단 '분산 반복'하는 편이 훨씬 기억에 효과적이라는 것을 발견했습니다. 인간의 기억은 반비례하는 것에 입각하여, 감소하는 기억을 장기기억으로 영구히 보존하기 위해 망각곡선의 주기에 따라서 적절한 시점에 적절한 반복(4회 주기)이 중요하다는 것입니다. 그래서 에빙하우스는 기억력을 높이려면 반복주기를 짧게 하라고 했습니다.

에빙하우스의 이론은 기억력을 높이는 다음 방법들을 지지하고 있습니다.

첫째, 공부한 것을 5분 안에 공부하면 하루 동안 잊어버리지 않는다.

에빙하우스는 '복습 주기'의 중요성도 발견했는데, 5분 안에 하는 복습은 하루 동안 기억을 유지해주고, 하루 뒤 복습은 일주일, 일주일 뒤 복습은 한 달, 한 달 뒤 복습은 6개월 이상 기억을 유지하게 해준다는 연구결과를 발표했습니다. 학습한 내용을 잊지 않고 장기기억으로 만들려면 '10분→하루→일주일→한 달' 주기로 복습이 필요하다는 것입니다. 게다가 복습은 시간 대비 효율이 매우 높은 학습법입니다. 에빙하우스는 복습 횟수를 늘릴수록 복습할 양과 복습 시간이 줄어든다는 것도 실험으로 밝혀냈습니다.

둘째, 많은 양을 한꺼번에 공부하는 것보다는 조금씩 나누어서 여러 번에 걸쳐 복습

하는 것이 훨씬 기억이 잘 된다.

하지만 바로 수업을 마치고 복습을 해도 모르는 내용이 나올 수 있습니다. 복습은 모르는 부분을 해결할 때 그 효과가 커집니다. 예를 들어 수학은 연결 학문이며 위계적인 학문이기 때문에 전 단계에 배운 내용을 확실히 복습해야 다음 단계 학습이 쉬워집니다. 이전 단원의 내용을 정확히 이해하지 못한 채 진도만 나가면, 아무리 문제를 많이 풀어도 새로운 진도를 따라잡을 수 없기 때문입니다.

방학이 되면 학부모와 학생들은 으레 선행학습을 해야 한다고 생각합니다. 그래서 방학이 시작하기도 전부터 학원을 알아보고 학습 계획을 세웁니다. 그런데 막상 방학이 한 달 정도 지나서 보면 진도만 나갔지 제대로 이해하지 못한 경우가 많습니다. 여기엔 다양한 이유가 있겠지만, 가장 큰 원인은 남보다 앞서야 한다는 조급증입니다. 전에 배운 내용을 제대로 이해하지 못한 채 진도만 뽑는 데 급급한 게 가장 큰 원인입니다. 그래서 복습의 중요성은 더욱 커집니다. 수업이 끝나면 학습 목표에 따라 짧게 복습하도록 해야 합니다. 간단하게 예습하고 수업 직후에 복습하는 습관은 기억력을 80% 이상 높여줍니다.

2. 미국 밴더빌트 대학교의 기억력 실험

「5분 복습법」의 중요성을 확인할 수 있는 연구가 있습니다. 미국 남부의 테네시 주 내쉬빌 시에 위치한 명문 사립대학 밴더빌트 대학교Vanderbilt University에서 행해졌던 '인간의 뇌와 기억력에 관한 실험'에서 세계적인 학자들은 실험을 위해 대상을 세 그룹으로 나누었습니다.

수업 내용을 수업이 끝난 후 바로 복습한 집단(A), 수업 후 하루가 지난 후에 복습한 집단(B), 복습을 하지 않은 집단(C)을 대상으로 일주일 후에 테스트했습니다. 과연 어떤 집단이 가장 많이 기억하고 있었을까요?

집단	복습 실험	결과(7일후 기억력 테스트)
A	강의 후 즉시 복습	83% 기억
B	강의 후 24시간 후 복습	45% 기억
C	강의 후 복습 없음	30% 기억
4차 복습	1개월	6개월
5차 복습	6개월	반영구 기억

결과는 수업이 끝나자마자 바로 복습한 집단의 기억 재생률이 무려 83%로 가장 높았습니다. 또 표에 나와 있듯이 수업 후 5분 안에 바로 복습한 A집단과 그렇지 않은 C집단 간에는 약 3배의 기억력 차이가 있습니다. 즉 최초 학습 후 5분 이내에 1차 복습을 하는 것이 기억력에 강력한 도움을 준다는 걸 알 수 있습니다.

만약 하루 뒤에 복습을 할 수 있는 학생이라면, 수업이 끝나자마자 복습도 가능할 것입니다. 반대로 한 시간 이내에 복습할 수 없다면 하루 뒤에도 못할 것입니다. 따라서 5분 복습을 하는 학생과 복습을 전혀 하지 않는 학생의 기억력 차이는 무려 세 배에 이르게 되어 있습니다. 이러한 뇌기반학습의 연구 결과는 수업 시간에 배운 내용을 망각하지 않기 위해서는 수업이 끝난 후 쉬는 시간을 효율적으로 보내야 한다는 걸 학생들에게 설명할 필요가 있음을 강력하게 시사합니다.

교실에서 활용할 수 있는 「5분 복습법」 지도

EBS《공부의 왕도》방송을 보면, 공부를 잘하게 된 학생들의 공통적인 특징이 바로 쉬는 시간이 시작되는 무렵, 간단히 방금 전에 공부한 내용을 훑어보는 모습입니다. 이러한 훈련이 어느 정도 되면, '5분 복습노트'를 활용하면 좋습니다.

[5분 복습노트 활용법]

① 빈 종이에 교사와 과목을 적고 당시 배웠던 걸 떠올려 검은 펜으로 적어 본다.

② 떠올리지 못한 내용은 책을 보고 빨간 펜으로 보충해 적어 넣는다.

③ 집에 가기 전에 한번 더 훑어본다.

④ 머릿속에 제대로 떠오른 내용은 다시 한번 정리하고, 잘 기억나지 않는 내용은 책을 보며 다시 정리한다. 이때 책을 보며 정리한 내용은 빨간 색으로 표시해 둔다. 빨간 펜은 반복학습이 필요하다는 표시이다.

⑤ 학습한 내용은 간결한 그림으로 정리, 이해를 돕는다. 외울 거리가 많은 과목이나 부분일수록 그림을 활용하는 것이 효과적이다. 그림을 그리면서 머릿속에 각인되는 것들이 많기 때문이다.

정말 공부의 중요성을 깨닫게 되는 중등학교에서라면 쉬는 시간에 방금 전 공부한 내용을 훑어보게 지도하는 방법이 최선입니다. 하지만 초등학교 교실에서 이 방법은 쉽지 않습니다. 그렇다면 초등학교 교실에서는 어떻게 지도하는 것이 좋을까요?

《공부는 전략이다》의 저자 민성원 씨는 '내가 학교 교사라면 아이들의 쉬는 시간을 뺏지 않고, 아예 학교 단위수업 시간의 마지막 5분 정도를 학생들의 복습을 위해 활용

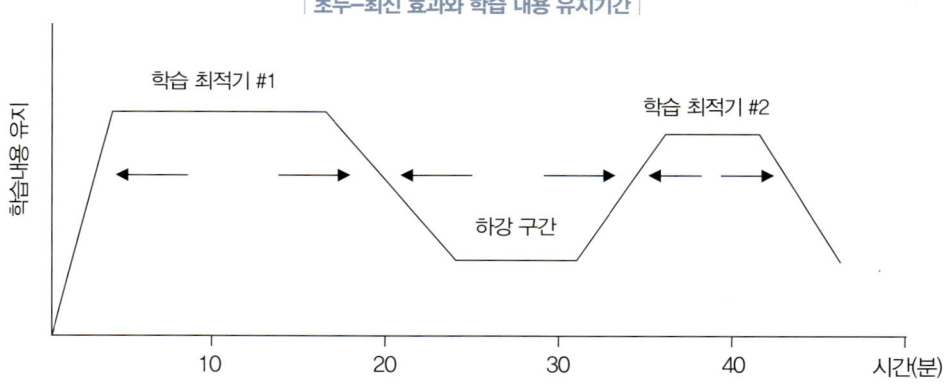

| 초두-최신 효과와 학습 내용 유지기간 |

할 것이다'라고 말했습니다. 자율학습의 힘이 어느 정도 길러진 중등학생이라면 스스로 쉬는 시간 「5분 복습법」을 실천할 수 있지만, 초등학교의 경우라면 담임교사가 단위 수업 시간 마지막 3분에서 5분 정도의 학습 정리 시간을 꼭 따로 떼어 1단계 「5분 복습법」을 위해 활용하는 것이 좋습니다. 수업의 마지막 5분은 '초미 효과'라 하여 가장 집중력이 높은 시간이기 때문입니다.

1. 구조화 복습지의 활용

'깊이 있는 처리'를 할수록 기억은 오래 갑니다. 깊이 있는 처리를 하는 방법은 여러 가지가 있습니다. 어떤 사실에 대하여 생각해보고, 다른 사실과 연결해보고, 거기에 대해 이미지를 떠올리고 하는 것들이 모두 깊이 있는 처리에 해당합니다.

단위 수업 시간 안에 깊이 있는 처리를 하는 방법으로 「5분 복습법」을 구조화 학습지를 활용해 진행하는 방법을 권해드립니다.

일본 최대의 교사 커뮤니티 사이트인 토스랜드 http://tos-land.net 는 아예 구조화 학습지를 단권화하여 판매까지 하고 있습니다. 수업 정리를 하면서 학생들이 필기까지 하기에 3~5분은 충분하지 않습니다. 이럴 때 선생님이라면 미리 인디스쿨 같은 교사 커뮤니티에 올라와 있는 구조화 복습지를 A4용지에 2쪽씩 인쇄하여 학생들에게 나누어주고 함께 정리하면 됩니다.

구조화 복습지는 단위 차시에 재미있는 활동을 하며 공부한 내용을 빈칸을 두어 학생들이 스스로 정리할 수 있도록 제작된 학습지입니다. 교사 커뮤니티에는 더 나은 교육을 하고 싶어 하는 많은 선생님들을 위해 스스로 제작한 학습지를 차시별로 제공해주시는 열정적인 선생님들의 구조화 복습지가 많이 올라와 있습니다. 아이스크림 같은 사이트에서도 「거침없이 사회킥」 같은 구조화 복습지를 받을 수 있습니다.

무조건 다운로드 받아 사용하지 않고, 직접 수정하여 선생님 반만의 자료로 가공하여 활용할 때 더욱 큰 효과를 발휘할 수 있습니다. 저 같은 경우는 학생들로 하여금 이런 구조화 복습지를 아예 교과서에 붙여 교과 내용의 정리를 할 수 있도록 지도했습니다.

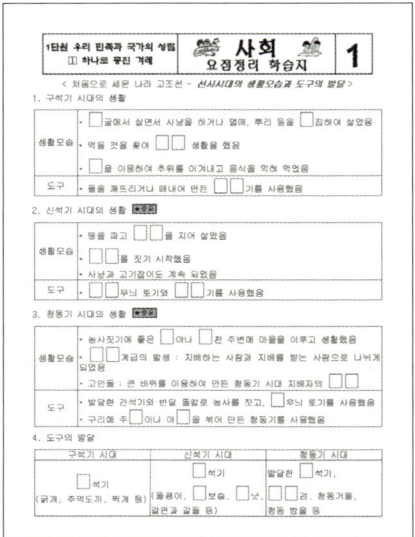
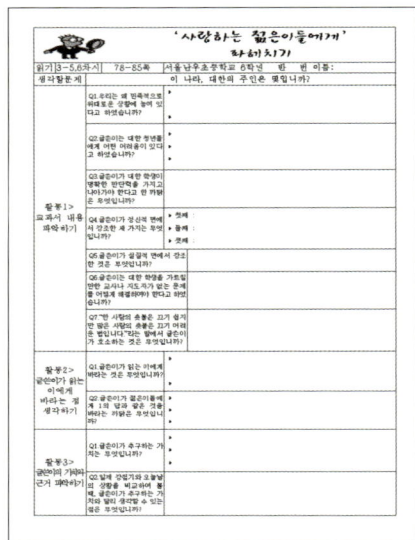

2. 5분복습법 적용시 유의할 점

(1) 최초 학습을 할 때 정독이 필요하다.

무조건 자주만 보는 것은 낭패를 불러올 수 있습니다. 자투리 시간 5분을 활용하여 '반복적인 학습'을 하라는 것은 단순히 읽고만 있으란 말이 아닙니다. '한번을 읽더라도 정확히 제대로' 읽어야 합니다. '이번이 처음이자 마지막으로 읽는 것'이라는 생각으로 한 글자씩 또박또박 공부한 내용을 읽어야 합니다. 이러한 정독의 필요성은 최초 학습을 할 때 더 중요하며 학생들로 하여금 시간이 걸리더라도 반드시 정독을 하게 도와줘야 할 것입니다. 이렇게 정독을 하여 최초 「5분 복습법」을 적용한다면, 반복학습을 할 때 시간이 굉장히 적게 걸리는 것을 경험할 수 있습니다. 정독이 결코 시간을 많이 필요로 하는 것이 아니라는 것을 반복학습을 하면서 깨닫게 된다면 이미 학습에 성공한 것이라고 말할 수 있습니다.

(2) 자신의 암기 주기를 파악하자.

무턱대고 반복학습을 한다면 짜증도 날 것이고, 지겨운 작업의 반복이 될 것입니다. 최초 5분 복습법으로 학습 후에 기억을 유지하는 능력은 개개인에 따라 차이가 있기 때문에 자신의 망각 주기를 확인하는 것이 우선되어야 합니다. 세상에 똑같은 사람이 하나도 없듯이 개개인의 망각곡선도 서로 다릅니다. 그렇다면 개개인의 망각 주기는 어떻게 파악할 수 있을까요? 가장 좋은 방법은 대체적으로 3일 정도의 시간을 두고 자신을 관찰하면 망각 주기를 파악할 수 있습니다. 이러한 자신의 망각 주기를 파악하였다면 자신에게 가장 적합한 암기 주기에 맞춰서 주기적인 복습을 실천하면 됩니다. 길게 한 번 집중학습 massed learning을 한 것보다 바람직하다는 것을 곧 깨닫게 될 것입니다.

한 걸음 더, 생각 더하기

1. 이배아모 퀴즈로 수업 정리하기

모둠별로 좌석을 배치하고, 학생들의 번호를 지정한 이질적인 모둠 구성일 때 적절한 방법입니다. 수업을 정리할 즈음에 교사가 "이번 시간에 배운 것을"이라고 선창하면, 학생들이 한목소리로 "아느냐 모르느냐"라고 외칩니다. 이제 교사는 앞 글자를 따서 "이배아모 퀴즈를 시작하겠습니다"라고 외치고, 각 모둠의 1번을 일어서게 합니다.

교사는 이번 시간에 공부한 가장 중요한 내용을 문제로 바꾸어 질문합니다. 그런 후에 "하나둘셋" 선창과 함께 각 모둠의 1번은 정답을 발표합니다. 이때 정답을 공개하고, 맞힌 아이들은 자리에 앉습니다. 틀린 아이들은 계속 서서 다음 2번 아이들과 함께 두 번째 문제에 도전합니다. 이렇게 보통 8문제 정도를 준비해서 이번 시간에 배운 내용들 중에서 모둠 아이들이 돌아가며 2문제씩은 풀 수 있도록 기회를 제공합니다. 마지막까지 틀려서 서있는 학생들은 따로 책망하지 않도록 해야 합니다. 그 학생들에게는 지금까지 출제했던 문제 중에서 다시 문제를 출제하여 혹시 앞에 냈던 문제를 잘 듣기만 하면 다시 도전할 기회를 제공하도록 합니다.

2. 핫포테이토 게임 활용하기

가. 자료: A4용지, 편지 봉투, 또는 호기심 상자

나. 핫포테이토 게임 방법

(1) 낱말들이 든 봉투 [핫 포테이토]를 모둠원들이 돌리다가 'stop' 신호(호루라기, 종, 교사의 외침 등)가 울리면, 그 순간 봉투를 잡은 사람이 술래가 된다. '뜨거운 감자'이므로 손에 머무르는 시간이 짧고, 얼른 옆 사람에게 넘겨야 한다.

(2) 술래가 한 장의 낱말을 봉투에서 꺼내고, 모둠원들에게 낱말을 보여준다.

(3) 낱말에 대해 설명을 할 수 있으면 손을 들면, 술래가 지명한 사람이 발표 기회를 얻는다. 맞으면 낱말 종이를 가지게 되고, 점수를 얻게 된다.

(4) 그 차시에서 익혀야 할 필수 학습요소 중 중요도가 매우 높은 낱말에는 보너스 포인트를 적용해 주는 등 놀이에 융통성을 발휘할 수 있다.

번호 붙이기와 들여쓰기로 공책뼈대 세우기

MIT 대학의 리처드 헬드 교수는 두뇌의 학습 능력을 알아보기 위해 고양이를 이용한 실험을 하였습니다. 먼저 고양이를 두 그룹으로 나누고, 빛이 없는 어둠속에서 키우며 하루 한번만 불을 켜고 시각적인 자극을 주었습니다.

한 그룹의 고양이들은 스스로 걸어서 회전하면서 주변을 볼 수 있게 하였고, 다른 그룹의 고양이들은 곤돌라에 태워 회전을 시키며 주변을 볼 수 있도록 하였습니다. 조금 잔인하게 느껴지시겠지만, 연구원들은 나중에 두 그룹의 고양이들을 해부하여 뇌를 비교하였습니다. 고양이의 뇌에는 과연 차이가 있었을까요? 놀랍게도 스스로 걸어서 회전한 고양이들의 뇌가 더 많이 발달하였습니다. 두뇌의 발달은 수동적인 활동으로는 한계가 있습니다. 능동적인 학습만이 두뇌의 변화를 이루어 냅니다.

교실에서의 공부도 마찬가지입니다. 학생들이 학습에 적극적으로 참여하도록 만들지 않는다면, 아이들의 발전은 기대하기 어렵습니다. 엄마 아빠가 시켜서 억지로 하는 3년의 공부는 스스로 공부 의지를 가지고 적극적으로 하는 학생의 3개월 공부로 따라잡을 수 있습니다.

자신만의 능동적인 공책 쓰기

수업 시간에 교실에서 학생들은 '자신만의 기록'을 하고 있습니까? 필기 내용을 그저 베끼는 생각 없는 '복사'가 이루어진다면, 그것은 '공책 필기'가 아닙니다. 기계적이고 일률적인 활동 대신 중요하다고 생각되는 것이나 의문점, 선생님께서 말씀하시는 내용, 친구들이 발표하는 내용을 서로 다르게 필기하는 가운데 이 세상에서 단 한 권뿐인 나만의 생각을 기록으로 남겨 창의적으로 활용할 수 있게 되는 것입니다. 발명왕 에디슨은 발명의 씨앗이 되는 공책을 무려 3400권이나 남겼습니다. 기록으로 남기지 않았다면 인류를 행복하게 만들었던 에디슨의 많은 아이디어들은 무덤으로 들어가고 많았을 것입니다. 그래서 학기 초에는 반드시 '자신만의 공책 필기'를 점검해 볼 시간을 가져야 한다고 말하고 싶습니다.

공책 필기의 첫걸음

1. 첫걸음은 번호 붙이기와 들여쓰기로

좋은 공책 필기의 첫 시작은 목차와 번호 붙이기, 그리고 들여쓰기입니다. 지식을 체계적으로 정리하기 위해서는 그 체계를 미리 세워 두는 것이 좋은데, 그것이 바로 목차입니다.

교과서 표지를 열어보면 차례가 나오는데, 차례의 구성을 살펴보면 대목차, 중목차, 소목차 순으로 단계를 정하여 필기한 내용이 어디에 나오는지 한눈에 알아볼 수 있는 체계를 세워야 합니다.

많은 초등학생들이 공책 필기를 어려워하는 이유는 '어떻게 필기해야 하는가'를 모르기 때문입니다. 누구나 필기를 하지만 공책 필기에 필요한 이런 기본적인 구성과 체계를 알지 못하기 때문에 일관성이 없고 나중에 시험 공부를 할 때 활용가치가 없는 필기가 되기 일쑤입니다. 따라서 초등학생들에게 구조적인 필기를 지도할 때 가장 먼저 가르쳐야 할 것은 바로 '번호 붙이기'입니다.

사회 교과서에서는 1단원의 (1) 우리 국토의 위치와 영역 안에 '대륙과 해양으로 열린 나라'가 나온다면, 대단원은 로마 숫자로 Ⅰ, Ⅱ, Ⅲ… 중단원은 1, 2, 3… 소단원인 '대륙과 해양으로 열린 나라'는 (1),

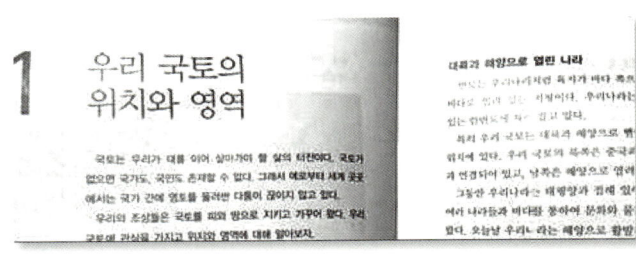

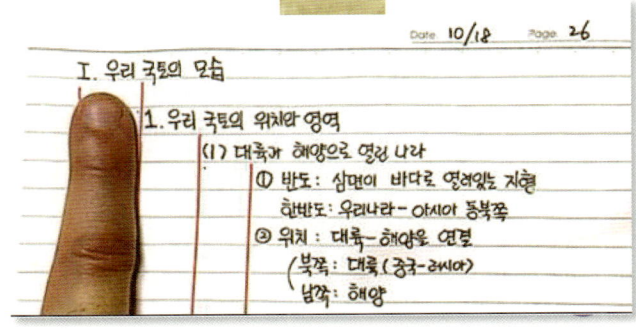

(2), (3)… 으로 표시합니다. 소단원 안에서도 따로 중요한 내용을 정리하려면, ①, ②, ③… 순으로 번호 붙이기를 하도록 아이들에게 지도합니다.

그리고 이렇게 대단원, 중단원, 소단원으로 나눈 목차는 '들여쓰기'로 쉽게 내가 교과서에서 어디를 공부하고 있는지 도와야 합니다. 이렇게 각 목차와 들여쓰기를 활용하면, 공책을 펼쳤을 때 전체 흐름과 세부 내용과의 연결 등을 한눈에 파악할 수 있습니다.

대단원, 중단원, 소단원의 간격은 손가락 하나 정도가 적당하며, 학습 내용끼리 너무 줄 간격 없이 붙어있으면 답답하게 느껴질 수 있으므로 한 시간 수업 내용과 그 다음 학습 내용은 1줄에서 2줄 정도 빈 공간을 만들어 주도록 합니다.

간격 띄우기를 어려워한다면, 동경대 합격생 노트처럼 일정한 간격으로 격자가 그려진 공책을 활용하면 '번호 붙이기'와 '들여쓰기' 작업이 쉽습니다. 일정한 간격으로 점이 찍혀 있어서 앞 글자를 가지런히 맞출 수 있고, 수학 시간에는 자 없이도 도형이나 표를 그리기가 쉽고, 자료를 비뚤어지지 않게 붙일 수 있습니다.

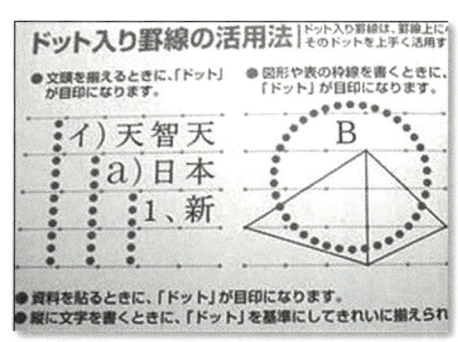

2. 핵심 내용 정리 연습하기

번호 붙이기와 들여쓰기를 충분히 익혔다면, 다음은 핵심 내용의 정리를 연습할 차례입니다. 하지만 처음 공책 필기를 시작하는 아이들은 핵심을 찾아 요약하는 능력이 어려울 수밖에 없습니다. 이럴 때 도움이 될 수 있는 것이 전과나 문제집, 또는 사이버 가정학습 등의 정리 자료입니다. 교과서와 전과 또는 문제집을 나란히 놓고 교과서의 내용이 참고서에 어떻게 요약됐는지를 확인한 뒤 이를 참고해 공책에 정리하거나 베껴 써보는 것이 좋습니다.

수학과 같은 경우에는 학생들이 '문제 번호'를 쓰는 것만으로도 구조적인 필기가 가능합니다. 학교에서도 교과서의 문제나 문제집을 풀 때는 꼭 번호도 함께 적도록 지도해야 합니다. 가령 선생님이 "3번 문제를 봅시다"라고 하면 자신이 푼 문제인데도 찾기까지 한참 걸리는 아이들도 많습니다. 채점하는 교사도 알아보기 어려워서 애를 먹습니다. 이럴 때 번호를 매기면 수업의 흐름을 분명히 알 수 있게 됩니다. 번호 쓰는 걸 까먹는 아이들도 있지만, 교사가 그때그때 주의를 환기시키면 아이는 자연스럽게 번호를 적을 것입니다.

번호를 적게 되면 빽빽이 붙여 쓰는 경우가 눈에 띄게 줄어든다는 장점도 있습니다. 또한 번호를 매기면 어디에 무엇이 쓰여 있는지 쉽게 알 수 있습니다. 집에 가서 복습을 할 때도 공책의 내용이 교과서의 어느 부분에 해당하는지 쉽게 찾을 수 있습니다. 번호도 중요한 정보인 것입니다.

3. 수업 중 나만의 공책 기호 사용하기

말하는 속도보다 손이 빠를 수는 없기 때문에 수업 중에 필기를 할 때에는 긴 문장보다는 조사, 부사, 수식어들을 뺀 짧고 간결한 문장이나 핵심 단어 위주로 적는 게 좋습니다. 기호를 적절히 사용하면 이해와 기억의 모든 능력에 도움이 됩니다. 하지만 이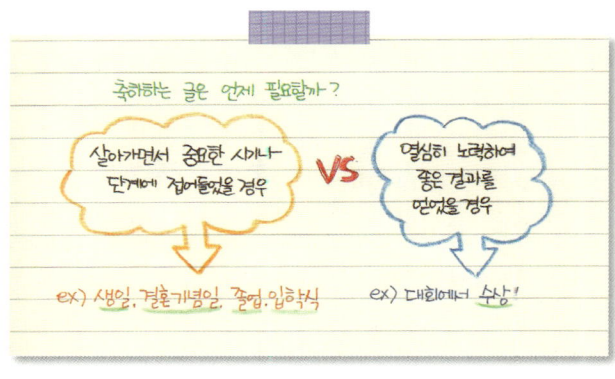렇게 자신이 직접 만든 기호를 이용해 공책을 정리하면, 나중에 반복학습을 할 때 무슨 의미인지 모르면 안 되므로 자신이 알아볼 수 있게 최대한 간결하고 적절한 기호를 만들어 사용해야 합니다. 다음은 그 예시들입니다.

★(중요) ★★(매우 중요) ○(강조)
※(주의) ?(의문사항) ↑(높다) ↓(낮다)
E(Exam : 시험에 나옴)

　공책에 활용하는 약속기호를 고민하는 학생이라면, 필기하던 중에 사회과탐구 86쪽이라고 쓰기보다는 '사탐86p' 또는 '(사탐)86쪽' 등 자신이 알아볼 수 있게 생략해서 적도록 합니다. 예를 들어 '사탐86p14'라고 적었다면, 사회과탐구 교과서 86쪽 14번째 줄을 찾아보라는 뜻입니다. 이렇게 생략하거나 기호를 생각해내는 것도 일종의 언어능력입니다. 자기가 정한 약자와 기호를 직접 쓰게 되면, 공책에 대한 애착도 더욱 생기게 될 것이고 공책을 더욱 구조적으로 쓰고 이해할 수 있게 될 것입니다.

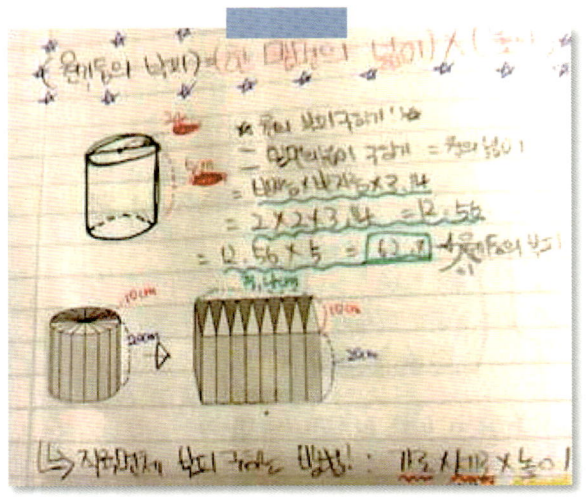

　교과서나 참고서의 그림이나 표를 복사하여 노트에 오려 붙이는 방법도 좋습니다(예를 들어, 사회의 지도, 국사의 연표, 과학의 실험 그림 등). 자주 나오는 지시나 주의 사항, 용어는 자신만의 기호나 약자로 표시해 둡니다. 또한 공책 내용 중간에 삽화나 만화를 삽입하면 공책의 단조로움을 피하고 흥미를 돋울 수 있습니다.

한 걸음 더, 생각 더하기

관련 쪽수를 기록해두기

작성한 공책을 다시 보지 않는다면, 굳이 열심히 정리할 필요가 없을 것입니다. 수업 시간에는 흔히 한 단락이나 한 단원이 끝났을 때 공책에 정리를 하게 합니다. '문장어 쓰인 호응관계의 종류'에 대해서 공부했다면, 단순히 공부한 내용만 기록하는 것이 아니라 (듣)86쪽, 또는 (듣)86p라고 귀에 따로 표시해두도록 합니다.

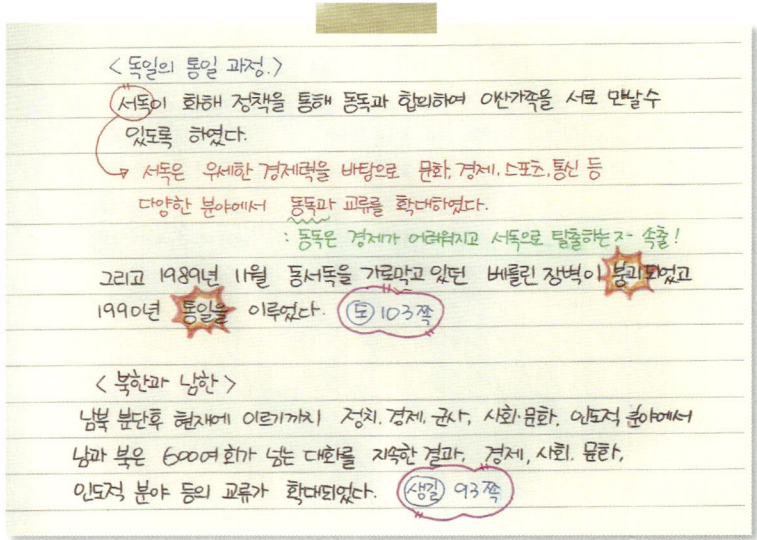

나중에 복습할 때에 혹시 기억에 나지 않으면 책을 열어 꼭 익혀야 할 개념을 확인할 때 편리하고 큰 도움이 됩니다. 학년이 올라가면 학생들은 교과서 외에도 참고할 유인물, 문제집 등 참고할 것들이 많이 늘어납니다. 이럴 때 어떤 참고서의 몇 쪽을 보고 썼는지 자신이 공부한 과정을 기록하면 복습하거나 시험 공부를 할 때 유용합니다.

날단학공 복습공책 작성의 실제

공책 정리에 대해 조금 관심 있는 교사 중에도 '공책 정리는 무조건 정성껏 공들여 쓰면 된다'라고 생각하는 사람들이 많습니다. 물론 '정성이 들어간 깨끗한 공책'도 중요하지만 그것만으로는 부족합니다. 더욱 중요한 것은 '구조적인 필기'입니다.

'공책을 구조적으로 정리해야 정보를 구조적으로 이해'할 수 있습니다. '공책을 구조적으로 정리'한다는 것은 다시 복습할 때, 또는 공책에 정리한 정보를 다시 찾게 될 때 어떤 내용이 어디에 있는지 찾기 쉽게 정리하여 기록하는 것입니다.

구조적인 공책 정리가 습관이 되면, 아이들은 수업 중에도 머릿속이 구조적으로 변합니다. 이렇게 되면, 수업 중에도 공부하는 내용을 뇌속에서 구조적으로 정리할 수 있어서 사고력이 향상되게 되어 있습니다. 마치 마인드맵으로 정리하는 습관이 만들어지면, 수업 중에 선생님이 하는 말씀들이 머릿속에서 마인드맵으로 정리되는 경험과 비슷합니다. 더 나아가면 아이는 스스로 '중요한 부분'이나 '새로 알게 된 내용', '더 알고 싶은 것' 등을 나름의 궁리를 통해 자기만의 방법으로 정리하게 됩니다.

'날단학공' 공책으로 구조화하기

공책 정리가 구조적으로 쓰여 있으면 공부한 내용도 구조적으로 아이의 머릿속으로 들어가게 되어 있습니다. 구조적이라고 하면 어렵게 들리겠지만, 실제로는 매일 매일 간단한 정리의 반복을 통해 서서히 아이의 사고력과 지식에 변화가 나타나게 됩니다.

'날단학공' 복습공책에서 '날단학공'은 무엇을 의미하는 말일까요? 바로 '날짜'와 '단원명', '학습문제'와 '공부 시간'을 의미합니다.

1. 날짜

공책 정리를 시작할 때는 반드시 날짜부터 기록하는 습관을 가져야 합니다. 정보는 '언제'와 '어디서'가 가장 중요합니다만, '어디서'는 아이들의 경우 거의 집이나 학원이기 때문에 따로 기록할 필요까지는 없습니다. 하지만 2단계, 3단계로 다시 복습을 하기 위해서 '언제', 즉 공부한 날짜를 기록하는 것은 매우 중요합니다.

꽤 많은 선생님들이 날짜를 쓸 때 '8월 20일 금요일'이라고 쓰게 하는데, 매번 이렇게 쓰는 것은 비효율적입니다. 필기 시간이 넉넉한 저학년이라면 그렇게 써도 좋지만, 고

학년이라면 간단하게 '8/20 금' 이렇게 쓰면 됩니다. 요일은 되도록 꼭 적어두는 게 좋습니다. 학교 교육이 일주일을 주기로 시간표가 반복하기 때문에 지난 주 금요일 1교시에 공부한 것에 이어 이번 주 금요일 1교시에는 어떤 내용을 공부했는지 연관 지어 떠올리며 공부할 수 있습니다.

2. 단원명

다음 글은 무엇에 대한 설명일까요?

"창호지가 잡지보다는 더 좋으며, 길거리보다는 해변이나 들판이 좋다…. 어린 아이도 즐길 수 있는 놀이다. 일단 성공하면 별다른 어려움이 없다…. 만약 일부분이 떨어져 나가면 다시는 할 수 없다."

문장 구성이 복잡하지는 않지만 이것이 무엇을 뜻하는지를 잘 알 수가 없습니다. 이것은 〈연날리기〉라는 제목의 글입니다. 우리는 각 부분들을 이해하여도 전체성을 확보하지 못하면 상당히 혼란스러우며 생각을 할수록 더욱 복잡하고 산만해집니다. 그러나 전체성으로서 '연날리기'라는 제목을 알게 되면 그 내부의 모든 것들은 균형을 잡고 연날리기의 하위구성요소로서 구분이 명확해집니다.

하나 더! 다음에 나오는 박지원의 '열하일기'의 (   )에 나오는 이 동물은 무엇일까요?

장복이 "아까 몽고사람이 (   ) 두 필을 끌고 지나가더이다." 하기에 내가 야단을 치며, "어째서 고하지 않았느냐?" 하니 창대가 나서서,
"그때 천둥처럼 코를 골고 주무시느라 아무리 불러도 대꾸를 안 하시니 어찌하란 말입니까? 소인들도 처음 보는 것이라 그게 무엇인지는 몰랐습니다마는, 속으로 (   )려니

그저 짐작만 했습니다." 하기에 내가,

"그래, 모습이 어떻게 생겼더냐?" 하니 창대가,

"그 실상을 형용하기 쉽지 않사옵니다. 말이라고 보면 발굽이 두 쪽이고 꼬리는 소와 같으며, 소라고 하기에는 머리에 두 뿔이 없고 얼굴은 양처럼 생겼고, 양이라고 하기에는 털이 곱슬곱슬하지 않고 등에 두 개의 봉우리가 있으며, 머리를 드는 모양은 거위 같고 눈을 뜬 모양은 장님 같았습니다." 라고 한다. 내가

"과시 (   )가 틀림없다. 크기는 어느 정도이더냐?" 하고 물으니 한 길 되는 무너진 담을 가리키며,

"크기가 저 정도쯤 됩니다."라고 하기에, 이후론 처음 보는 사물이 있으면 비록 잠자거나 먹을 때라도 반드시 고하라고 단단히 일렀다.

정답은 바로 '약대(낙타)'입니다. 처음부터 '약대'라고 제목을 알고 봤다면, 훨씬 이해가 빨리 됐을 것입니다.

공책을 정리할 때도 '제목'을 달아줘야 하는데, 공책에서의 제목에 해당하는 것이 바로 '단원명'입니다. 공책을 펼쳐 넘겼을 때, '어디에 무슨 내용이 있는지' 한눈에 알 수 있으려면 '제목'이 필요합니다. 공책의 첫 머리에 제목을 쓰는 습관을 들이면, 지금 무엇을 공부하고 있고, 무엇을 기록하고 있는지 분명히 알 수 있습니다.

3. 학습문제(학습목표)

학습문제는 아이들의 학습활동 방향을 제시하고 학습 동기를 유발시키며 학습 후 확인학습이나 평가의 기준이 됩니다. 따라서 아이들이 학습문제를 정확히 알고 공부를 해야 손쉽게 학습목표에 도달할 수 있습니다. 그래서 많은 교사들이 학습목표를 문제 형식으로 바꾸어 칠판에 제시하고 있습니다. 연구에 따르면 수업 전 아이들에게 '학습목표(학습문제)'를 미리 말해주면, 약 27% 이상 아이들의 학업성취도를 향상시킬 수 있

다고 합니다.

학습문제는 수업과정 중 반복적으로 학습자가 확인하고 상기할 수 있도록 하는 것이 효과적입니다. 공부를 잘 하는 아이들일수록 학습문제의 중요성을 잘 알고, 학습문제에 나타난 내용을 중심으로 복습을 합니다. 예를 들어 '국회가 하는 일에 대해 알아봅시다'라고 학습문제가 제시되어 있을 경우, 공부를 잘하는 아이들의 공책에서는 반드시 '국회가 하는 세 가지 일'이 나와 있습니다. 그런데, 공부를 못하는 학생들의 경우에는 무엇이 중요한지를 모르니, 배운 범위 안의 내용 중에서 이것저것 선생님께 검사받아 혼나지 않을 정도의 양만큼 베껴 제출합니다. 정작 '국회가 하는 일'에 대해서는 나타나 있지 않고, 국회의원의 임기는 4년이고… 등의 내용이 공책에 가득합니다.

'공책을 정리하는 능력'은 '요약력'이라고도 할 수 있습니다. 5쪽에 걸쳐 교과서로 배운 내용을 모두 복습공책에 옮길 수는 없습니다. 교과서 내용 중에서 '중요한 부분'과 '중요하지 않은 부분'을 구분하고 가지쳐서 정리해야 합니다. '국회가 하는 일'이 아닌 경우는 과감하게 가지치고, 국회가 하는 세 가지 일에 집중해야 합니다. 이런 습관이 든 학생들은 공책 정리가 계속될수록 더욱 학습에서 중요한 부분에 집중하게 되어 있습니다.

'흥선대원군이 한 일에 대해 알아봅시다'라는 학습문제라면, 공책에도 그 '학습문제'를 옮겨 적었을 때, 초점을 맞추어 '흥선대원군이 한 일'에 대해 학습한 교과서 범위 안에서 정리하면 되는 것입니다.

4. 내용 정리

공부한 내용을 정리할 때에는 신문에 '광고'를 낼 때를 떠올려 보게 하며 지도하는 것이 좋습니다.

예를 들어 집을 팔려고 하는 사람이 신문에 다음과 같은 광고를 내려고 합니다.

> "동작구 신대방동에 있는 ○○아파트인데, 분양 평수는 33평이고 전용 면적은 28평으로서 아파트 단지 옆에 대형 쇼핑몰이 있어서 쇼핑하기에 편리하다. 주변에도 대단위 아파트 단지가 조성되어 있으며, 시장이나 병원, 학교가 가까이에 있어서 생활하기에 편리하다. 아파트 가격이 오르는 중이라 5억 원에 사도 손해 보지는 않을 것이다."

하지만 광고비가 너무 많이 들어서 집을 팔려는 사람은 광고비를 줄이기 위해 이런 정보를 모두 담으면서도 광고비를 줄일 수 있는 짧은 광고문을 만들어야 합니다. 여러분이라면 어떻게 광고를 내겠습니까?

> **동작구 신대방동 ○○아파트 33평형, 대형 쇼핑몰 옆, 5억**

내용을 정리할 때에 가장 중요한 것은 '학습 문제와 관련이 있는 내용인가?'입니다. 학습문제와 관련이 있는 내용이 가장 중요하고, 가장 정리해야 할 부분이기 때문입니다.

5. 공부 시간

'날단학공' 공책에서 마지막 '공'은 '공부 시간'을 나타냅니다. 학생들의 공책을 걷어 보면, 질보다 양으로 승부하는(?) 학생들이 적지 않습니다. 이런 학생들일수록 검사를 받기 위한 정리를 합니다. 아침에 학교에 와서 선생님이 검사하시기 전에 바쁘게 글씨를 써내려갑니다. 내용을 구조적으로 생각할 시간적 여유도 없습니다. 그러다보니 교과서 내용을 앞뒤 가릴 것 없이 바쁘게 베끼게 됩니다.

'공책 정리보다 생각 정리가 우선이다'라는 말이 있습니다. 그렇게 바빠 공책을 정리하는 학생의 학습능력이 발전하기는 어렵습니다. '양보다 질'을 우선시하는 공책 지도를 하기 위해서는 공부한 시간을 기록하는 습관을 가지게 할 필요가 있습니다.

단순히 '공부 시간 : 30분'이라고 쓰지 않고,

> 공부 시간 : 8:20~8:50

이렇게 쓰도록 약속합니다. 공부에 도움이 되려면, 매일 공부하는 시간을 정해 놓고 이 시간만큼은 다른 모든 약속이 침해하지 않도록 습관을 들여야 합니다. 저녁 식사를 마친 후인 오후 8시 정도의 시간을 가장 추천하고 싶습니다.

한 걸음 더, 생각 더하기

길라잡이 활용하기

복습공책에 대한 설명을 좀 더 쉽게 하려면, 공책의 표지 안쪽에 붙여서 수시로 참고할 수 있는 좋은 길잡이 안내 자료가 더해져야 합니다. 선생님의 친절한 설명도 금세 잊을 수 있기 때문에 공책 표지 안쪽에 이 자료를 인쇄해 붙여놓게 하면, 복습공책을 작성하며 수시로 참고할 수 있습니다.

1. 〈날단학공〉 복습공책 길라잡이

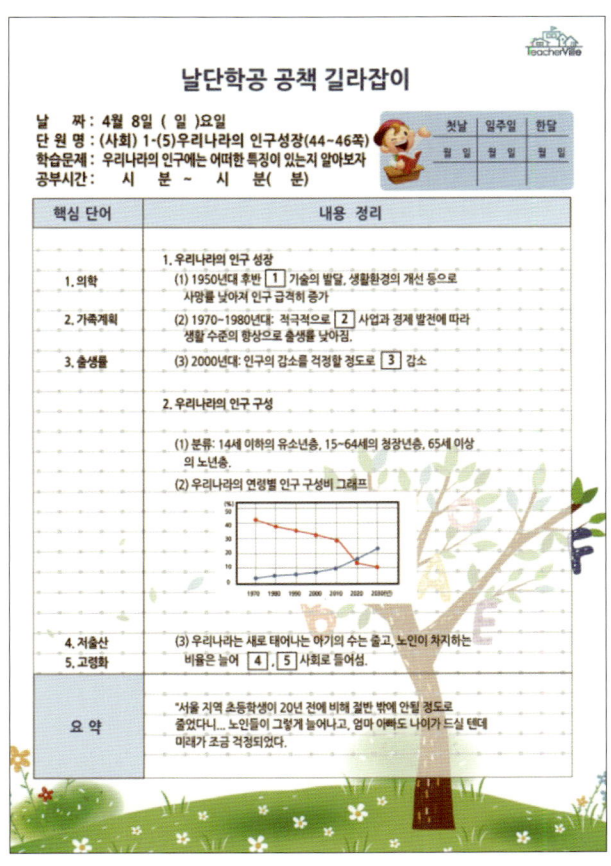

2. 아키타 현의 가정학습 길라잡이

다음은 아키타 현 다카세 초등학교의 복습공책 길라잡이 자료입니다.

| 가정 학습의 길라잡이(2학년 예시) |

〈약속〉

1. 스스로 조용한 곳에서 공부합니다.
   공부할 시간을 정합니다.
   공부할 장소를 정합니다.
2. 오늘 날짜와 학습 내용을 씁니다.
3. 20분 이상 열심히 집중해서 합니다.
4. 계산 문제집과 한자 문제집을 사용해 공책 2쪽을 채울 때까지 쓰면서 공부합니다. 이때 문제집의 빈칸도 채워 넣습니다.
5. 정답을 맞혀보고 틀린 곳을 고칩니다.
6. 한자와 숫자를 정성껏 씁니다.

※ 소리 내어 읽기, 시간표 점검, 연필을 깎아서 필통에 챙기기까지 빠뜨리지 않고 합니다.

〈학습 내용〉

국어

1. 한자 문제집(읽기 연습, 쓰기 연습, 획순 연습, 1학년 문제집도 복습)
2. 한자가 들어간 문장 만들기
3. 오늘 배운 곳에서 보고 쓰기
4. 단어 짝짓기(반대말 비슷한 말)
5. 작문
6. 책 소개 등

12장

공책정리의 정석!
코넬 공책

 시험은 다가오는데 막상 공부를 시작하려니 어디서부터 시작해야 할지 모르겠고 공책 필기는 엉망이라 암기해야 할 중요 내용의 가닥을 잡는 것이 쉽지 않습니다. 반드시 외워야 하는 내용과 그냥 훑어 읽고 지나가도 되는 것들의 구분이 되지 않아 늦은 밤까지 교과서만 달달 외우다 막상 시험 시간이 닥쳐서는 머릿속이 백지가 되는 현상, 누구나 한 번쯤은 경험해 봤을 것입니다.

 시간을 아끼면서도 중요 내용을 쏙쏙 머리에 집어넣기 위해선 수업 중 효율적인 공책 필기가 필수인데 미국에서는 '코넬 노트 테이킹Cornell Note Taking'이라는 방법이 널리 이용되고 있습니다. '코넬 노트 테이킹' 방식은 한국식 공책 필기와는 차이가 있습니다.

 한국에서는 학생들이 대주제, 중주제, 소주제로 나눠가며 1인치 정도의 들여쓰기 방식으로 공책 필기를 하며 중요한 것은 형광펜으로 긋거나 갖가지 색깔의 펜으로 밑줄을 쳐가며 중요 내용을 부각시킵니다. 그러나 이 방법은 나름대로의 장점이 있기는 하나 막상 시험 때가 되어 공책을 펼치면 지저분하다는 느낌이 먼저 들고 남발되는 색상펜으로 인해 거의 모든 내용이 중요한 내용으로 둔갑한다 해도 과언이 아닙니다.

그나마 이 정도라도 공책 필기를 하는 학생들은 낫습니다. 그 외의 학생들은 마구잡이식의 공책 필기를 감행하며 몇 자 안 되는 내용으로 종이 낭비를 하는가 하면 아예 공책 필기를 포기한 학생들은 친구의 공책을 빌려 베끼는데 급급하며 중요한 내용들을 그냥 지나치게 됩니다.

이에 반해 코넬 공책은 좀 더 정형화된 방법으로 수업 후 독립적인 2차 복습에 더 큰 장점이 있다 할 수 있습니다. 코넬 공책은 가장 단순하고 쉬운 기록방법이면서도 주요 주제나 핵심 단어를 쉽게 기억해내는 방법을 활용합니다. 이를 통해 기억력을 증가시켜줍니다. 또한 공부하는 시간을 절약할 수 있습니다. 코넬 공책과 연계하여 5R복습법을 활용하면, 배움이 이뤄진 바로 그 자리에서도 어느 정도 외울 수 있기 때문입니다.

코넬 공책의 구조

문구점이나 종합 사무용품점에서 쉽게 구할 수 있는 대학 노트를 보면 왼쪽에 여백을 두고 수직으로 구분선이 그려져 있는 것을 볼 수 있습니다. 이 공책이 바로 미국 코넬 대학교에서 학생들의 효과적인 학습 방법과 능률을 높이기 위해 고안한 '코넬 공책'입니다. 그런데 막상 구입 후 왜 이러한 구분선이 나눠져 있는지 알고 있는 학생이 적어서 자기 멋대로의 공책 필기가 이뤄지는 것이 사실입니다.

코넬 공책은 제목 영역, 내용 정리 영역, 핵심 단어 영역, 요약 영역 등 총 4부분으로 나눠집니다.

1. 제목 영역
3. 핵심단어 영역
2. 내용정리 영역
4. 요약 영역

(1) 제목 영역은 그날의 날짜와 교과명, 단원명, 학습 목표 등의 주된 내용 등을 적습니다.
(2) 내용 정리 영역Notes은 최대한 자세하게 적고 중요한 것은 색을 달리해 눈에 들어오도록 하는데 이때 자신만의 기호를 만들면 더욱 효과적입니다.

(3) 키워드, 즉 핵심 단어 영역Cues은 필기 영역의 키워드나 중요한 것을 추려내 적는 것인데 키워드를 통해 필기 내용을 한 눈에 알 수 있는 단어 선택이 중요하며 간결한 것이 좋습니다.

(4) 요약 영역Summary은 필기 영역의 내용을 3~5줄 이내로 요약해서 적는데 특히 시험 공부 시간이 모자라거나 시험 시작 바로 전 모든 내용을 짧은 시간에 이해하는 데 큰 도움이 됩니다.

코넬 공책 작성, 어떻게 하는 걸까?

사회 시간, 〈관광산업이 발달한 제주도〉라는 본문 내용을 바탕으로 코넬 공책을 작성하는 방법을 알아보겠습니다.

〈관광산업이 발달한 제주도〉

제주도를 예부터 삼다도라고 했다. 돌, 바람, 여자가 많은 섬을 뜻한다.
우리는 그냥 이 말을 흘려들을 수가 있는데 이 말에는 여러 가지 제주도의 특징이 담겨 있다. 그럼 제주도의 특징에 대해서 한번 알아볼까?
'돌이 많다'라는 것은 화산의 분출물이니까 바로 화산 활동에 의해서 이루어진 화산섬이라는 것을 알 수 있다. 또한 '바람이 많다'고 했는데 제주도는 겨울에는 북서기단, 여름에는 남동남서 태풍의 영향에 의해서 바람이 많다. 세 번째 '여자가 많다'는 말은 예로부터 제주도민은 주로 어업에 종사를 한 것과 관련이 있다. 어업은 특히 남자들이 많이 종사하는 일이라, 바다로 나간 남자들 가운데 바다에서 많이 죽는 이가 많다 보니 여자가 많이 남게 되었다는 이야기이다. 하지만 이것은 현대에 와서는 좀 달라졌다.
왜냐하면 어업도 어업이지만 지금은 제주도가 국내의 수많은 관광객들이 몰려드는 세계적인 관광지라서 관광 산업이 크게 발달했기 때문이다.

(1) 수업 내용 중 중요한 내용을 정리하여 내용 정리칸에 적는다.

핵심단어칸	내용정리칸
	Ⅰ. 관광산업이 발달한 제주도
	1. 제주도의 특징 (삼다도)
	(1) 돌이 많다 :
	화산의 활동에 의해 이루어진 화산섬
	(2) 바람이 많다 :
	겨울 - 북서기단 여름 - 남동남서 열풍의 태풍
	(3) 여자가 많다 :
	주로 어업에 종사를 했는데 어업에는 주로 남자들이
	종사 → 바다로 나간 남자들이 많이 바다에서 죽어서
요약 칸	

(2) 왼쪽의 핵심 단어 칸에 가장 중요하다고 생각한 핵심 단어(키워드)를 5~8개 정도 옮겨 적는다. 쉬는 시간이 되었을 때 작성하는 것이 좋다.

핵심단어칸	내용정리칸
(삼다도 / 돌, 바람, 여자)	Ⅰ. 관광산업이 발달한 제주도
	1. 제주도의 특징 (삼다도)
	(1) 돌이 많다 :
	화산의 활동에 의해서 이루어진 화산섬
	(2) 바람이 많다 :
	겨울 - 북서기단 여름 - 남동남서 열풍의 태풍
	(3) 여자가 많다 :
	주로 어업에 종사를 했는데 어업에는 주로 남자들이
	종사 → 바다로 나간 남자들이 많이 바다에서 죽어서.
요약 칸	

(3) 중요한 내용 및 강조한 내용을 색펜으로 표시한다.

핵심단어 칸	내용정리 칸
★ 삼다도 돌, 바람, 여자	I. 관광산업이 발달한 제주도 1. 제주도의 특징 (삼다도) (1) 돌이 많다 : 　화산의 활동에 의해서 이루어진 화산섬 (2) 바람이 많다 : 　겨울 - 북서기단 여름 - 남동남서 열풍의 태풍 (3) 여자가 많다 : 　주로 어업에 종사를 했는데 어업에는 주로 남자들이 　종사 → 바다로 나간 남자들이 많이 바다에서 죽어서
요약 칸	

(4) 하단에 〈요약〉칸에는 오늘 공부한 내용 중 가장 중요한 내용을 요약하거나 공부를 하고 느낀 점을 2~3줄로 정리한다. 이때 내 경험에 비추어 정리하면 더욱 오래 기억할 수 있다.

핵심단어	내용정리
★ 삼다도 돌, 바람, 여자	I. 관광산업이 발달한 제주도 1. 제주도의 특징 (삼다도) (1) 돌이 많다 : 　화산의 활동에 의해 이루어진 화산섬 (2) 바람이 많다 : 　겨울 - 북서기단 여름 - 남동남서 열풍의 태풍 (3) 여자가 많다 : 　주로 어업에 종사를 했는데 어업에는 주로 남자들이 　종사 → 바다로 나간 남자들이 많이 바다에서 죽어서
요약 칸	돌, 바람, 여자가 모두 자연환경에 의해 영향을 받는 것이구나.

코넬 공책으로 정리한 사회 교과서

2013년 (9)월 (10)일 (화)요일

❶ 과목명 : 사회

❷ 단원명 : 1–(5) 우리나라의 인구 성장과 인구 구성(44~46쪽)

❸ 학습문제 : 우리나라의 인구에는 어떠한 특징이 있는지 알아보자.

❹ 공부 시간: 8시 5분 ~ 8시 35분(30분)

핵심 단어	내용 정리
1. 의학기술 2. 생활환경 3. 가족계획 4. 출생률 5. 저출산 6. 고령화	**1. 우리나라의 인구 성장** (1) 1950년대 후반 : 의학기술의 발달, 생활환경의 개선 등으로 사망률 낮아져 인구 급격히 증가 (2) 1970~1980년대 : 적극적인 가족계획사업과 경제 발전에 따른 생활수준의 향상으로 출생률 낮아짐. (3) 2000년대 : 인구의 감소 걱정할 정도로 출생률 감소 **2. 우리나라의 인구 구성** (1) 분류: 14세 이하의 유소년층, 15~64세의 청장년층, 65세 이상의 노년층 (2) 우리나라의 연령별 인구 구성비 그래프 ♣ 우리나라의 연령별 인구 구성비 – 우리나라는 새로 태어나는 아기의 수는 점점 줄고, 전체 인구에서 노인이 차지하는 비율은 점점 늘어 저출산, 고령화 사회로 들어섰다.
요약	"서울지역 초등학생이 20년 전에 비해 절반밖에 안될 정도로 줄었다니…. 노인들은 계속 많아질 테고, 엄마 아빠도 나이가 드실 텐데 미래가 조금 걱정되었다."

코넬 공책 작성할 때 '핵심 단어'를 찾는 방법

　우리는 장기기억에 많은 정보를 저장하고 살아갑니다. 그런데 저장할 수 있는 양이 무한대라고 하는데, 우리 모두 그만큼의 정보를 가지고 있을까요? 중요한 것은 얼마나 많은 양의 정보를 기억하느냐가 아니라 저장되어 있는 정보를 필요할 때 사용할 수 있느냐입니다. 정보를 필요할 때 사용하는 것을 '정보의 인출'이라고 합니다.

　어떻게 하면 뇌에 저장되어 있는 지식에 '인출단서'(핵심 단어)를 달아서 나머지 내용을 꺼낼까요? 이와 관련하여 코넬은 특히 핵심 단어를 중요하게 여겼습니다. 기록하기 싫어하는 아이에게는 핵심 단어라도 적을 수 있도록 하자고 주장했습니다. 수업이 끝나면, 우리들의 기억속에서 공부한 내용은 알코올처럼 하룻만에 2/3 가량이 사라집니다. 그런데 핵심 단어라도 기억해 내게 되면 이것이 인출단서가 되어 공부했던 내용들을 칡넝쿨 끌어오듯 기억나게 해 줍니다. 마치 앨범 속에서 예전 사진을 보는 순간, 그 즈음의 추억들이 한꺼번에 되살아나는 것과 같습니다. 코넬 공책에서는 키워드 영역 칸이 이러한 역할을 해줍니다. 저는 학생들에게는 코넬 공책이란 말 대신에 '칸칸칸 공책'이라고 하고, '키워드 영역'이라는 단어 대신 쉽게 '핵심 단어' 칸이라고 가르치고 있습니다.

1. 수업을 듣기 전에 해야 할 5가지

　코넬 공책을 작성하기 전에 핵심 단어 칸에 들어갈 '키워드'를 인출단서로 뽑으려면, 수업을 듣기 전에 다음 다섯 가지에 유의해야 합니다.

① 교과서를 수업 시간 전에 대충이라도 읽는다.
② 오늘 공부할 단원명과 학습목표를 파악한다.
③ 수업과 관련되어 제시된 새로운 용어의 뜻을 이해한다.
④ 읽다가 이해하기 힘든 내용에 나름대로 정한 '표시'(예를 들면 ?)를 한다. 이 표시

부분은 수업 중에 질문을 할 수도 있다.

⑤ 수업 시간에 질문할 것을 미리 생각해둔다.

2. '핵심 단어'를 찾는 다섯 가지 방법

정보의 인출을 위해 교과서 속에서 '핵심 단어'를 찾을 때 학생들이 집중해야 할 점은 다음 다섯 가지입니다.

① 주로 처음에 제시되는 것

② 반복적으로 제시되는 것

③ 추가적인 설명이나 부연 설명이 많은 것

④ 처음에 나왔다가 마지막에 다시 제시되는 것

⑤ 선생님이 '강조한다면, 요약하면, 중요 핵심은, 결론적으로, 특히, 무엇보다도' 등으로 강조하고 있는 것

3. 핵심 내용을 정리하여 표현하기

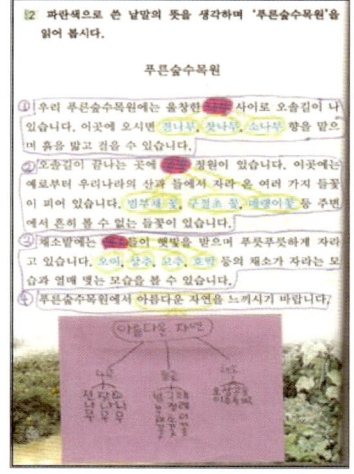
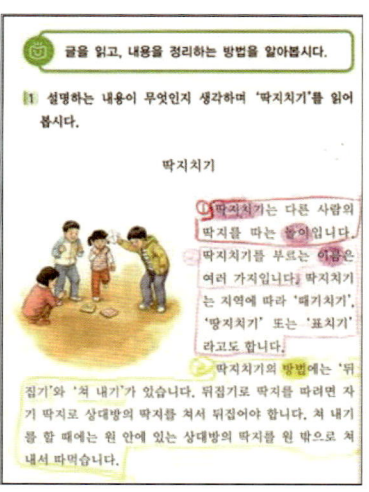

① 교과서를 읽을 때 중요하다고 생각한 '핵심 단어'는 반드시 밑줄을 긋거나 동그라미 등으로 표시해 둔다.
② 핵심적인 개념이나 주제를 글의 흐름대로 간단히 여백에 적어둔다.

'핵심 단어'에 들어갈 내용은 학생 스스로 '왜 그럴까?' 하는 의문을 하나 이상 찾도록 하여 항상 생각하는 수업이 되도록 이끌어야 합니다. 그리고 활동의 과정에서 '핵심 단어'를 찾아 정리하는 활동을 통해 '중요한 내용이 무엇인가?'에 대해 끊임없이 고민하도록 도와줘야 합니다. 또한 수업이 끝나고 핵심 단어 칸을 완성하기 위해 다시 한 번 학습문제를 보며 그것에 대한 답을 학생의 말로 진술하게 하여 공부한 내용의 핵심을 정리하고 평가해보는 시간을 가져야 합니다.

수업이 끝난 후에는 사이버 가정학습이나 참고서 보충, 문제집 풀이 후 보충을 파란색 펜(보충 펜)으로 하게 하여 그 날 배운 내용에 대한 완전학습이 이루어지도록 합시다. 다음 날 아침 학생이 체크리스트를 통해 스스로 점검한 후 교사에게 검사를 받게끔 하면 하나의 사이클이 종료됩니다. 이런 일련의 과정은 학습자가 스스로 주체가 되어 생각하는 수업이 되도록 이끌며, 특히 그날 배운 내용의 보충을 통해 완전학습으로 이끌 수 있습니다.

[점검을 위한 체크리스트]

아이들이 작성한 코넬 공책이 제대로 작성되었는지 확인할 때에는 다음 체크리스트를 나누어 주고 하나씩 검사하며 스스로 보완할 수 있도록 돕습니다.

전체	내용 정리, 핵심 단어, 요약 칸을 나누어 적었는가?
전체	복습 활동을 하였는가?
내용 정리	하루의 목표를 세우고 내용을 구체적으로 적었는가?

내용 정리	학습문제(학습목표)를 적었는가?
핵심 단어	핵심 단어(키워드)를 적었는가?
핵심 단어	공부하면서 조금이라도 궁금한 점을 썼는가?
요약	학습문제의 답을 자신의 말로 풀어서 썼는가?

5R을 활용한 코넬 공책의 활용

코넬 공책에는 다섯 가지 지켜야 할 원칙5R이 있습니다. 기록Record, 축소Reduce, 암송Recite, 숙고Reflect, 복습Review입니다. 흔히 '기축암숙복'이라고 첫 글자만 외워서 아이들에게도 실천하도록 하고 있습니다.

1. 기록 Record

'기록'은 수업을 듣는 동안 가능한 한 많은 의미 있는 사실과 아이디어를 '공책' 지면에 적는 것이며 읽기 쉽게 적어야 한다는 목적을 갖습니다. 무엇보다 공책에 써야 할 중요한 내용과 중요하지 않은 내용을 구분할 수 있어야 합니다.

2. 축소 Reduce

'축소'는 가능한 한 빨리 '공책' 지면의 내용을 간결하게 핵심 단어 칸에 적는 것인데, 의미와 관계를 명확하게 해 기억력을 강화시키는데 중점을 둬야 합니다. '축소'는 주로 수업이 끝나자마자 쉬는 시간에 정리하면 됩니다.

3. 암송 Recite

'암송'은 '코넬 공책'의 '내용 정리' 칸을 가리고 '핵심 단어' 칸의 핵심 단어만을 단서로 계속하여 말하는 것입니다. 암송이 끝나면 가렸던 '내용 정리' 칸을 열어 자신이 암송한 내용이 맞는지 확인합니다. '암송'은 '연관성'과 관련이 깊고, 이런 연습이 계속되면,

학교 시험의 서술형, 통합형 수능 문제의 풀이에 도움이 됩니다.

4. 숙고 Reflect

'숙고'는 공책에서 자신의 견해를 이끌어 내 그것이 다른 과목과는 어떻게 관련되는지에 대한 본연의 숙고 출발점으로 이용하는 것인데 이는 아이디어가 잊히는 것을 막아줍니다. 수업이 끝나고 '요약'칸에 오늘 수업을 마치고 가장 중요한 점이나 새로 알게 된 점, 내 경험과 비추어 느낀 점 등을 적으면 '숙고'에 큰 도움이 됩니다.

5. 복습 Review

'복습'은 말 그대로 매주 주말마다 코넬 공책을 다시금 10분 가량 복습하는 것을 말하는데 이는 배웠던 부분의 대부분을 다시 기억하게 해주는데 가장 큰 역할을 합니다.

이러한 5R 방식은 공책 필기 정리와 복습 단계를 거치는데 있어서 굉장히 중요합니다. 대학교 중에는 이런 '코넬 노트 테이킹'을 신입생들이 듣는 '대학생활'이라는 1학점의 수업으로 만들어 직접 가르치는 학교도 많습니다.

코넬 공책 업그레이드하기!

코넬 공책의 정리방법은 조직적이고 체계적인 기록과 복습이 가능하며, 단순하고 효과적입니다. 핵심 단어와 요약 과정을 통해 공부할 시간과 노력을 아낄 수 있다는 장점이 있습니다만, 실제로 적용해보면 아무래도 기본적인 학습능력을 갖춘 대학생들을 위해 만들어진 공책이다 보니 어린 아이들에게 지도할 때 보완해야 할 점도 보입니다.

1. 예습과 복습시간이 따로 필요하다

다른 공책과 달리 내용 정리 칸은 수업 중에 작성하고, 핵심 단어 칸은 수업이 끝나자마자 작성하고, 집에 가서는 요약 칸을 작성하여 활용하는 경우가 많습니다. 그러다 보니, 예습과 복습 시간이 따로 필요할 수밖에 없습니다.

2. 시간이 많이 걸리고, 핵심 단어를 찾기 힘들다

중요한 내용은 핵심 단어에 의해 전달되는데, 전형적인 공책은 핵심 단어가 다른 쪽에 표시되어 있는 경우가 많고, 중요하지 않은 많은 다른 단어들에 의해 가려진 경우가 많습니다. 어린 학생들일수록 내용을 정리하는 것 못지않게 핵심 단어가 무엇인지를 찾지 못해 어려워합니다. 이러한 과정은 두뇌의 핵심 개념을 연합시키려는 작용을 방해하여 창의력과 기억력을 저하시킵니다.

3. 핵심 단어를 보며 내용 정리 칸의 내용들을 떠올리기에 어려움이 있다

코넬 공책은 원래 대학생들을 위해 만들어진 공책이라 태생적인 한계가 있습니다. 강의를 들으며 스스로 판단하고, 정리할 수 있을 정도의 지적 능력을 가진 학생들에게는 최적의 공책입니다만, 핵심 단어를 추출하기도 어려워하는 학생들에게 핵심 단어만으로 내용 정리 칸의 많은 내용들을 떠올리게 하는 것은 이제 열심히 잘 해보고 싶어 하는 학생들이 미리 포기하게 하는 상황이 오기 쉽습니다.

코넬 공책의 업그레이드

딸 예은이에게 '코넬 공책'을 가르쳐주고 활용하다가 "복습을 했어요"라며 잠깐 동안 눈으로 읽고 쓰윽 넘어가는 모습에 좀 더 확실히 아이가 공부를 했는지 확인할 방법이 필요했습니다.

코넬 공책 작성만으로도 충분히 우수합니다만, 복습을 할 때 필기한 내용을 쳐다보는 것으론 어렵습니다. 주말 10분, 오른쪽 내용 정리 칸을 가리고 왼쪽의 핵심 단어만 보면서 내용을 떠올리게 하자고 하는데, 성인에게도 쉽지 않은 주문이라고 생각합니다. 그래서 학생들에게 다음과 같은 코넬 공책 길잡이를 복사해 나누어 주고, 변형된 코넬 공책을 사용하도록 지도했습니다.

① 오른쪽 내용 정리 칸에 내용을 정리할 때, 중요한 핵심 단어는 네모 빈칸을 그린다. 이때 그려진 빈칸 안에 번호를 1부터 차례대로 써내려갑니다. 처음부터 핵심 단어를 생각하고 정리할 수 있기 때문에 쉬는 시간 다시 핵심 단어를 찾아야 하는

번거로움을 피할 수 있습니다.

② 왼쪽 핵심 단어 칸에는 번호와 함께 오른쪽 내용 정리 칸에 들어갈 '핵심 단어'를 함께 적습니다.

위에서 부터 차례로 1, 2, 3, 4 순으로 번호와 핵심 단어를 함께 적습니다.

번호가 지나치게 많아지면 지레 질려서 학습하는 재미를 잃어버릴 수 있습니다. 퀴즈를 맞히는 기분으로 도전하게 하려면, 5~8개 정도의 핵심 단어를 준비하면 좋습니다.

③ 마지막 '요약' 칸은 일반적인 코넬 공책과 같습니다.

코넬 공책 (변형 예시)

2013년 (9)월 (10)일 (화)요일

❶ **날짜** : 2013년 (4)월 (8)일 (월)요일
❷ **단원명** : 사회 1-(5) 우리나라의 인구 성장과 인구 구성(44~46쪽)
❸ **학습문제** : 우리나라의 인구에는 어떠한 특징이 있는지 알아보자.
❹ **공부 시간** : 8:10~8:35(25분)

핵심 단어	내용 정리
1. 의학기술 2. 생활환경 3. 가족계획 4. 출생률 5. 저출산 6. 고령화	**1. 우리나라의 인구 성장** (1) 1950년대 후반 : [1]의 발달, [2]의 개선 등으로 사망률 낮아져 인구 급격히 증가 (2) 1970~1980년대 : 적극적인 [3]사업과 경제 발전에 따른 생활수준의 향상으로 출생률 낮아짐. (3) 2000년대 : 인구의 감소 걱정할 정도로 [4] 감소 **2. 우리나라의 인구 구성** (1) 분류 : 14세 이하의 유소년층, 15~64세의 청장년층, 65세 이상의 노년층 (2) 우리나라의 연령별 인구 구성비 그래프 ♣ 우리나라의 연령별 인구 구성비 - 우리나라는 새로 태어나는 아기의 수는 점점 줄고, 전체 인구에서 노인이 차지하는 비율은 점점 늘어 [5], [6]사회로 들어섰다.
요약	"서울 지역 초등학생이 20년 전에 비해 절반밖에 안될 정도로 줄었다니…. 노인들이 그렇게 많아지고, 엄마아빠도 나이가 드실 텐데 미래가 조금 걱정되었다."

변형 코넬 공책으로 3단계 복습하기

코넬 공책을 활용하면 특히 주말 복습을 할 때 효과가 큽니다.

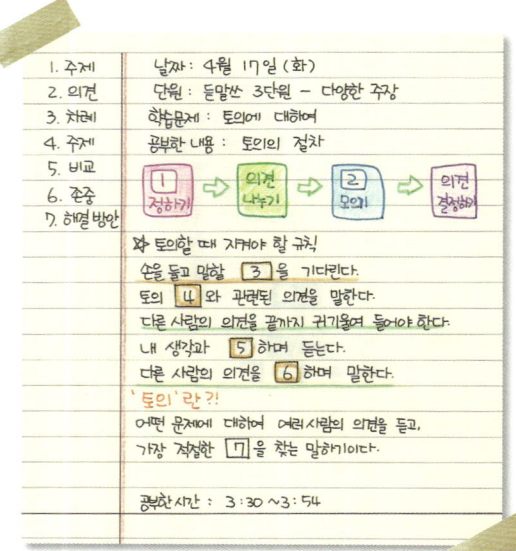

① 먼저 변형 코넬 공책의 구조대로 내용 정리 칸에는 네모 빈칸을 그리고, 그 위에 차례대로 번호를 적는다. 왼쪽 핵심 단어 칸에는 네모 빈칸에 들어갈 단어를 번호와 함께 적습니다.

② 1단계 복습 : 쉬는 시간에 핵심 단어를 네모 빈칸을 보며 떠올려 왼쪽 핵심 단어 칸에 적는다. 수업후 5분 복습을 이렇게 해결하면 좋습니다.

③ 2단계 복습 : 주말에는 작성한 코넬 공책의 왼쪽 핵심 단어 칸을 손으로 가리거나 책받침 등으로 가린 후에 오른쪽 내용 정리 칸의 빈칸을 보고 답을 말한다.

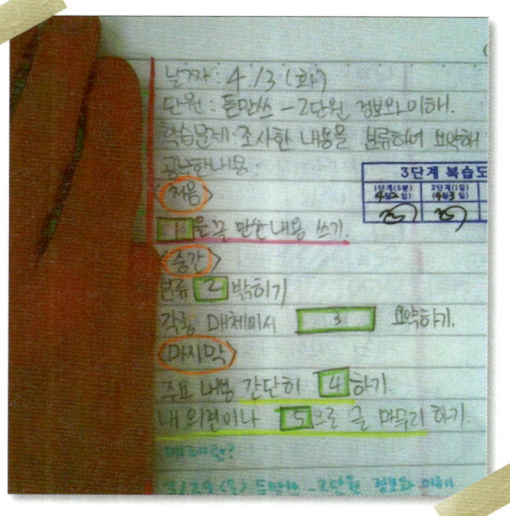

이렇게 하면 내가 정확하게 알고 있는지, 어렴풋하게 알고 있는지, 아니면 모르고 있는지를 확실히 구분하게 될 것입니다.

④ 떠올리지 못한 단어가 있다면, 오른쪽 '내용 정리' 칸의 그 단어에 별표를 하나 그리거나 형광펜을 칠한다.

다음에 복습할 때에는 이렇게 별표가 되어 있거나 형광펜이 칠해진 곳만 봐도 내가 중요한 내용을 알고 지나갔는지 확인할 수 있습니다.

⑤ 월 말일에는 오른쪽 내용 정리 칸을 가리고, 왼쪽의 '핵심 단어'(키워드)만 가지고 떠올리면 된다.

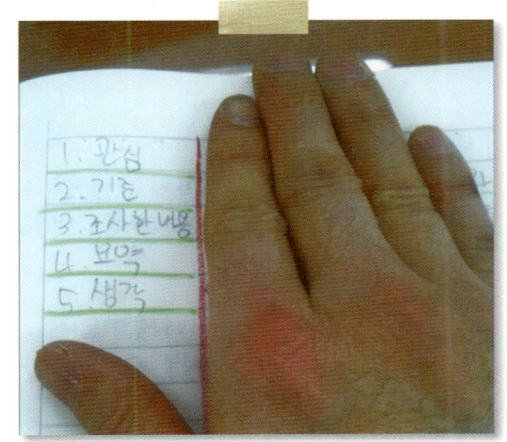

3단계 복습은 그달 말일에 진행합니다. 원래 코넬 공책의 5R 가운데 '복습'을 진행할 때처럼 오른쪽 내용 정리 칸을 가리고 핵심 단어를 인출 단어로 삼아 연관된 개념들을 이야기해보면 내가 알고 있는 것과 모르고 있는 것들을 구분하게 되어 특히 서술형 시험에 도움이 됩니다.

한 걸음 더, 생각 더하기

3단계 복습을 위한 퀴즈 활용

2012년 10월 26일 금요일, 우연히 응모한 이벤트에 당첨되어 배움노트라는 공책 30권을 받게 되었다. 아이들에게 어제 나누어주고, 한 달 정도는 이 공책으로 복습공책을 작성하기로 했다. 많은 아이들이 복습이란 그저 써놓은 공책을 눈으로 휙 하고 읽는 것으로 착각한다. 그게 아니라 자신이 공부한 걸 정말 자신의 것으로 만들었는가를 확인하는 일이라고 자주 아이들에게 말해주곤 했다.

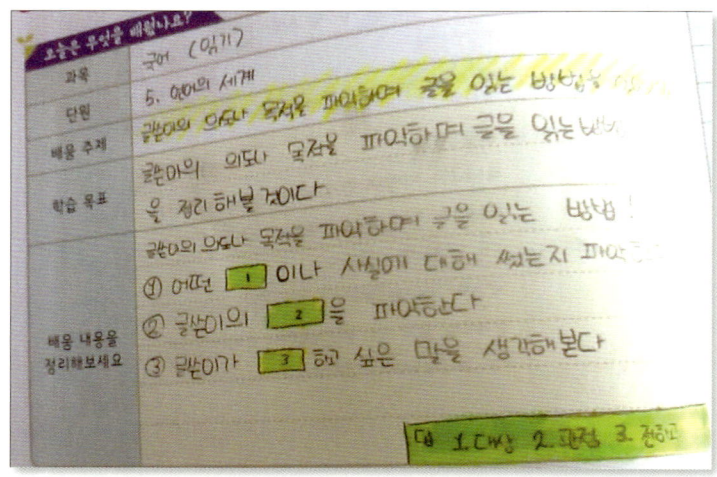

며칠 전 채영이가 쓴 공책에서 본 주말 3단계 복습을 할 때 풀어보겠다며 스스로 핵심문제를 따로 만들어 놓은 아이디어가 정말 기특했다. 채영이의 노트를 소개하면서 함께 3단계 주말 복습 때 풀어 볼 수 있게 2문제씩 만들어오자고 아이들에게 부탁했다.

아침에 아이들이 만든 문제들을 들어서 하나하나 읽어주고, 알고 있는 아이들은 일어나게 해서 확인해주었다. 기존의 코넬 공책에 비해 적는 양은 적어서 부담이 적고, 퀴즈를 2문제 이상 넣게 하니 재미있어 한다. 나름대로의 장점이 좋았다. 스티커로 공책을 작성한 후 자기에게 상을 주는 아이디어도 좋다. 주말 3단계 복습할 때에는 정답을 적어보게 하기로 했다. 그때 도저히 생각이 나지 않으면 별표를 치고, 작은 포스트잇으로 가려 그달 말에 복습할 때 다시 확인하기로 했다.

DATE.

Part 4
인류 최고의 공책, 마인드 맵

14장

두뇌가 원하는 최고의 필기법 '마인드맵'

　열심히 집중하며 공부했는데도 막상 시험을 치를 때에는 온통 구름으로 가려져 공부한 내용이 생각나지 않는 경험, 누구나 있을 것입니다. 좌뇌는 핵심 단어를 찾아내는 역할을 하는데, 학습을 한 뒤 시간이 흐르면 우리 기억에는 핵심 단어만 기억에 남습니다. 이 핵심 단어를 정확하게 기억하고 있으면, 마치 앨범 속에서 보게 된 사진 한 장으로 추억이 모두 잇달아 떠오르듯 공부한 기억들이 하나로 딸려오게 됩니다.

　핵심 단어를 통한 기억의 도움을 받기 위해 우리 반에서는 1학기에는 코넬 공책을 기반으로 한 날단학공 공책을 작성하고, 2학기에는 '마인드맵 공책'을 작성하도록 지도하고 있습니다.

전통적인 공책 필기의 문제점

마인드맵 전문 교재업체인 부잔코리아에서 마인드맵 지도사MBI과정을 공부할 때에 기억에 남는 것은 강사가 전통적인 공책의 줄을 감옥 막대Prison Bar라고 부르며, 우리들의 생각을 감옥 막대에 가두는 좋지 않은 공책이라 했던 부분입니다.

전통적인 공책을 살펴보면, 공책 필기를 할 때 95% 이상이 한 가지 색상 즉, 단색(파란색, 검은색 등)으로 쓰입니다. '단색monotone'이란 단어는 '단조로운monotonous'이라는 단어의 어원이기도 합니다. 필기가 단조로우면 두뇌는 신경을 끊고, 전원을 끄고 잠을 자게 되어 있습니다. 말하자면 읽고 쓸 줄 아는 인구의 95% 이상이 자신과 타인을 지루하게 하고 정신을 산만하게 하고 무의식 상태로 빠져들게 하는 방법으로 필기를 하고 있는 것입니다.

1971년에 마인드맵을 만든 영국의 토니 부잔은 현재 전통적으로 쓰이고 있는 공책과 필기 시스템에는 크게 네 가지 단점이 있다고 했습니다.

1. 핵심 단어를 숨긴다

전통적인 교실에서는 종종 이 핵심 단어가 다른 쪽에서 나타나거나 덜 중요한 많은 단어들에 의해 가려지기도 합니다. 이것은 두뇌가 핵심 개념들을 적절하게 연합시키려는 작용을 방해합니다.

2. 기억불능 상태로 만든다

연필이나 볼펜 등 단색으로 쓰인 공책은 시각적으로 지루함을 줍니다. 그러므로 자연스럽게 뇌는 거부반응을 보이고 기억에서 쉽게 사라집니다. 게다가 전형적인 단조로움이 두뇌를 반최면 상태로 몰아넣고 두뇌에 들어온 내용을 기억할 수 없도록 만듭니다.

3. 시간을 낭비하게 한다

전통적인 공책과 필기는 불필요한 공책 작성에 소요되는 시간의 낭비, 읽는 데 소요되는 시간의 낭비, 다시 복습하며 읽어보는 데 소요되는 시간의 낭비 등 모든 면에서 시간낭비를 가져옵니다.

4. 두뇌에 창조적 자극을 주지 못한다

본질상 직선 형태의 전통적 공책은 두뇌의 결합을 방해하고 그 결과 창조성과 기억력을 저하시키는 방향으로 작용하게 합니다. 특히 직선형 공책에 직면한 우리의 두뇌는 끊임없이 '마지막이다, 끝났다'는 느낌을 가지게 된다고 합니다. 이 잘못된 완성감은 정신적 마취 상태를 일으키고 우리의 사고과정을 둔화시키고 질식시킵니다.

능률적이지 못한 공책과 필기 시스템을 반복해서 사용하면 우리의 두뇌에 많은 악영향을 미칩니다. 두뇌가 혹사를 견디지 못해 반항을 하게 되고 그 결과 집중력이 떨어지게 되는 것입니다.

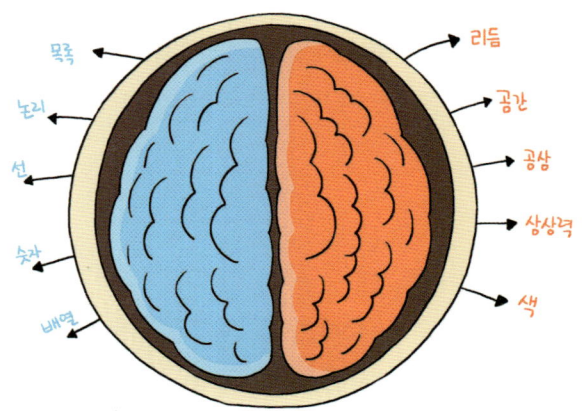

전통적인 공책을 작성할 때에 우리는 주로 단어, 숫자, 선, 목차, 논리 등 좌뇌를 중심으로 필기를 하게 됩니다. 특히 한 가지 색상(검정이나 파란색 등)으로 연필이나 볼펜 등을 사용하여 왔습니다. 여기에는 색상, 이미지, 공간감각, 연상, 리듬 등 우뇌를 활용하는 중요한 요소들이 빠져 있습니다. 이러한 요소들은 기억력을 향상시키는 데 필수적인 것들입니다.

마인드맵과 방사사고

'맥가이버의 칼'이라고도 불리는 마인드맵은 현재 10억 명이 넘는 사람들이 사용하고 있는 혁신적인 공책 필기법입니다. 빌 게이츠, 마하티르 모하마드 전 말레이시아 총리, 비센테 폭스 전 멕시코 대통령, 엘 고어 전 미국 부통령 등 세상을 이끌어가는 많은 인물들이 현재 마인드맵을 사용하고 있습니다.

뉴런Neuron이라 불리는 각각의 뇌세포를 확대해보면, 각 촉수가 중심 세포, 즉 세포핵에서 방사형으로 나뭇가지처럼 뻗어있음을 알 수 있습니다. 하나의 뇌세포에서 나온 시냅스는 다른 뇌세포에서 나온 시냅스와 연결되고, 뇌세포에 전기 충격이 가해지면 둘 사이에 있는 액체로 가득찬 미세한 공간을 화학물질이 전달됩니다. 우리가 한 가지 생각을 할 때마다 그 생각을 전달하는 경로에 가해지는 생화학적 저항과 전자 저항은 숲속에 길을 내는 것과 같은 이치라고 합니다. 처음에는 풀숲을 헤쳐 나가야 하기 때문에 힘들지만, 두 번째 그 길을 지날 때는 훨씬 수월하고 저항도 줄어들게 됩니다. 여러 번 반복하게 되면, 마침내 그 길은 넓고 평탄한 도로가 됩니다. 그리고 한 개인의 뇌세포는 대략 1만 개 이상의 뇌세포들을 동시에 연결하고 수용할 수 있다고 합니다.

마인드맵을 지도할 때 가장 먼저 실습하는 단어는 '행복' 또는 '자기 이름'으로 하면 좋습니다. 아이들이 이 마인드맵으로 방사 사고('방사'란 중심체로부터 사방으로 뻗어나가거나 중심체 방향으로 움직이는 것을 의미)를 체험한 후에는 짝과 짝을 지어 공통으로 들어간 단어에 ○표를 하거나 밑줄을 긋게 했습니다. 살펴보면 대개 3~4개 정도가 해당됩니다.

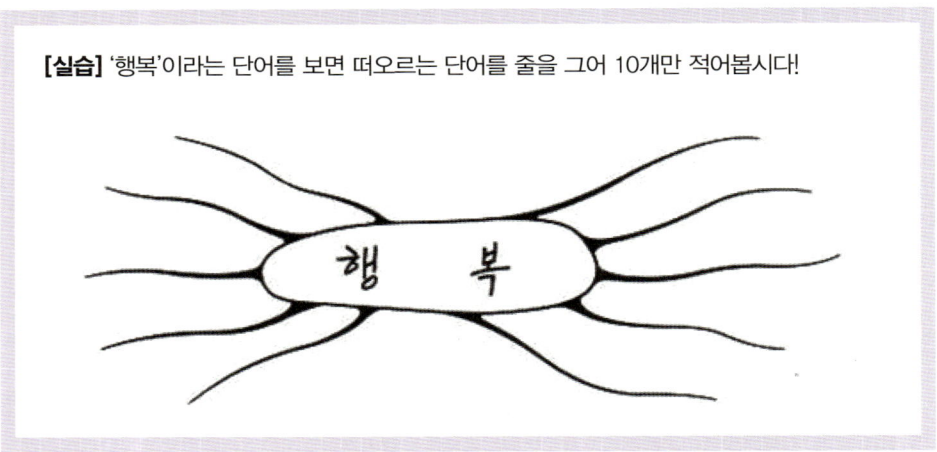

[실습] '행복'이라는 단어를 보면 떠오르는 단어를 줄을 그어 10개만 적어봅시다!

다음으로 모둠별로 모여 ○표를 한 단어 중에서 겹치는 단어를 찾아보게 하면 1개 정도 나옵니다. 이때 모둠에서 나온 단어들을 칠판에 모두 적어보았는데, 몇 번에 걸친 실험에도 모든 모둠에서 나온 단어가 겹치는 경우는 거의 없었습니다. 토니 부잔은 《마인드맵북》에서 '수천 번의 실험에서 인원이 많을수록 공통되는 단어가 나올 가능성은 희박하다'고 했습니다.

마인드맵 공책의 장점

마인드맵은 기본적으로 직선 형태의 전통적인 공책을 개선하기 위해 개발되었습니다. 직선형 공책의 문제점을 생각해보면, 마인드맵에는 다음과 같은 장점이 있다는 것을 경험적으로 알 수 있습니다.

① 필요한 단어만을 기록함으로써 시간을

절약할 수 있다.

② 복습하는 데 걸리는 시간을 절약할 수 있다.

③ 핵심 단어를 찾느라 걸리는 시간을 절약할 수 있다.

④ 핵심어를 강조함으로써 정신을 집중 시킬 수 있다.

⑤ 여러 가지 색상과 다차원적인 입체로 시각적인 자극을 주어 더 쉽게 받아들이고 더 오래 기억할 수 있다.

⑥ 마인드맵을 그리는 동안에 끊임없이 새로운 것을 발견하고 깨닫게 된다.

마인드맵 공책을 가장 좋은 공책으로 꼽는 이유는 복습할 때 우뇌를 활용하게 되어 복습시간은 반으로 더욱 쉽게 만들며, 공부하는 과목을 체계적으로 분류하고 조직적으로 정리하는 과정을 통해 더욱 기억과 이해를 도와주어 시험을 잘 볼 수 있게 해줍니다. 무엇보다 수업 중에 교사의 설명을 듣는 동안에 머릿속도 마인드맵으로 구조화해 받아들이게 되는 경험을 하게 됩니다.

마인드맵 작성 방법

1. 종이를 가로로 놓고 중심 이미지를 그린다

중심에 마인드맵의 주제로 나타내려는 이미지를 컬러로 그려 넣습니다. 중심 이미지의 크기는 가로, 세로 2~3cm 정도를 유지하는 것이 좋습니다. 틀이 없이 자유로운 이미지일수록 기억을 돕습니다.

2. 주가지를 그린다

　주제와 관련된 중요 주가지를 만들어 그립니다. 핵심 단어를 중심 이미지와 연결하고 색상을 넣으면서 표현합니다. 가지가 두꺼운 쪽이 중심에 가까운 선 모양으로 그립니다.

　이때 문장이 아닌 핵심 단어로 사용해야 창의성이 더욱 올라갈 수 있습니다. 핵심 단어에 해당하는 것은 부사, 형용사, 명사, 동사 모두가 가능합니다. 핵심어를 표현할 때 주의할 점은 여러 단어가 아닌 하나의 단어만 사용하는 것인데, 그 이유는 다른 생각이나 아이디어와 연결시키기가 쉬우며, 기억하는 데도 도움이 되기 때문입니다.

　선의 길이는 단어의 길이와 비슷해야 하며, 선의 길이가 길면 생각이 끊길 수 있습니다.

3. 주가지와 관련 있는 단어나 이미지로 부가지를 만든다

　차례를 지킬 필요 없이 생각나는 순으로 주가지보다 얇은 선, 가는 글씨로 부가지를 더 연결해 그립니다.

4. 다른 주제들도 중심 이미지, 주가지, 부가지, 세부가지 순으로 완성한다

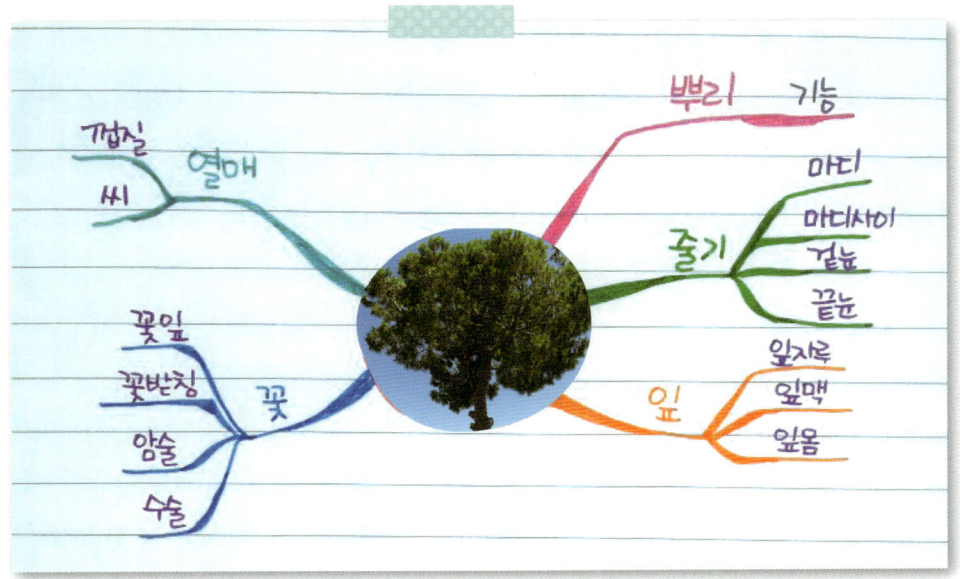

5. 그려놓은 마인드맵을 보고 복습한다

자신이 만든 마인드맵을 보며 복습을 합니다. 이때 중심 이미지에 붙은 주가지만 보고 부가지를 떠올리도록 합니다. 되도록 부가지, 세부가지를 가리고 떠올리려 노력하는 것이 좋습니다.

복습을 할 때 포인트는 하위의 부가지나 세부가지를 보지 않는 것입니다. 이렇게 보지 않고 떠올리는 '기억'의 과정이 함께 했을 때에 마인드맵은 더욱 큰 효과를 발휘합니다. 먼저 주가지를 살펴보고, 두 번째 주가지–부가지까지 공부합니다. 그런 후에 세부가지까지 꼼꼼하게 공부하면 됩니다.

마인드맵의 효과적인 지도 비법

마인드맵을 효과적으로 지도하기 위해서는 단순한 기법만을 먼저 가르쳐서는 안 됩니다. 마인드맵에 대하여 기법적인 것만을 강조하게 되면 기술적인 면(맵핑 방법 알기)은 짧은 시간 내에 상당한 향상을 가져오지만 학생들은 '사고력의 신장'이라는 지적 희

열을 느끼지 못하고 쉽게 싫증을 느끼게 되어 실패하기 쉽습니다. 마인드맵이 새로운 생각을 무한하게 열어갈 수 있는 사고의 연습으로 인식될 수 있게 해줄 때 큰 효과를 거둘 수 있습니다.

1. 분류화 게임하기

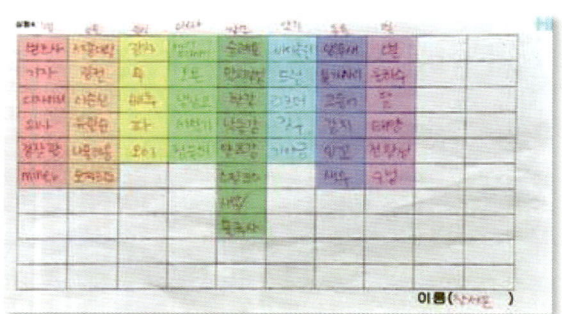

EBS다큐프라임 《공부의 왕도》 1부 〈인지세계는 냉엄하다〉 편에는 재미있는 실험이 나옵니다. 그림과 글자 각기 50개씩 100개의 단어 카드를 보여주고 기억나는 대로 적어보게 하는 것입니다. 과연 몇 개를 기억해 낼 수 있을까요?

스탠포드 대학교, 서울대학교 등 명문대를 졸업한 8명의 졸업생과 산본중학교 2학년 학생이 참여한 실험에서 중학생들이 1차 평균 23.9개였을 때 8명의 대학생들은 평균 46.3개를 기억했습니다. 놀라운 것은 8명 모두 자기만의 '조직화 전략'을 사용했다는 것입니다. '직업'이나 '위인', '악기'등의 항목별로 분류해서 답안을 작성한 학생도 있었습니다. 2차에서 이렇게 분류하는 방법을 중학생들에게 알려주니, 2차 평균 40.6개, 3차 평균 78.2개로 1차에서 2차, 2차에서 3차 결과가 약 두 배 가량씩 상승했습니다. 분류화하지 않고 기억하는 사람들은 여러 개를 한꺼번에 다 기억하는 건데, 분류화한 사람은 여러 개를 몇 개의 의미관계를 중심으로 해서 기억을 하니까 기억해야 될 덩이 수 개수 자체가 줄어듭니다.

효과적인 기억법의 우선적인 단계는 '분류화'입니다. 아이들이 '주가지'에 큰 항목별로 분류화하는 과정에서 이미 두 배 이상의 기억이 보장되는 것입니다.

2. 간단한 마인드맵으로 코넬 공책 정리하기

1학기 동안 코넬 공책을 작성해 왔다면, 곧바로 마인드맵으로 넘어가기보다 코넬 공책의 내용 정리 영역과 핵심 단어 영역에 간단한 형태의 '마인드맵'을 그리게 하면 좋습니다. 네이버 카페 '학습놀이터cafe.naver.com/welearning2011'에 자세한 지도 방법이 소개되어 있습니다. 현장의 젊은 교사들이 사교육 없이 스스로 공부할 수 있도록 학년별로 직접 제작한 동영

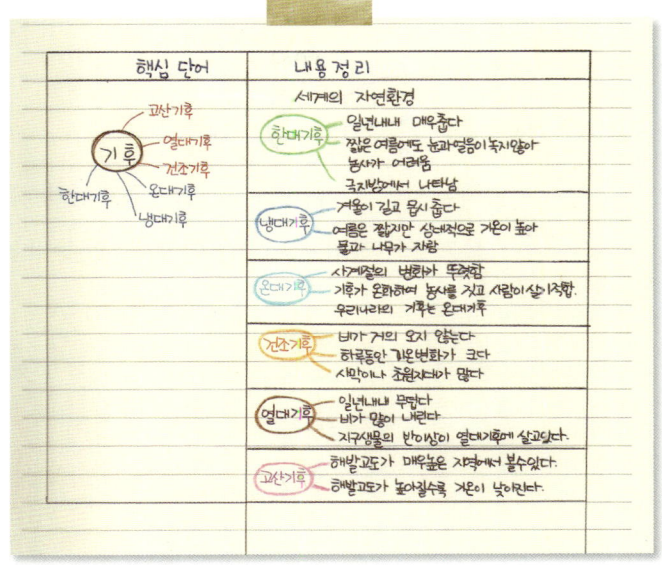

상을 올려 한국의 '칸 아카데미' 같은 역할을 하는 멋진 공간이니 아이들에게도 꼭 소개해주시길 바랍니다.

3. 사회과 마인드맵 작성 따라하기

아이들에게 마인드맵의 효과를 가르쳐주려고 할 때, 가장 많이 활용하는 방법입니다. 마인드맵의 효과를 느끼게 해주면 아이들은 이야기하지 않아도 마인드맵을 쓰게 됩니다. 일기를 쓸 때, 독후감을 쓸 때, 여행보고서를 작성할 때….

사회 교과서의 본문을 먼저 아이들에게 잠시 보여줍니다. 이런 문장을 이해하고 내 것으로 만들 수 있겠느냐고 이야기합니다. 물론 아이들은 외울 수 있다며 여러

> 황해 어장은 바닷물의 깊이가 얕고 해안선의 드나듦이 복잡하며, 넓은 갯벌이 펼쳐있어 양식업을 하기에 좋다.
> 남해 어장은 일 년 내내 난류가 흐르고 깊이가 얕아 고기들이 번식하기에 좋으므로 고기의 종류도 많고 어느 철에나 고기가 잡힌다.

번을 반복해 읽고 또 읽으며 억지로 외우려 합니다. 하지만 내일도 외울 수 있냐고 물으면 대답을 못합니다. 이때 칠판을 이용해 직접 마인드맵을 그리며 효과를 느끼게 해줍니다.

① 핵심 단어인 '어장'을 떠올리는 중심 이미지를 그린다.
- '물고기'와 '장화'로 어장을 연상시켜봤습니다. 엉뚱하여 더 오래 기억에 남습니다.

 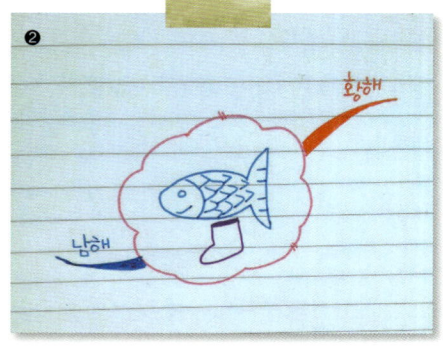

② 주가지인 '남해'와 '황해'를 그린다.
- 황해는 '붉은색'으로, 남해는 '파란색'으로 주가지와 단어를 쓰면 더욱 기억이 잘 되도록 할 수 있습니다.
③ '황해' 주가지에 '부가지'를 그린다.
- '바닷물의 깊이가 얕고'는 첫 부가지에 물에 살짝 담근 발모양으로 그립니다. '해안선의 드나듦이 복잡하고'는 분필로 해안선을 그리고 복잡하게 낙서를 합니다. '넓은 갯벌이 펼쳐져 있어서'는 넓은 갯벌을 그리고 점을 찍어 모래를 표현하며 불가사리, 조개 등도 살짝 그려놓습니다. '양식업을 하기에 좋다'는 저 같은 경우는 井그림 안쪽에 물고기를 그려서 '가두리 양식'하는 모습을 그림으로 그려놓곤 합니다.

④ 남해 주가지에 '부가지'를 그린다.

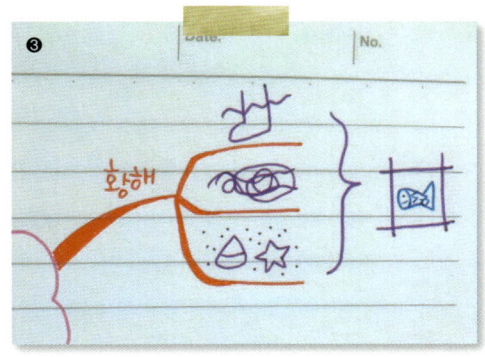
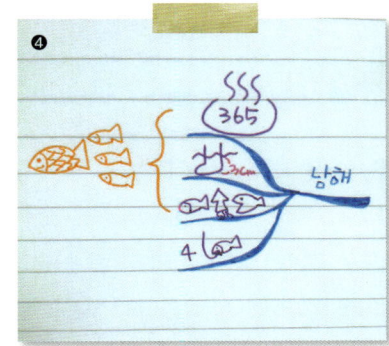

'일 년 내내 난류가 흐르고'는 온천 표시 안에 '365'라고 써서 표현하겠습니다. '깊이가 얕아'는 '황해' 주가지에 표현했듯이 발이 살짝 담겨진 물로 그리거나 물의 높이를 3cm 정도로 표시해도 좋겠습니다. '고기들이 번식하기에 좋으므로'는 물고기 한 마리 뒤에 세 마리의 작은 물고기를 그려 넣어 새끼를 낳은 모습으로 표현하고, '고기의 종류가 많고'는 다양한 물고기, 문어 등을 그려 나타내고, '어느 철에나 고기가 잘 잡힌다'는 4계절을 그리고 낚싯바늘을 문 물고기를 그렸습니다.

아이들에게 이렇게 설명해주고 난 후에는 문장을 가리고, 마인드맵만 보며 문장을 떠올리도록 했습니다. 잠시 후에는 '문장'도 '마인드맵'도 지워버리고, 어떤 내용을 공부했는지 머릿속에 떠올리며 이야기하도록 했습니다.

아이들이 함께 큰 목소리로 외치며 기억하는 모습이 무척 흐뭇했습니다. 이 실험은 그 다음날에도 계속됩니다. 다 잊어버렸을 듯 한 시간, 갑자기 어제 본 문장을 지금도 기억하는지 실험해 봅니다. 많은 아이들이 아직까지 두뇌에 남아있는 마인드맵의 놀라운 효과에 감탄하며 더욱 마인드맵을 좋아하게 될 것입니다.

한 걸음 더, 생각 더하기

PMI 마인드맵으로 진화하는 마인드맵

학생들의 창의성을 이끌어내는 데 많이 활용되는 'PMI기법'을 마인드맵으로 활용하면 더욱 많은 문제해결을 이끌 수 있습니다. PMI기법은 창의력 전문가 에드워드 드 보노De Bono 교수가 고안한 기법으로 제안된 아이디어의 장점Plus, 단점Minus, 그리고 흥미로운 점Interesting을 따져 본 후 그 아이디어를 평가하는 아주 간단하면서도 매우 효과적인 기법입니다. 여기에서 주의할 점은 아이디어를 산출할 때, P, M, I를 철저히 분리해서 생각을 해야 한다는 것입니다. 이 기법은 동시에 여러 가지 요인들이 혼합되어 작용하는 사고의 상황에서 하나하나씩의 단계를 거쳐 보다 냉철한 판단 아래 사고를 전개시킬 수 있는 이점을 가지고 있습니다.

[예] 집에서 금붕어를 기르는 문제

1. P Plus : 예쁜 물고기를 감상할 수 있다. 실내가 더 아름다워진다. 생물을 사랑하는 마음이 생긴다.
2. M minus : 관리에 힘이 든다. 관리를 잘못하면 냄새가 난다. 먹이, 전기 등 비용이 든다.
3. I interest : 물고기의 먹이에 대한 관심이 생긴다. 가족들 사이에 금붕어 관리에 관한 역할 분담이 생긴다. 물고기를 가족처럼 대하는 마음이 생긴다.

PMI뿐만 아니라 드니 르보가 개발한 '육색 모자' 역시 이렇게 마인드맵으로 표현하면 더욱 창의적인 아이디어가 나옵니다. 단순 내용 마인드맵에서 벗어나 아이들의 생각을 요하게 됨으로 사고력 향상에 도움이 됩니다. 또한 흥미로운 점에서는 아이들의 상상력을 동원해 맵핑을 하여도 된다는 점입니다.

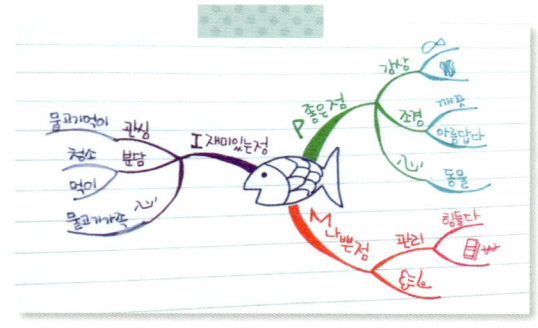

15장 우리가 피해야 할 마인드맵의 함정들

마인드맵 공책을 작성할 때에 흔히 저지르기 쉬운 함정에는 어떤 것들이 있을까요? 이런 함정을 미리 준비하고 대비한다면, 더 올바른 마인드맵의 방향을 따라 만들 수 있으리라 생각합니다.

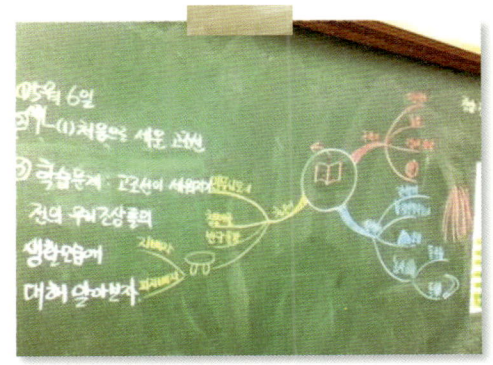

1. 교사도 하지 않는 마인드맵을 아이들만 해야 하는가?

마인드맵 공책을 아이들에게 교육할 때 가장 빠지기 쉬운 함정은 '본인은 마인드맵을 하지 않으면서 아이들에게 시키는 문제'일 것입니다. 아이들은 가르침을 말로 배우는 게 아니라 몸으로 배웁니다. 선생님이 평소에 자주 마인드맵을 활용하는 모습을 보면, 아이들은 자연스럽게 '마인드맵이 정말 유용하게 사용되는구나'라고 생각하고 좀 더 적극적으로 마인드맵을 사용하게 될 것입니다.

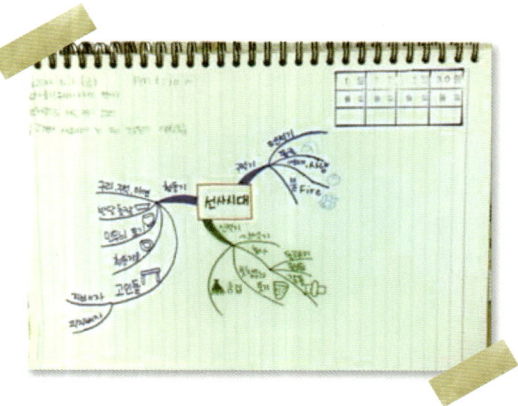

마인드맵은 꼭 공책 필기를 위해서만 만들어진 것이 아닙니다. 연설을 하거나 프레젠테이션을 준비하기 위한 목적으로 이용할 수 있을 뿐 아니라 기억을 도와주고 학습 효과를 배가시킬 수도 있습니다. 회사에서 회의 정리를 하거나 기획, 아이디어 도출을 위해서 활용하는 것도 가능합니다. 실제 보잉 항공사, 3M, 휴렛팩커드 및 한국의 주요 대기업에서는 마인드맵 교육을 사내 직원 교육으로 실시하고 있습니다. 저도 이렇게 원격연수나 책을 집필하기 전에 강의를 준비하고 새로운 강의 기획, 교육 프로그램 개발을 할 때 마인드맵을 활용합니다. 마인드맵을 이용하면 무엇보다 정리가 잘 될 뿐 아니라 전체적인 강의 구성을 일목요연하게 확인할 수 있어 편리합니다. 또한 아이디어를 체계적으로 정리하거나 독후감을 정리할 때에도 활용합니다.

4월 과학 독후감 쓰기 대회를 하던 날, 아이들은 무얼 어떻게 쓸지 모르겠다고 한숨을 쉬었습니다. 이때도 저는 생각수첩을 꺼내 적어도 10분 동안은 어떻게 과학 독후감을 쓸 지 마인드맵으로 작성하게 한 후에, 선생님과 대화를 나눈 아이들만 독후감을 쓰도록 지도했습니다.

그러자 글의 순서마저도 뒤죽박죽 갈피를 잡지 못하던 글에 구조가 보이고, 체계가 조금은 더 잘 잡힌 글들이 나왔습니다. 저는 곧바로 쓰기보다 좀 더 생각을 정리할 수 있도록 도운 마인드맵의 힘이라고 믿습니다.

교실 아이들의 발표를 마인드맵으로 정리할 수도 있고, 오늘 공부할 내용의 활동을 마인드맵으로 제시할 수도 있습니다. 수업의 다양한 상황에서 선생님이 마인드맵을 자연스럽게 활용하시는 모습을 보는 것만으로도 아이들은 충분히 동기유발될 것입니다.

2. 마인드맵은 보기 좋고 예쁘게 그려야 하는가?

공책을 필기할 때도 온갖 현란한 색연필과 색사인펜으로 꾸며 하나의 작품을 만들 듯 많은 시간과 공을 들이는 학생들이 있습니다. '보기 좋은 떡이 먹기도 좋다'는 옛말이 있지만, 마인드맵에서만큼은 조금 다릅니다. 예쁘게 그려진 마인드맵은 보는 눈을 즐겁게 할지는 모르지만, 기억해낼 수 있는 정보가 과연 얼마나 될까요? 예쁘게만 꾸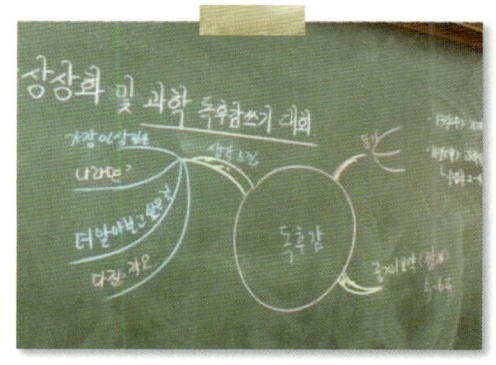
미려 노력한 마인드맵 공책은 명료화 기법은 들어가 있지만, 강조와 연상결합이 결여되어 있는 경우가 많습니다. 마인드맵을 그릴 때는 예쁘게 그리기보다 어떻게 구조화하여 가지를 그려나갈지에 더 많은 시간을 들여야 합니다.

3. 단어보다 짧은 문장으로 쓰는 것이 나을까?

사실 마인드맵을 그리며 핵심 단어를 꺼내 표현하는 것은 쉽지 않은 일입니다. 그러다보니 단어를 뽑기 귀찮아 간단한 문장이나 구로 표현하는 아이들이 많습니다. 핵심단어나 연관된 단어를 쓸 때는 반드시 요약된 '단어'를 적어야 합니다. 적기 쉽고 보기 쉽게 표현하는 것이 목적인 마인드맵의 기본 원리에 비춰볼 때, 주된 내용에 별 필요가 없는 주어, 동사 등은 오히려 사고의 흐름을 방해하는 걸림돌이 될 수 있기 때문입니다. '어느 곳에 갔나?'라고 쓰기보다는 '목적지'라고 쓰는 것이 눈에 잘 띄고 의미가 머릿속에 쏙쏙 들어오는 건 당연한 일입니다.

일기를 쓰기 위해 마인드맵의 주가지에 '매우 불행한 오후'라고 썼다면, 별 큰 문제점을 발견하기 어려울 것입니다. 하지만 조금 더 깊이 생각해보면 여러 가지 문제가 드러납니다. 무엇보다 그

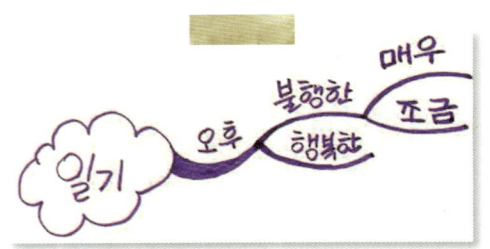

날 오후에 대한 다양한 생각들을 떠올리지 못하게 생각을 막습니다. 다른 해석의 가능성을 배제해 버리고, 한가지로만 생각을 고정시키게 되는 겁니다.

그날 오후에 '불행한' 까닭은 여러 가지 이유가 있을 것입니다. 시험을 못 봤을 수도 있고, 지각을 해서 선생님께 혼나서 일수도 있습니다. '오후'라는 주가지를 먼저 쓰면, 불행한 사건도 행복했던 사건도 함께 부가지로 떠오르게 됩니다. 세부가지에도 '매우' 불행한 사건도, '조금' 불행한 사건도 떠오를 테고, '행복한' 부가지 뒤에 '매우' 행복한 사건도, '조금' 행복한 사건들도 함께 연상 결합되어 떠오를 것입니다. 이처럼 마인드맵에서 가지에 하나의 단어를 사용하는 것은 자신의 내적·외적 환경을 좀 더 명료하고 현실적으로 바라볼 수 있게 해줍니다. 또한 균형을 잡아줌으로써 어떤 문제의 '다른 면'을 볼 수 있게 해줍니다. 이런 경우 단순히 '불행한 사건' 외에도 다양한 내용을 생각할 수 있도록 마음을 열어주어서 문제 해결과 창의적인 사고에 도움을 줍니다.

가지를 연결하다 어떤 부분을 문장 그 자체로 남겨두고 싶은 경우가 있을 것입니다. 그런 경우에는 상자 안에 넣어서 표현하면 좋습니다. '한 단어'라는 제한성을 완화시키는 방법입니다. 그러나 꼭 필요치 않으면 문장 활용은 피해야 합니다. 왜냐하면 혼란을 초래할 수 있기 때문입니다.

4. 실제로는 마인드맵이 아닌 마인드맵도 있다?

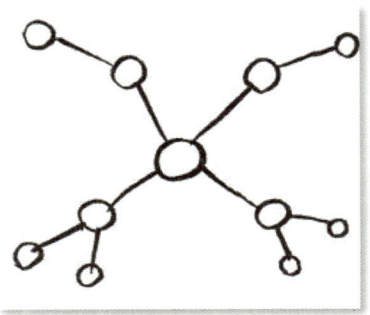

왼쪽 그림은 마인드맵이라고 부를 수 있을까요? 열심히 작성한 마인드맵인데, 단어나 이미지마다 동그라미로 감싼 마인드맵은 우리들의 생각을 갇히게 만듭니다. 또한 마인드맵이 진행되면서 점점 그 구조가 체계적이지 못하고 단조로워집니다.

물론 마인드맵 가지 주위를 외곽선으로 둘러싸는 것 자체가 나쁜 것만은 아닙니다. 마인드맵의 완성된 몇 개의 가지의 외곽을 둘러싸도록 경계선을 그어주면, 그 가지의 독특한 모양을 분명히 해줍니다. 이 독특한 모양은 가지 속에 들어있는 정보를 더욱 쉽게 기억할 수 있도록 도와줍니다.

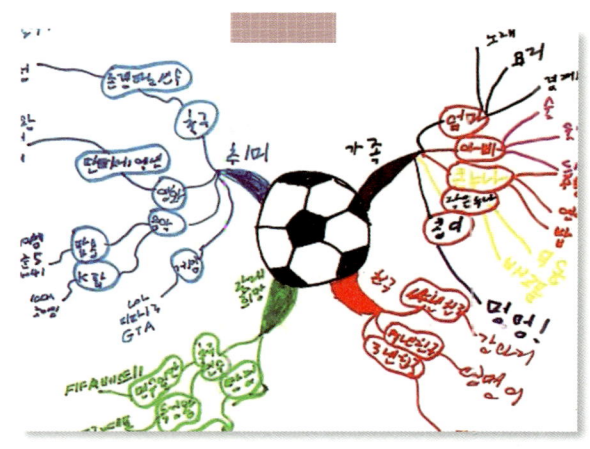

아래 그림은 아이들의 마인드맵에서 자주 발견되는 경우인데, 가지와 가지가 끊기는 경우입니다. 토니 부잔은 이런 마인드맵은 혼동, 단조로움, 혼란스런 생각을 초래하기 때문에 마인드맵이 아니라 클러스터링, 또는 스파이 다이아그램이라고 부릅니다.

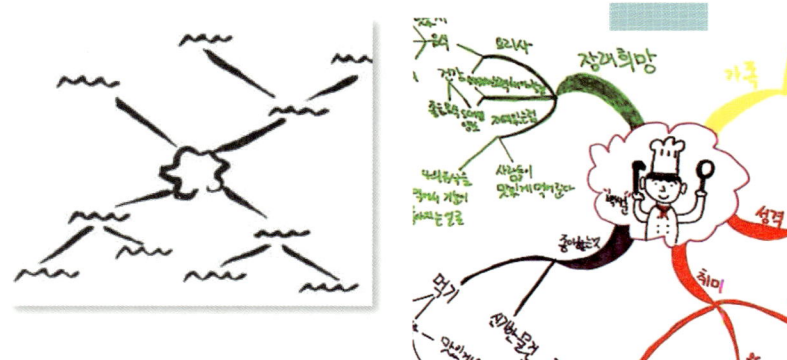

마인드맵 작성시 유의 사항

1. 가지에는 한 단어만 쓸까?

각각의 단어와 이미지는 수백만의 결합이 가능한 단어와 이미지를 생성시켜 줍니다.

그래서 한 단어가 갖는 창조의 자유로움보다 몇 단어나 문장을 통한 창조의 제한된 모습을 만든다면 마인드맵의 의미가 사라질 것입니다.

2. 가지마다 다른 색을 사용하는 까닭은?

첫째, 마인드맵 가지들을 명확하게 구별하기 위해서.

둘째, 각각 다른 가지에 나타나 있는 주제들을 구별하기 위해서.

셋째, 가지의 내용들을 쉽게 구별하기 위해서.

넷째, 연결 상태를 쉽게 알아볼 수 있도록.

다섯째, 다시 볼 때 기억하기 쉽도록 하기 위해서.

3. 마인드맵에서 같은 핵심 단어가 자주 사용되는 것은 어떨까?

좋은 현상입니다. 왜냐하면 같은 단어가 같은 가지에서 반복되어 나오지 않고 각기 다른 가지에서 나오는 한 각기 다른 고리나 연결을 의미하고 새로운 내용을 창조하기 때문입니다.

4. 가지를 뻗어 나가는 것(연결성)이 막혀 버렸을 때 어떻게 해야 할까?

우리의 뇌는 일반적으로 어떤 일을 완료하려는 것을 좋아합니다. 그래서 중지된 단어나 이미지에 선을 한두 개 더 그어 놓는 것이 좋습니다. 그러면 뇌는 이 선에 무엇인가를 채우려 하게 되어 있습니다. 각각의 단어나 이미지는 마인드맵의 중심이 될 수 있다는 것을 기억하시길 바랍니다.

5. 엉뚱한 생각이 날 때는 어떻게 해야 할까?

엉뚱한 생각이라는 것도 통찰력과 원초적이며 창조적인 생각들을 만듭니다. 마인드맵에 더 많은 생각들을 가지로 붙여 나가세요. 엉뚱한 생각은 자주 창의적이고 혁신적인 생각으로 연결되기도 합니다.

6. 주가지를 어떻게 고르면 좋을까?

마인드맵이란 어떤 책의 주제에 대한 일반적인 요점이라는 것을 기억해 보세요. 주가지의 단어나 이미지들은 항상 교과서라면 각 단원의 제목과 동일합니다. 가지의 핵심 단어들은 그것들에 내재하고 있는 생각들에 둘러싸여 있는 단어나 이미지들입니다. '제주도 여행'이라는 마인드맵을 예를 들어보면 누구와, 무엇을, 음식은, 잘 곳은, 언제 등이 주가지의 핵심 단어가 되는 것입니다.

7. 주가지는 어디서부터 그려야 할까?

생각의 시점이 있듯 주가지 중에서도 시작하는 첫 가지가 있을 것입니다. 이 가지의 시작은 자신만의 방식으로 결정하면 됩니다. 예를 들어 시계 방향으로 혹은 반시계 방향으로 작성해 나아갈 수도 있습니다. 가지가 너무 많을 경우에는 가지마다 숫자, 로마자 등을 사용하여 구별 할 수도 있습니다.

8. 가지별로 다른 색깔을 사용해도 될까?

가지별로 사용할 색상을 결정했다면 그 가지 위에 놓이는 단어나 그림도 가지의 색깔과 같은 색으로 그려 넣어야 합니다. 이러한 색은 우뇌 기능 중 색상 기능을 활용하여 집중력과 기억력 등을 높이기 위해 사용합니다. 한 가지에 다른 색상을 혼용할 때에는 시각의 혼란을 일으키고, 결국 구분하기 어렵게 됩니다. 단, 그림은 현실감을 위해 여러 색상을 사용하는 것도 좋습니다.

일상생활 중에는 여러 색상의 펜을 가지고 다니기 어려우므로, 단색 필기구로 모든 가지와 그 위에 놓인 단어나 그림을 작성하였다면 그 후에 단어나 그림의 테두리 색상을 달리하는 방법을 사용하거나 색연필을 이용해 가지를 구별해 주면 됩니다.

9. 핵심 단어에 해당하는 단어는 어떻게 고를까?

핵심 단어는 부사, 형용사, 동사, 명사 모두가 가능합니다. 핵심 단어를 표현할 때 주의할 것은 '한 단어만을 사용하는 것'인데, 그 이유는 ①자유롭게 다른 아이디어와 연결시킬 수 있고, ②기억하기 쉽기 때문입니다.

간혹 한 단어로 표현하기 어려우면 이미지로 함축하여 표현하거나 함축적 의미가 있는 다른 단어로 대체합니다.

10. 마인드맵을 작성시 왜 그림 이미지를 사용하는가?

그림 이미지는 단어보다 100배 이상의 기억 효과를 나타내고 있습니다. 그림은 내용을 함축시킬 수 있고, 그릴 때 집중력과 재미를 더해 줍니다.

11. 중심 이미지의 크기는 어느 정도면 좋은가?

A4용지의 경우, 가로를 5등분, 세로를 3등분하여 중앙의 한 조각 정도가 알맞습니다. 너무 크게 그려 주요 내용들을 용지에 담을 수 없게 되거나, 너무 작게 그려 기억하는 데 어려움을 피하기 위해서입니다.

12. 마인드맵은 왜 백지의 중앙에서부터 시작하는가?

두뇌 세포마다 중심에 핵이 놓여 있는 상태를 응용하여 중심에서 시작하는 것입니다. 또한 백지의 전 부분을 효율적으로 사용할 수 있기 때문이기도 합니다.

13. 왜 중심 이미지 쪽 가지는 굵고, 그 반대쪽은 가늘어지며 곡선을 유지해야만 하나?

우리의 몸에 붙어 있는 팔의 모양이나 큰 나무에 붙어 있는 가지의 모양을 연상하여 만든 것으로, 중요한 주제란 것을 보여주기 위한 그림입니다. 곡선을 쓰는 것은 두뇌의 오른쪽 기능인 리듬 감각을 활용하기 위해서 입니다.

14. 마인드맵의 끝은 언제 맺어야 하나?

어떤 의미에서는 결코 끝나지 않습니다. 왜냐하면, 모든 단어나 이미지는 다른 마인드맵의 중심이 될 수 있기 때문입니다. 그러므로 무제한이라 생각하면 됩니다.

마인드맵을 지도할 때의 유의사항

1. 먼저 시범을 보인다

마인드맵을 직접 칠판에 그리고, 아이들로 하여금 따라 그리도록 하는 것이 가장 빠르게 익히는 지도 방법입니다. 말로 그리는 법을 설명해도 잘 모르기 때문에, 처음에는 필기하듯 교사가 마인드맵을 그리고 그 후에 설명을 해 주면 쉽게 그리게 됩니다.

2. 그림을 그리기가 어렵다

교사가 그림 그리기가 자신 없는 것처럼 학생들도 똑같이 거부감을 갖고 있습니다. 그러나 신문이나 만화에 나온 상징물을 생각하라고 하면 적응이 빠르게 됩니다. 미술 시간에 하듯 법칙에 따라 그리는 것이 아니라고 설명하고, 몇 가지 연습을 해 봅니다. 더욱 발전하면 긴 문장도 한꺼번에 표현하는 학생도 나타나게 됩니다.

3. 그리는 시간을 넉넉히 주어야 한다

그리는 데 2시간 정도는 주어야 합니다. 학생들에게 숙제로 내주면 알찬 그림이 나오지 않습니다. 마인드맵은 사고를 적극적으로 하면 그림이 잘 나오고, 그렇게 하지 않으면 백지 그대로가 남습니다. 마인드맵은 보통 베껴 쓰는 필기하곤 다릅니다. 조용한 교실에서 핵심 단어를 꺼내는 고도의 지적 작업, 그리고 그 단어를 이미지로 표현하려는 작업은 결코 쉬운 일이 아닙니다. 마인드맵을 수업지도안으로 짤 때는 시간을 넉넉히 주어야 수업하는 데 지장이 없습니다.

4. 마인드맵도 작성하기 어렵다

토론할 내용을 생각해 내서 그림으로 그리는 것은 쉽지 않습니다. 교사나 학생이나, 정말로 그 단어에 대해 생각하고 또 생각하게 되지만 쉽게 바뀌지는 않습니다. 특히 단어의 뜻을 모르는 학생은 어려움이 큰데, 이럴 때는 잘하는 학생의 마인드맵을 좀 보게 하든가 교사가 힌트를 주면 차츰 의욕을 보이게 됩니다.

친구들과 협력하여 마인드맵 만들기

협동학습이란 '학습 효과를 최대로 증진시키기 위하여 학생들 서로가 함께 학습할 수 있도록 소그룹을 사용하는 수업 전략'이라고 볼 수 있을 것입니다. 학생들이 친구들과 협력하여 마인드맵을 작성하도록 하는 방법에는 어떤 방법이 있을까요?

1. 돌아가며 쓰기로 마인드맵 만들기

협동학습은 기법skill이 아니라 구조structure입니다. 협동학습 구조나 모형들을 잘 살펴보면 전혀 새로운 구조들이라기보다 기존 수업 방법(기법)을 협동학습 구조에서 활용한 것들이 많습니다. 예전의 수업 방법을 협동학습 구조에 적용하여 단점을 보완하고 장점을 극대화시켜 만든 구조들입니다. 협동학습의 장점 중의 하나가 기존 수업 방법을 협동학습 구조로 변형시킬 수 있고 새로운 협동학습 구조를 고안해 나갈 수 있다는 것입니다. 기존 수업 방법(기법)을 협동학습 구조를 만드는 방법은 다음과 같습니다.

[기존 수업 방법(기법)]
⇒ 협동학습 원리에 따라 구조화
⇒ 협동학습 구조

기존 수업 방법(기법)을 협동학습의 기본원리에 따라 구조화시키고 절차를 세분화하여 정리하여 활용하면 새로운 협동학습 구조로 태어나는 것입니다. 협동학습의 기본원리란 '긍정적인 상호의존', '개인적인 책임', '동등한 참여', '동시다발적인 상호작용'을 의미합니다. 이러한 기본 원리를 살릴 수 있도록 방식을 조금 변형하면 됩니다.

이제 마인드맵을 협동학습 구조로 활용한다고 생각해 봅시다.

① 각자가 교과서 본문을 가지고 마인드맵으로 정리한다.
② 정리가 끝나면, 작성한 마인드맵 공책을 모둠 안에서 시계 방향으로 돌린다.
③ 학생들이 다른 친구의 공책을 받게 되면 부족한 부분을 보완하여 그려준다.
④ 1분 후 시계 방향으로 공책을 돌려 같은 방식으로 돌아가며 보완한다.

이는 마인드맵을 「돌아가며 쓰기」 구조로 활용한 것인데 이러한 방법을 활용하면 개인적으로 교과서 내용을 마인드맵으로 정리하는 것보다 훨씬 좋은 학습 효과를 거둘 수 있습니다.

2. 협동적 마인드맵 작성하기

그 차시에 학습한 내용 중에 가장 중요한 부분을 3~4개 정도의 주가지로 미리 학습지에 그려 제시합니다. 수준이 다른 네 영역을 보고, 모둠의 학생들은 수준에 맞는 주가지를 각기 하나씩 정해 자신이 정한 색깔로 그려가게 합니다. 빠진 부분이 있으면, 돌아가며 쓰기를 하면서 보충하게 합니다. 혼자 공부한 내용을 모두 마인드맵으로 그리는 것은 어려운 일이지만, 수준에 맞추어 함께 협동함으로써 성취감과 더불어 모둠에서 친구들의 도움이 필요한 3번과 4번에게도 '나도 모둠에 도움이 될 수 있다'는 자신감을 줄 수 있어서 더욱 좋습니다. 학습능력이 부족한 학생들에게 최고의 동기유발 요인은 '교사의 인정'보다 '모둠 아이들의 지지'라고 합니다. 친구들의 인정을 받아보지

못했던 학생들이 자기 역할을 모둠 안에서 찾게 돕는 좋은 역할까지 마인드맵이 하게 될 것입니다.

3. 메가 마인드맵 함께 작성하기

마인드맵은 아주 작은 부분을 다룬 미니 마인드맵에서 책 한 권을 모두 다룬 메가 마인드맵까지 여러 가지 기준으로 그려볼 수 있습니다. 원래 메가 마인드맵은 책 한권을 통째로 마인드맵에 담아 표현하는 방법인데, 교사는 한 단원이 끝나면 사회나 과학처럼 조각이 여러 개인 단원을 한꺼번에 모아 보여주면서 학생들의 학습 연계를 도울 수 있습니다.

평소에도 독후감을 '메가 마인드맵'으로 작성하도록 훈련하면 아이들이 좀 더 쉽게 접근할 수 있습니다. 아이들이 책을 읽고 마인드맵으로 정리를 하니 효과가 큽니다.

메가 마인드맵을 작성하는 방법은 다음과 같습니다.

① 먼저 좋아하는 책을 여러 번 읽는다.

② 중요한 부분은 밑줄도 치고 표시를 한다.

③ 마인드맵으로 중심이미지를 그리고, 전지 크기(메가)에 주가지의 줄기를 잡을 때에는 각 책 앞부분에 있는 장 구분을 따르면 조금 그리기가 쉬워진다.

어려운 용어가 많을 때에는 굳이 일일이 이미지로 바꾸지 않아도 좋다고 이야기해줘야 합니다. 다만 한 권의 내용을 다 담으려고 욕심을 부리다 보면, 오히려 부담이 되고 핵심이 흐려질 수 있습니다. 작성한 후에 부연 설명은 연필로 표시해도 좋습니다.

　동화책으로 메가 마인드맵을 작성할 때에는 인물, 사건, 배경, 느낀 점으로 가지를 나누면 좋습니다. 메가 마인드맵은 전지에 책 한권을 마인드맵으로 표현할 때에도 효과가 크지만, 시험을 앞두고 공부한 내용을 한 장에 정리할 때도, 협력하여 단원의 내용을 모둠 아이들과 함께 한 장에 정리할 때도 좋습니다. 대단원의 학습을 모두 마친 후에 적용하면 좋습니다.

　메가 마인드맵 작성을 마친 후에는 칠판에 게시하고, 모둠별로 스티커를 주어서 간단히 '보상 없는 평가'를 하면 좋습니다. 저는 10개 정도의 스티커를 개인별로 나누어 주고, 한 모둠에게 3개 이상의 스티커는 주지 않도록 하고 마인드맵을 평가하도록 했습니다. 이때 예쁘게 그린 마인드맵이 아니라 구조화가 잘되어 한눈에 내용이 쏙 들어오는 마인드맵을 뽑아달라고 사전지도를 해야 합니다.

한 걸음 더, 생각 더하기

연상결합 활동을 놀이로 익히기

백지에 곧바로 마인드맵을 하기 전에 간단히 워밍업을 겸해서 할 수 있는 재미있는 연상결합 활동이 두 가지 있습니다.

· 연상게임
각 줄의 가장 앞에 있는 학생들만 불러 미리 준비한 카드를 보여줍니다. 카드에 '책상'이라고 적혀 있다면, 학생들은 '책상'에서 연상되는 단어를 하나만 뒷줄에 있는 학생에게 이야기합니다. 예를 들어 '의자'라고 말했다면, 뒤에 있는 학생은 '의자'에서 연상되는 단어를 다시 릴레이로 그 다음 학생에게 말해야 합니다. 이 게임의 묘미는 '첫 번째 단어와 마지막 단어가 서로 연관이 있는 단어인가?' 하는 점입니다. 특히 거꾸로 어떻게 연상해서 이런 단어가 나왔는지 결과가 나온 후에 역추적을 해보면 더욱 재미있는 상황이 많이 벌어집니다.

· 인간 마인드맵 활동
이 활동은 인디스쿨에 계신 한 선생님으로부터 배웠습니다. 우선 아이들을 분단별로 앉힙니다. 각 줄별로 교사가 '낮'이라고 이야기하면, '낮'이라는 단어에서부터 마인드맵을 시작합니다. 예를 들면 '낮-운동장-축구-점심시간-급식…' 이런 식으로 진행됩니다. 그런데 조건이 있습니다. 5초 안에 다음 사람이 '단어'를 이야기하지 못하거나 앞에서 나온 단어가 반복되어 나오면 마인드맵이 끊기는 것입니다. 대신 이렇게 하면 맨 뒤에 있는 아이가 못할 수 있어 다음 시간에는 뒤에서부터 한 번 더 하도록 지도합니다.

성적을 올리는 필기 습관

공부가 되는 오답공책 활용하기!

　EBS 다큐프라임 《학교란 무엇인가》 6부 〈0.1%의 비밀〉 편에는 2010년 6월, 전국 57만 명의 고등학생 1학년들이 치룬 모의고사에서 전국 1등을 차지한 단대부속고등학교 1학년 안현규 학생이 나옵니다. 중학교 1학년 때 수학 점수가 65.75점이어서 양을 받았던 그가 고등학교 1학년 때는 전국 1등! 안현규 학생이 밝힌 공부 비법은 무엇일까요?

　그것은 바로 '오답공책'이었습니다.

　틀린 문제를 표시해두고, 한 번 더 풀어 봅니다. 맞은 문제는 다시 풀 필요가 없습니다. 이에 대하여 통계를 내보니, 처음 풀었을 때 맞은 문제를 두 번째 풀었을 때 틀릴 확률은 10% 미만이라고 합니다. 찍어서 맞은 문제를 포함해도 그렇다고 합니다. 그런데 틀린 오답을 다시 풀었을 때 또 틀릴 확률은 70% 정도 됩니다. 따라서 다시 풀 때 틀린 문제만 풀고, 그런데도 또 틀렸다면 또 표시를 하고, 네 번째 풀 때에는 세 번째 틀린 문제들만 풀면 되는 것이 오답공책입니다.

　EBS 다큐 《공부의 왕도》 21회에서 고등학교 3학년 학생 120명을 대상으로 조사한 오답공책 활용 실태 결과를 보면 약 79.2%의 학생들이 오답공책의 필요성을 느끼고 사용하고 있었습니다. 오답공책을 사용하지 않는 25명의 학생들 중에서도 오답공책이 효과가 있다고 대답한 학생은 15명, 효과가 없다고 대답한 학생은 10명이었습니다.

그러나 오답공책의 효과를 인정하는 이러한 결과들에도 불구하고 스스로 매겨보는 자신의 오답공책 활용 점수는 60점 이하가 무려 65%였습니다. 오답공책의 필요성은 알지만, 사용하지 않는 아이들에게 오답공책이 도움이 되도록 지도하려면 어떻게 해야 할까요?

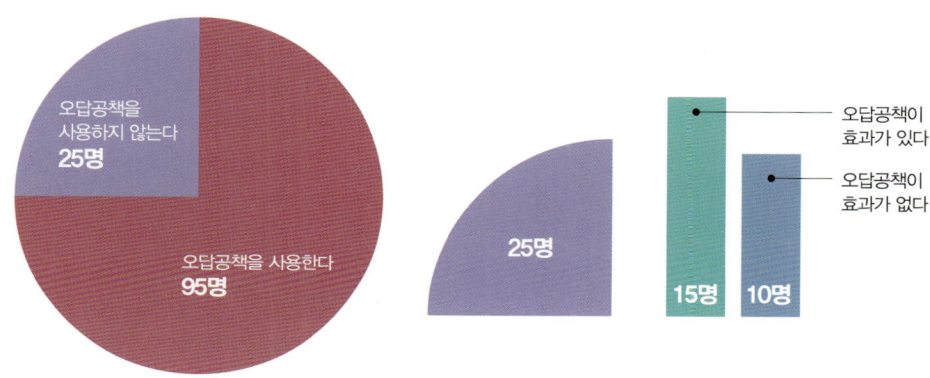

오답공책에 대한 오해와 진실

'문제를 풀면 반드시 오답공책을 작성해야 한다.'

알고는 있지만, 많은 중·고등학생들이 오답공책을 완성한 후 다시 들춰보지 않은 채 방치하다 결국 작성 자체를 포기합니다. "오답공책 만들기는 시간 낭비야. 그 시간에 문제집의 문제를 한 문제 더 푸는 게 나아"라며 스스로를 위로하기도 합니다. 하지만 한 번 틀린 문제는 고스란히 약점이 되어 다음 시험에서 또 틀린 문제를 틀리는 악순환에 빠지게 만듭니다. 우리는 애써 실수라고 자신을 위로하지만 '실수는 실력'입니다. 두 번 틀린 문제는 반드시 다시 틀리게 되어 있습니다. 실수를 했을 때 '다음에는 정신을 집중해 절대 실수하지 않을 거야'라고 결심만 하지 말고 구체적인 대안을 찾아 적용해야 합니다. 이제부터 오답공책에 대한 오해와 진실을 파헤쳐보겠습니다.

1. 오답공책의 목적은 틀린 문제를 다시 푸는 것이다 (×)

아닙니다. 많은 학생들이 틀린 문제를 쓰고, 해설을 정리하는 방법으로 오답공책을 만듭니다. 이런 방법은 틀린 문제의 풀이법만 외우고 끝날 가능성이 큽니다. 틀린 문제를 모으면서 5문제 혹은 10문제 단위로 일정하게 나눠 문제 유형과 원인을 분석해야 합니다. 특정 단원의 개념이 약한 것인지, 비슷한 실수를 반복하지 않는지, 자주 틀리는 문제 유형이 있는지 등의 근본적인 고민이 필요합니다.

TVN 에서 방영한 《공부의 비법》 2탄에서 '삽자루' 우형철 강사는 "오답공책을 가위로 잘라버려라!"라고 통쾌하게 외칩니다. 그리고 오답공책을 만드는 것은 미친 짓이며 암기시키기 위해서 오답공책이라는 것이 있는 것이고, 그런 방법으로는 학생의 지적 능력이 향상되지 않는다고 지적합니다.

80% 정도는 공감합니다. 그의 말처럼 암기를 하기 위한 오답공책은 버려야 합니다. 그러나 오답공책을 작성하는 목적은 '암기'가 아니라 '실수를 제거'하고 '실력을 향상'시키기 위해서입니다. 그 점을 잊지 말아야 합니다.

2. 문제의 풀이방법은 내가 직접 써야 한다 (○)

맞습니다. 틀린 문제를 옮겨 적고, 문제집에 있는 해설을 베껴 쓴다고 해서 내 공부가 되지는 않습니다. 그건 마치 수학 문제를 손으로 풀지 않고, 눈으로만 보며 고개를 끄덕끄덕하는 것과 같습니다. 틀린 문제는 자신의 약점을 찾을 수 있는 기회입니다. 틀린 문제가 어느 단원에서 출제됐는지 확인하고 그 내용을 교과서의 개념을 통해 확인하며 직접 풀이 방법을 써봐야 합니다. 이 과정만 반복해도 자신의 약점을 빠르게 극복할 수 있습니다.

3. 오답공책은 반드시 복습한다 (○)

당연합니다. 오답공책을 만들고 다시 보지 않을 바에야 만들지 않는 편이 낫습니다.

매주 학습 계획을 세울 때 오답공책 보는 시간을 별도로 마련하는 것도 한 방법입니다. 특히 오답공책은 시험 전날에 가장 큰 도움이 됩니다. 그동안 몇 번의 복습을 통해 두 번 이상 틀렸던 문제들을 기호로 따로 표시해두었다면, 전날 마지막으로 풀어봐야 합니다.

4. 오답공책 작성은 모두에게 효과가 있다 (×)

오답공책을 만들기 전에 먼저 알아두어야 할 것은 자주 틀리는 문제를 파악할 수 있을 정도로 개념 공부가 충분히 진행된 이후에야 오답공책을 만들어야 한다는 사실입니다. 개념 공부가 충분히 이루어지지 않으면 공부하다가 놓친 부분을 당연히 틀리게 되지만, 순간적인 판단 실수로 틀리게 될 확률도 높아집니다. 그러니 너무 기초가 떨어지는 학생은 오답공책을 서둘러 만들어야 한다고 불안해하지 말고, 교과서의 기본 개념을 충분히 쌓을 때까지 참고 기다려야 합니다.

5. 자주 틀리는 문제는 모두 오답공책에 옮겨 적는다 (×)

시험을 보며 문제를 푸는 이유는 '내가 모르는 것이 무엇인지 자신의 약점을 발견하기 위해서'라고 생각합니다. 따라서 맞은 문제는 내가 이미 알고 있는 것을 확인한 것에 불과하므로 실력 향상에 도움이 되지 못합니다. 시험의 본질은 자신이 부족한 부분을 알기 위한 것이지 친구들과 비교해 평가하는 것은 아닙니다. 자신의 성적을 올려줄 '진짜 알짜배기'는 자신이 틀린 문제에 다 담겨있는 것입니다.

틀린 문제 중에서도 어떤 문제가 '내 실력을 올려줄 수 있는지' 주의 깊게 봐야 합니다.

(1) 자신 있게 풀었는데 틀린 문제

완전히 문제를 잘못 이해하고 있거나 생각하지 못한 원리가 숨어있는 경우일 수 있습니다.

(2) 시험볼 때마다 헷갈리는 문제

시험볼 때마다 약점이 되어 발목을 잡는 문제가 있습니다. 정답을 맞힌 문제라 하더라도 정말 제대로 알고 있는 문제인지 스스로에게 물어보도록 합니다.

많은 학생들이 '맞힌 것'과 '아는 것'을 종종 착각합니다. 만약 모르는 문제인데도 찍어서 운 좋게 맞혔다면 이 학생은 이 문제를 오답공책에 정리해야 합니다. 또한 실수로 답을 잘못 적은 문제였는데 운 좋게 정답이었다 하더라도 확실히 아는 문제가 아니므로 이 역시 오답공책의 정리 대상이 되어야 합니다. 그리고 자신이 문제의 출제의도를 알고 풀었는지, 문제를 풀 때 필요한 개념이 무엇인지 정확하게 알고 있었는지, 출제자의 의도에 맞게 풀이과정을 거쳤는지를 생각해 보고 이 세 가지 중 하나라도 충족시키지 못했다면 과감히 틀린 문제로 봐야 합니다.

이런 문제를 제외하고 너무 쉽거나 너무 어려워 자신감을 잃게 하는 문제는 일단 보류하고 실력을 쌓은 후에 도전하는 것이 좋습니다.

오답공책 작성 원칙

1. 자주 틀리는 문제는 5개 이내로 옮긴다

단원평가나 시험을 본 후에 습관적으로 틀린 문제를 모두 오답공책에 옮기도록 숙제를 내주는 경우가 있습니다. 하지만 오답공책은 원래 상위권 학생들에게 더욱 효과가 크다는 통계가 있습니다. 왜냐하면 공부를 못하는 학생들 입장에서는 너무 많이 틀리기 때문에 선생님께 검사를 받기 위해 친구들의 오답공책을 그대로 베껴 검사받는 경우가 허다합니다. 아예 아무 것도 안 하고 혼나고 보자는 아이들도 적지 않습니다.

공부를 못하는 학생들에게도 오답공책이 도움이 되려면 개념을 몰라 못 푼 문제, 자주 실수하는 문제, 찍어서 맞힌 문제 등을 정리하도록 합니다. 너무 많이 틀렸다면 '다시 풀면 풀 수 있는 문제 3~5개'만 옮기도록 합니다. 이래야 공부를 못하는 학생들도 조금씩 약점을 메울 수 있습니다.

2. 문제와 답이 함께 보이게 작성하지 않는다

오답공책에 틀린 문제를 옮겨 적을 때 가장 중요한 점은 '문제와 함께 답이 보이지 않게 해야' 한다는 사실입니다. 저희 반에서는 공책을 반으로 접어 왼쪽 절반에는 틀린 문제를 옮기고, 오른쪽 절반에는 풀이 과정과 정답을 적습니다. 가능한한 자신의 방법으로 풀이 방법을 쓰고, 기타 자료에서 찾은 설명도 옮겨 적습니다.

다시 문제를 풀 때에는 오답공책을 반으로 접어 풀이 과정은 보지 않고, 무제공책에 풀어보게 합니다. 또 다른 방법으로는 공책 한 면에는 문제만 옮겨 적고, 다음 뒷면에는 문제의 정답과 해설, 문제를 틀린 이유 등을 적도록 하는 것입니다. 이렇게 하면 저절로 곁눈이 가던 해설이 없기 때문에 문제에 집중하고 스스로 생각하며 풀게 됩니다.

3. 반드시 문제 아래에 틀린 이유를 적는다

틀린 문제에는 반드시 틀린 이유가 있습니다. 문제를 이해하지 못했거나(독해), 잘 모르는 문제거나(개념), 계산을 실수(연산)했을지도 모릅니다.

이유를 적으면 약점이 사라집니다. 문제 번호 아래에 '틀린 이유 : 계산할 때 실수해서'라고 직접 적어도 됩니다. 오답공책을 만들 때 대부분 '오답'이라는 말에만 집중해 오답만 적는데 '약점'도 반드시 적어야 합니다. 이 습관만 붙여도 오답공책은 검사 받기 위해 억지로 하는 공책이 아니라 자신에게 도움이 되는 공책이 될 것입니다.

오답공책과 관련하여 일본의 수업 전문가인 무코야마 요이치는 수학 교과서에서 잘 푼 것에는 사선(/)을 긋고, 풀지 못한 문제에는 체크 표시(V)를 하도록 했습니다. 그리고 체크 표시를 한 문제는 나중에 다시 풀어보게 했습니다. 이렇게 하면 아이들이 풀지 못했던 문제를 한번 더 풀게 됩니다. 그리고 다시 풀어봤을 때 풀 수 있으면 체크 표시

위에 사선(/)을 긋고, 또 틀렸다면 체크 표시를 하나 더 붙이는 걸로 마무리하도록 했습니다.

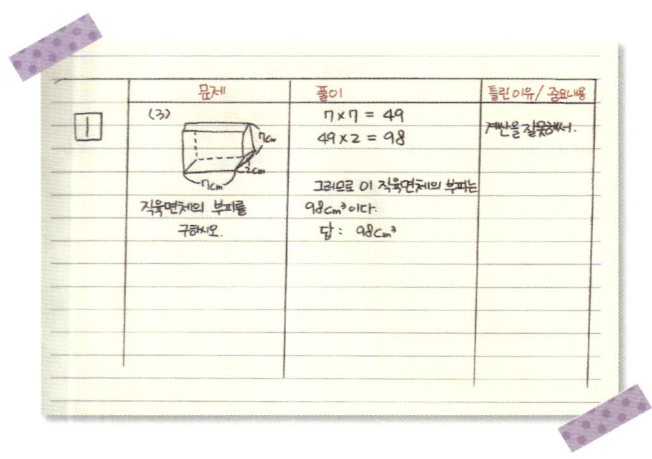

4. 작성한 오답공책은 111 복습 원칙에 따라 다시 풀어본다

작성한 오답공책을 그대로 모셔 두어서는 절대 성적은 오를 수 없습니다. 오답공책의 핵심은 '반복학습으로 나의 약점을 개선한다'이지 '틀린 문제만 따로 정리한다'가 아닙니다. 그러려면 오답공책은 적어도 세 번 이상 복습을 해야 합니다.

이 복습법은 오답공책을 정리한 후에 하루 뒤, 일주일 뒤, 한 달 뒤에 복습을 하라는 뜻에서 '111 복습'이라고 부릅니다. 단원평가를 본 날, 오답공책을 작성하고 이 날을 기준으로 다음날과 일주일 후의 날짜, 한 달 뒤의 날짜를 적어둡니다. 이왕이면 그 날짜를 휴대전화의 '알람'으로 설정하거나 달력에 표시해두면, 확실히 자기 것으로 만들 수 있습니다. 복습횟수는 하루 뒤, 일주일 뒤, 보름 뒤, 한 달 뒤의 4단계로 복습해도 괜찮습니다. 《해마》의 저

자인 뇌과학 전문가 이케가야 유지는 두 달 정도의 시간을 가지고 복습을 해야 충분하게 장기기억으로 이끌 수 있다고 했습니다. 제가 이걸 시행했을 때 매주 한 번은 다시 보겠다는 각오로 날짜를 정하고 바를 정 자로 正 횟수를 하나씩 채워나가는 학생도 보았습니다.

5. 오답공책은 시험 본 날에 작성한다

단원평가 시험을 볼 때 모르는 문제가 나오면, 온갖 생각이 떠오릅니다. 그런 상황에서 답이 3번인지 4번인지 헷갈리는 문제들은 정말이지 사람의 피를 말립니다. 시험이 끝나자마자 그 답답함을 참지 못하고 얼른 책상 속 책을 찾아 답을 확인해 본 경험은 누구나 있을 것입니다.

맞췄을 때의 쾌감, 틀렸을 때의 아쉬움, 여기서부터 오답공책은 시작됩니다. 핀란드의 도서관은 시험 본 날 가장 많이 붐빈다는 말이 있습니다. 자신이 무엇 때문에 헷갈렸고, 무엇 때문에 틀렸는지에 대한 잔상이 남아있을 때 최대한 빨리 오답공책을 작성해야 자신의 약점을 정확하게 정리할 수 있습니다. 그러려면 당장 다시 마주하고 싶진 않지만, 시험지를 열어 내가 틀린 문제의 오답공책을 정리할 수 있어야 합니다.

6. 교과서의 단원 순으로 정리한다

먼저 지금까지 자신이 정리해 놓은 오답공책은 문제가 어떤 기준으로 정렬돼 있는지 확인해 봅시다. 문제집과 같은 순서거나 문제를 푼 날짜 순으로 정렬되어 있다면 그 오답공책은 잘못된 것으로 볼 수 있습니다. 실제 공부하는 순서와 맞지 않기 때문입니다.

교과 공부는 주로 학교 수업 등에 맞춰 교과서 단원별로 이뤄지므로 오답공책 역시 단원별로 분류해 적어주어야 합니다. 나중에 1단원을 다시 공부하면서 오답공책에서 해당 내용을 찾기 위해 오답공책을 뒤적이는 번거로움을 줄이려면 교과서 단원과 오답공책정리 순서를 맞추는 게 좋습니다.

7. 스프링형 노트보다는 바인더형 노트가 필요한 부분을 찾기에 편리하다

보통 상위권 학생의 경우 한 문제집에서 틀리는 문제가 10% 정도 됩니다. 그러나 그 이하 수준의 학생들은 20~40% 이상 틀리기 마련입니다. 틀리는 문제가 적은 학생들은 줄노트나 스프링노트에 오답을 정리해도 괜찮지만, 틀리는 문제가 많으면 주제별로 표시가 가능한 바인더형 노트를 추천합니다. 견출지로 단원 이름을 적어 표시해 두면 쉽게 찾아볼 수 있어 더욱 편리합니다.

오답공책 작성의 실제

수학 과목은 실제로 오답공책 작성을 지도하기 전에 따로 수학 공책을 활용하도록 지도해야 합니다. 그리고 계산을 적을 때에는 계산 과정이 깔끔하게 드러나도록 지도합니다. 무제공책에 본인만 알아보는 숫자로 대충 쓰다가는 어느 부분에서 자신이 정확히 개념을 알고 있지 못한 건지 복기하기가 어렵기 때문입니다.

아이들은 문제를 풀 때에 공책에 문제 번호를 적는 것을 종종 잊어버립니다. 계산 문

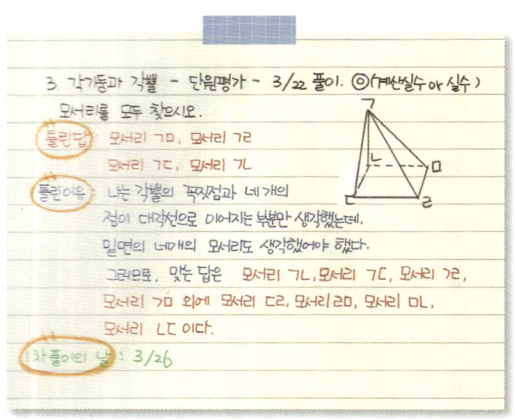

제에 번호를 하나 매기는 것만으로도 공책은 구조화되어 한눈에 알아볼 수 있게 됩니다. 번호를 매기다 보면 알아보기 쉽게 써야겠다는 생각이 저절로 들어서 한 칸을 띄우거나 여백을 한 줄 두어 구조적으로 쓸 수 있게 됩니다.

오답공책을 작성할 때에 답이 틀렸을 경우, 그 원인에 따라 각각 문제 번호 옆에 다른 기호로 표기합니다. ⊘ 같은 경우는 실수로 틀린 경

우에는 ★, 식을 잘못 세운 경우에는 ◎, 잘 이해가 가지 않는 문제는 ? 등으로 표시하여 놓습니다. 색으로 구분하도록 하면 더욱 이해하기 쉽습니다.

오답의 원인에 대해서는 수학 교과서에 간단히 메모합니다. 자주 틀리는 개념이 있다면, 그때마다 교과서의 [약속하기]에 대한 자신의 공부가 부족한 것은 아닌지 되돌아보고 교과서에 적어놓습니다. 수학 교과서의 한 쪽에서 틀린 문제가 많이 나오거나 중요도가 높다고 생각되는 경우에는 포스트잇을 활용하여 보충 설명을 달거나 색인표를 붙여서 항상 찾아볼 수 있도록 합니다. 옆 사진처럼 같은 쪽에 문제와 풀이를 기록하게 되는 경우에도 풀이를 포스트잇으로 가려두면 효과적입니다.

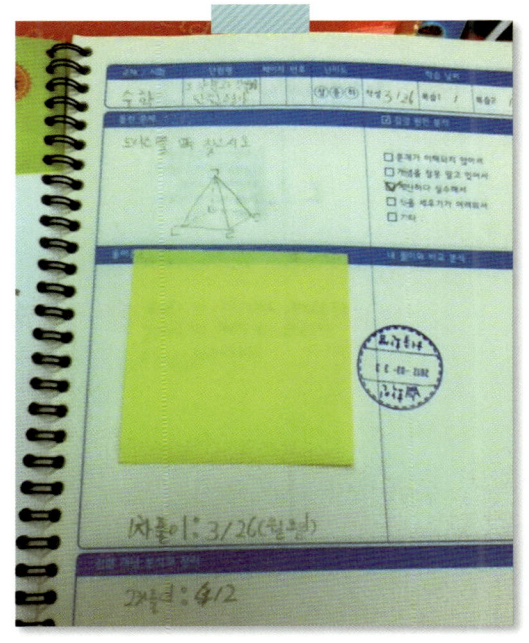

한 걸음 더, 생각 더하기

틀린 문제 '바로풀기 Bapul' 활용하기

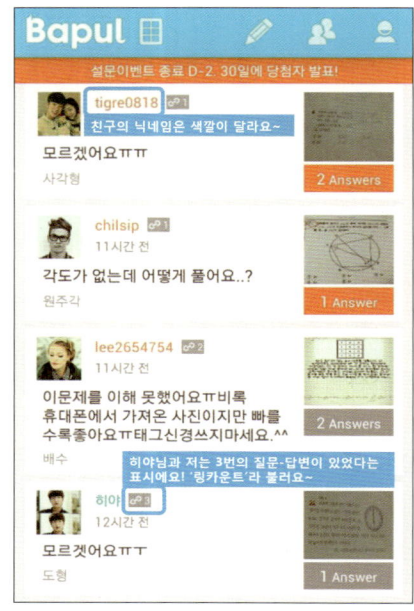

SNS를 활용하여 학생들이 틀린 시험지의 문제를 휴대전화로 촬영해 올리면 정답을 같은 학년의 사용자들이 서로 풀어주며 도와주는 어플 '바로가기 Bapul', 무료지만 알찬 서비스입니다. 회원가입할 때 간단한 아이디와 비밀번호, 그리고 해당 학년만 선택하면 바로 이용이 가능합니다. 당장 수업 시간에는 활용가치가 떨어지지만, 가정에서 스스로 공부하려 할 때 막히면 바로 도움을 청할 수 있기 때문에 도움이 됩니다. 조현구 전 선생님이 만드신 클래스팅 http://www.classting.com을 통해 묻고 답해도 좋습니다.

EBS 《공부의 왕도》 21회에서는 오답공책 대신 '학종이로 오답문항을 정리'하는 이소라 학생의 이야기가 나옵니다. 단원별로 분류한 학종이를 꺼내 재미있게 풀어보는 자기만의 방법이 감탄스러웠습니다.

오답공책도 자신에게 맞는 방법을 찾을 필요가 있습니다. 정답은 없습니다만 오답공책은 본인의 약점을 보완하기 위한 것으로, 한눈에 정리된 것을 보고 개념과 틀린 이유를 알아볼 수 있게끔 정리해야 합니다. 따라서 정성스레 꾸미기보다는 본인이 틀린 문제와 어설프게 아는 문제를 꼼꼼히 정리해 복습하는 데 실질적인 도움이 될 수 있도록 해야 하겠습니다.

17장

5단계로 지도하는 레벨업! 공책필기!

켈러의 'ARCS 동기 설계 이론' 중에서 '자신감Confidence' 전략을 키우기 위한 좋은 방법 중에 하나가 학생들에게 명확한 기준을 제시하는 '인증제'입니다. 컴퓨터 게임을 하듯 본인이 어느 레벨에 도착했는지 제시하고, 더 나은 레벨에 오를 수 있도록 끊임없이 칭찬하는 것입니다. 실제로 학생들의 공책을 오랫동안 지도하다 보니, 공책에도 레벨이 있다는 생각이 들었습니다. 그래서 그때부터는 학생들의 공책을 단계별로 나누어 5단계로 제시하고, 학생들이 자신의 공책필기 레벨을 올릴 수 있도록 격려하고 있습니다.

1. 1단계 공책

1단계 공책의 특징은 검은색 연필이나 볼펜으로만 필기가 되어 있고, 구조화가 되어 있지 않다는 것입니다. 대개의 경우, 아침에 학교에 와서 급하게 검사받기 위해 대충 복습공책을 작성하다보니, 글씨는 날아가고 내용도 교과서의 일부분을 아무 생각 없이 그대로 베끼는 경우가 많습니다. 물론 예쁘게 꾸민 공책이 잘 쓴 공책은 아닙니다만, 글씨를 알아볼 수 있을 정도로 단정하게 쓸 수 있도록 1단계 유형의 공책을 쓰는 학생들은 따로 지도해야 합니다.

글씨를 쓸 때는 '처음 한 줄을 최대한 예쁘게 쓰도록 하는 것'이 중요합니다. 처음 한 글자, 한 줄을 정성껏 쓰고 나면 그 다음 줄부터 갑자기 흘려서 쓰기가 꺼려지게 되어 있습니다. 그래서 공책을 쓰는 동안 내내 긴장하며 또박또박 쓰려고 노력하게 됩니다.

아울러 바른 자세는 예쁜 글씨의 기본 조건입니다. 필기구를 제대로 잡아야 손놀림이 자유롭고 힘이 많이 들어가지 않으며 글씨체도 부드러워집니다. 또 오른손이 필기구를 잡는다면 왼손은 항상 종이 위쪽에 두어야 몸 자세가 비뚤어지지 않습니다.

글씨 연습에 가장 좋은 필기구는 연필이나 가늘게 나오는 수성펜(0.5mm 이하)입니다. 샤프는 글씨를 정성껏 쓸 때 부러지기 쉬우므로 적당하지 않습니다.

글씨를 예쁘게 쓰지 않아도 흘려쓰지 않고 한 글자 한 글자 또박또박 쓰게 지도하려면, 와일더 펜필드 Wilder Penfield가 살아있는 사람의 뇌를 연구하여 만들어낸 '호문쿨루스 Homunculus'를 소개하는 것도 괜찮습니다. 호문쿨루스는 라틴어로 '작은 사람'을 뜻하며, 중세시대에는 '요정'을 뜻하는 단어였습니다. 이 모형은 바로 인간의 대뇌와 신체 각 부위 간의 연관성을 밝힌 지도를 알아낸 것이지요. 대뇌피질이 위치별로 받아들이는 신체감각이 다른데, 이를 연구하여 나타낸 지도가 '호문쿨루스'입니다. 각 신체부위를 담당(지배)하는 뇌 부위의 크기에 따라 그려낸 모형이

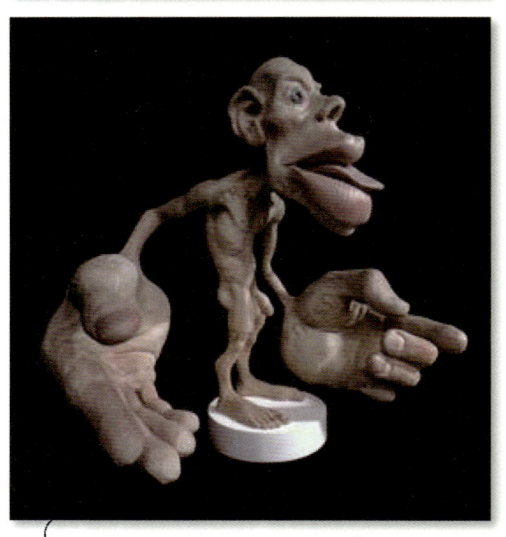

펜필드의 호문쿨루스(Homunculus)

기 때문에 원래의 인간 모습과는 굉장히 다릅니다.

이 그림을 소개하며 "뇌를 가장 많이 활용하는 부위별로 다시 만든 사람의 모습입니다. 가장 뇌를 많이 활용하는 곳이 어디인가요?"라고 물어 보세요. 모형을 보면 손 부위의 크기가 다른 부분에 비해 훨씬 더 크게 표현되어 있음을 알 수 있습니다. 이는 운동피질이 관여하는 부분 가운데 손이 큰 부분을 차지하고 있는 것을 나타냅니다. 역으로 본다면, 손에는 운동신경 정보와 감각신경 정보를 전달하는 신경세포가 다른 기관에 비해 더 분포되어 있다고 볼 수 있습니다. 저는 이 모형을 보여 주면서 다음과 같이 설명하곤 합니다.

"수업 시간에 정성을 다해 손으로 글씨를 쓰지 않으면, 여러분의 뇌가 '평평이'가 됩니다. 뇌의 주름이 펴지는 것은 그만큼 기억력이 쇠퇴한다는 의미입니다. 머리가 좋아지고 싶고 공부를 잘 해 뇌를 '쭈글이'로 만들고 싶다면 손을 많이 활용하세요. 두 번째로 큰 부분은 '입'입니다. 수업 시간에 듣기만 하지 않고 옆 친구와 더 많이 이야기하고, 선생님께 질문하고 협력하면 뇌는 더욱 '쭈글이'가 된답니다."

글씨 문제가 아니라 공부하는 습관이 되어 있지 않아 집에서는 놀고 학교에 와서 하는 아이들이 있습니다. 그런 아이들은 마음은 급하고 시간은 부족하니까 평소 글씨와 달리 바쁘게 흘려 쓰게 됩니다. 이런 아이들은 따로 구별하여 플래너에도 한 주의 목표를 '집에서 복습공책하기'라고 적게 하고 일주일 내내 습관이 되도록 도와줘야 합니다. 특히 집에서 할 때에는 저녁식사를 하고 7시~8시 정도에는 복습공책을 하는 시간을 따로 정해놓도록 지도하여야 합니다. 그래야 하루 중 매일 꾸준한 공부 시간을 확보하고, 좀 더 차분하게 공책을 구조화하여 정리하게 될 것입니다.

2. 2단계 공책

바쁘게 써서 부실한 1단계 공책과 비교하면 2단계 유형의 공책에서는 아이들이 단순한 펜을 넘어서 색펜까지 활용하기 시작합니다. 그러나 색펜을 활용하면 우뇌가 좋아

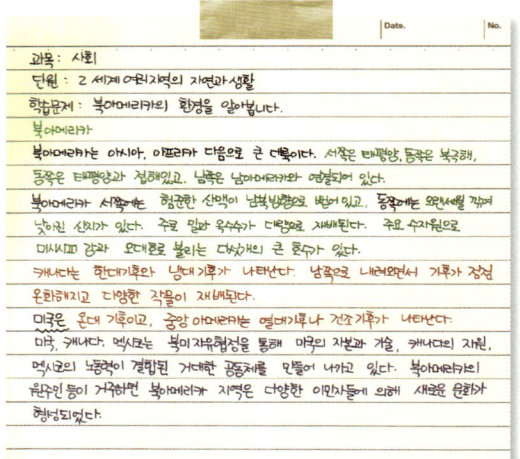

한다는 것을 알고 나름대로 열심히 색펜을 쓰는 것까지는 좋은데, 여전히 공책의 구조화는 멀기만 합니다. 교과서를 그대로 베끼는 수준을 벗어나지 못하기 때문입니다.

'색펜을 써야 좋다'는 선생님의 말씀을 실천하려니, 그냥 몇 줄은 파란색 펜으로, 몇 줄은 빨간색 펜으로 나누어 정리하고 제출합니다. 교사 입장에서는 '알록달록 예쁘게 색펜으로 쓰느라 애를 썼구나' 생각할 수 있겠지만 그렇지 않습니다. 2단계 공책 역시 실제로는 아무런 '공책의 구조화'가 이루어지지 않았습니다. '자기 생각'은 담겨있지 않고 공책의 아무 곳이나 베껴내는 데 좀 더 영악하게 색펜만 사용했을 뿐이라고 해도 과언이 아닙니다.

3. 3단계 공책

3단계까지 올라선 공책에서는 색펜의 사용에서 조금 더 구조화가 시작됩니다. 그저 문장을 색펜으로 쓰는 수준을 넘어서서 학생들이 스스로 생각하기에 좀 더 중요하다고 생각되는 핵심 단어나 핵심 문장에 색펜이 활용되기 시작합니다. 중요 표시가 달리기도 하고, 오늘 공부한 내용을 '요약'하는 글이나 '새로 알게 된 것', '더 알고 싶은 것' 등이 공책에 나타나기 시작합니다. 이 학생들은 오늘 공부한 내용 중에서 스스로의 사고를 통해 좀 더 중요하고 외워야 할 부분을 걸러내어 정리하는 '구조화된 필기'를 시작한 단계이므로, 더 많이 칭찬해주어야 합니다. 이런 학생들에게 특히 칭찬을 많이 해주면 공책정리 능력이 폭발적으로 성장하게 되어있습니다.

4. 4단계 공책

4단계에 이른 학생들의 공책은 이제 '구조화된 공책'의 전형적인 특징을 그대로 보여줍니다. 좀 더 내용을 구조화하여 우뇌가 좋아하는 도표나 그래프, 그림 등을 그리

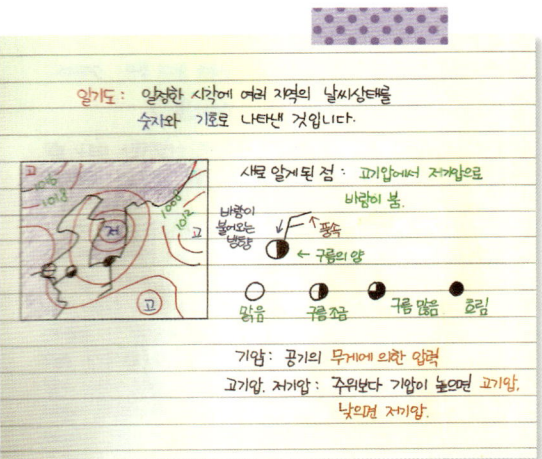

자기만의 기호나 약어를 사용하며 정리하는 아이들도 많이 발견됩니다.

과학과 '일기도'의 정의에 대해서 색펜을 사용해 기억을 돕고, 그림으로 내용의 이해를 도우며 정리한 공책, 시간이 지나도 그림과 색펜으로 강조한 핵심 단어들이 기억에 남게 되겠지요?

국어과 '축하하는 글의 짜임'을 아이가 스스로 구조화해 표 안에 정리하자면, 한번 머릿속에서 '자기만의 생각'이 이어남을 알 수 있습니다.

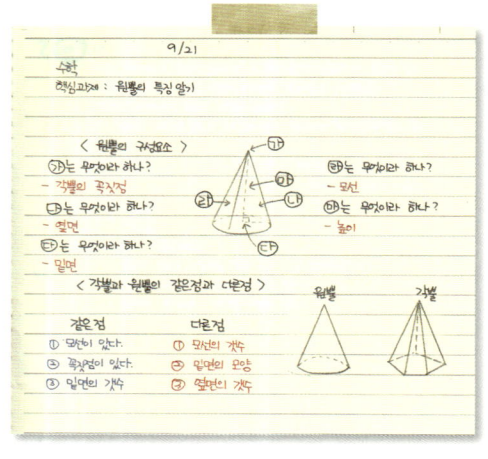

고, 색펜을 잘 활용하고 있습니다. 공책을 정리하는 걸 억지로가 아니라 즐겁게 하는 모습도 간혹 보게 됩니다. 특히 학생들을 지도할 때 '수학'이나 '과학' 과목의 경우에는 도형이나 실험 방법 등의 장면을 그림으로 그려 정리하면 훨씬 오랫동안 기억에 남을 수 있기에 그렇게 지도해야 합니다. 좌뇌에 비해 10배 이상의 기억용량을 가진 우뇌를 좌뇌와 함께 활용하면, 좌뇌만 활용하던 직선형 공책으로 공부할 때보다 연구에 의하면 기억 시간이 30배 가량 더 오래 기억한다고 합니다.

5. 5단계 공책

공책을 열심히 작성하고, 다시 반복하지 않으면 효과는 없습니다. 5단계 공책에 도착할 정도로 성실한 학생들에게 공통적으로 보이는 특징은 다시 복습을 할 때 도움이 되도록 공책을 작성한다는 점입니다. 눈으로 훑어보는 것이 '복습'이 아닙니다. '복습'은 내가 '아는 것'과 '모르는 것'을 구별할 수 있을 때 가능합니다.

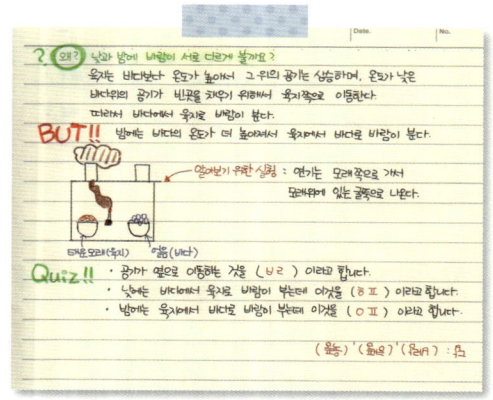

가르쳐주지 않아도 스스로 공책을 정리한 후에는 마지막에 가장 중요한 문제 3문제를 만들고, 아래쪽에 거꾸로 정답을 적어 놓던 예쁜 제자 수현이를 기억합니다. 수현이는 주말이면 자기가 만든 문제를 풀어보고, 그때가 되어도 기억하고 있으면 그대로 두고, 틀리면 따로 별표를 해두었지요.

왼쪽 아래 공책은 2012년에 가르친 제자 채영이가 어느 날부터 스스로 3단계 주말 복습 때마다 풀겠다고 만들고 있는 문제 중 하나입니다. 이렇게 노력하는데 성장하지 않을 수 있겠습니까?

6. 공책정리의 달인

하지만 제가 가장 강조하는 단계는 따로 있습니다. 5단계 공책에 이르면 공책만 봐도 누구 공책인지 자기만의 색깔이 분명하게 드러나며 매번 어떻게 하면 더 효율적으로 공책을 필기할 수 있을지 능동적으로 연구하는 자세가 보입니다. 5단계를 넘어서면 이제 공책정리는 더 이상 의무나 숙제가 아니고 즐기면서 할 수 있게 됩니다. 그 특징들을 정리해봤습니다.

(1) 자기만의 색깔이 담긴 필기를 한다

오른쪽은 2011년에 지도한 박두빈이란 제자의 공책입니다. 예쁘지는 않지만, 매번 코넬 공책으로 정리한 후에는 마인드맵으로 요약을 했고, 과학자가 꿈인 아이답게 매번 '오늘의 화학식'이라는 코너를 만들어 화학식을 누적 복습을 통해 매일 하나씩 외우고 있었습니다.

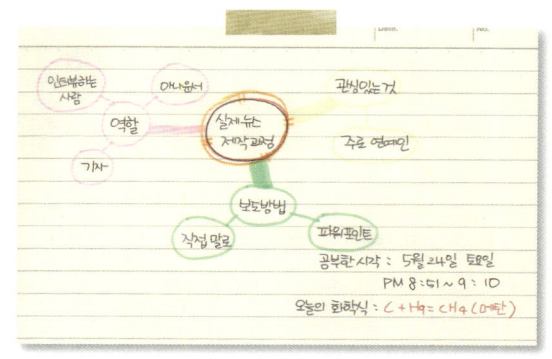

(2) 공책 캐릭터를 활용해 대화하듯 공책을 기록한다

공책을 정말 즐기면서 하는 학생들의 특징 중 하나가 작은 낙서형태의 그림을 그리는

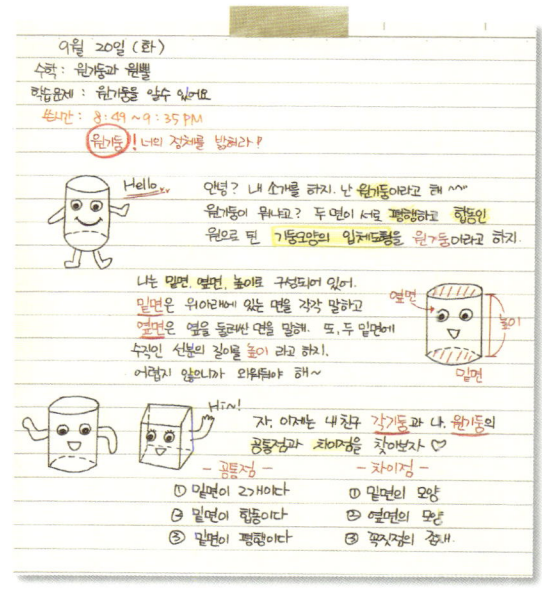

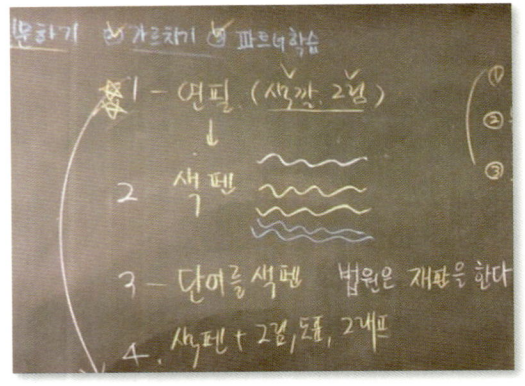

데, 그림과 대화를 하는 느낌이 들도록 낙서를 하며 공부한 내용을 정리하는 모습을 보입니다.

(3) 자기만의 공책정리 방법을 찾아 실험한다.

이제 아이들은 자기만의 공책정리 방법을 다양하게 실험합니다. 6학년인 바다는 미니홈피에 따로 '공부 특강'이라는 게시판을 만들고, 제가 수업 틈틈이 하는 이야기들을 정리해서 매일매일 올려 놓았습니다.

얼마 전에 아이들 앞에서 잔소리라면 잔소리일 수 있는 5단계 레벨업 공책필기에 대해 수업을 했습니다. 그런데 아이들 사이를 걷다 보니, 고은이가 책상 위에 무언가를 열심히 적

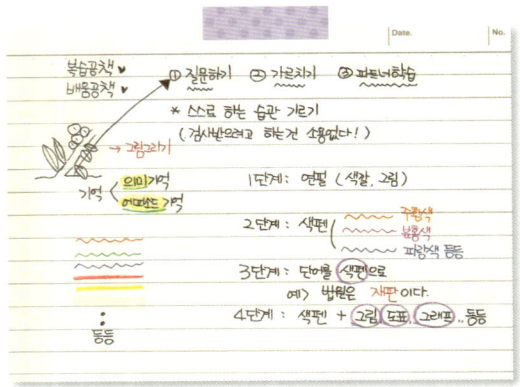

고 있었습니다. 적으라고 한 것도 아닌데…. 의미기억이나 일화기억 같은 전문적인 용어부터 제가 칠판에 적으며 설명한 것을 이렇게 하나하나 가슴에 새기고 귀담아 듣고 있는 제자들이 있다는 생각을 하니 뿌듯하고 정말 기분 좋았습니다.

다음은 2011년 호현이가 쓴 일기 중 2쪽입니다.

"점점 더 잘하려고 노력하게 되니 확실히 공부가 더 재미있어 지고 있다. 이제야 공부 잘하는 애들의 기분을 알겠다. 항상 열심히 노력하는 기분으로 공부를 해야겠다."

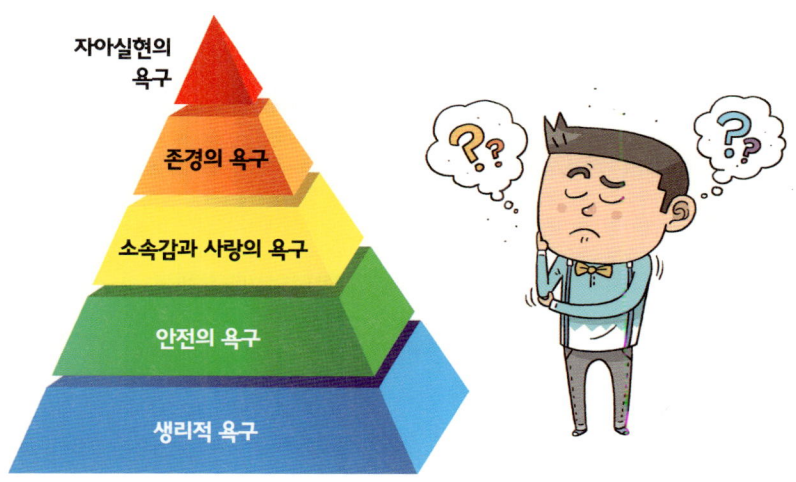

　모든 학생들이 호현이처럼 공부를 재미있어 한다면 얼마나 좋겠습니까만 현실은 그렇지 않습니다. 실제로는 대부분의 가정에서는 공부를 사이에 두고 부모와 자녀 간의 끝없는 실랑이가 벌어집니다.

　왜 아이들은 공부하기를 싫어할까요? 심리학자인 매슬로우는 사람들에게는 중요한 욕구가 다섯 가지가 있고, 욕구 간에도 만족되어야 하는 순서가 있음을 밝혀냈습니다. 1단계는 '생리적 욕구'입니다. 물과 음식, 공기 등 생존에 꼭 필요한 욕구야 말로 모든 인간이 추구하는 공통적인 욕구입니다. 따라서 배가 고프거나 영양불균형이 되면 공부하고 싶은 마음은 생기지 않는 것이 당연합니다.

　2단계는 '안전의 욕구', 더 이상 배고프지 않고 목마르지 않으면 그제서야 신체적, 심리적으로 안정되어 불안과 공포로부터 편안하게 지내고 싶어합니다. 여기에 비춰 보면 '공부를 못하면 혼내겠다'는 부모나 교사의 말은 아이에게 '안전의 욕구'를 충족시켜주지 못합니다.

　3단계는 '소속감과 사랑의 욕구'입니다. 부모, 형제, 친구들과 함께 있고 싶어하는 욕구로 학교에서의 따돌림이나 가정에서의 편애는 3단계에서 불만족을 가져옵니다.

4단계는 나 자신의 존재가치를 남들에게 인정받고 싶어 하는 '존중의 욕구' 단계입니다. 4단계인 존중의 단계를 거치고서야 5단계에 비로소 생기는 욕구가 '앎의 욕구', '지식에의 욕구 및 이해하고 탐구하려는 욕구', 바꿔 말하면 '공부 욕구'가 생깁니다.

오늘도 교실에서 공부를 하지 않으려고 떠들고 졸고 있는 아이들은 '매슬로우의 욕구 단계'에서 어느 단계까지 와 있는지 살펴봐야 합니다. 배고프고 사랑이 필요한 아이에게 "공부부터 잘하라"고 강요하고 있는 것은 아닌지 저희부터 돌아봐야 하겠습니다.

18장

플래너로
333습관 만들기!

다중지능과 자기이해지능 이야기

다음은 2012년 8월 22일에 학급 홈페이지에 쓴 편지입니다. 매일 학급 홈페이지에 교단일기를 올리고 있는 데 그 시작은 그날 있었던 일을 떠올리며 아이들에게 쓰는 편지로 시작하고 있습니다.

"공부를 시작하기 전에 들려주었던 이야기, 기억나니?
대니얼 길버트라는 미국의 명문 하버드대 교수님의 연구 결과, 돈이 없어도 사람은 행복할 수 있다고 했어. 아니 지금 당장 몸은 힘들더라도 행복할 수 있다는 거야. 교수님이 수천 명의 행복한 사람들을 연구한 결과, 행복한 사람들은 두 가지 조건을 갖추고 있었대!
첫째. 꿈, 분명한 목표를 가지고 있어야 한다.
이때 목표란 자기가 원하는 목표, 자기 내면에서 원하는 목표야.
둘째. 목표를 향해서 한 단계 한 단계 잘 나아가고 있다는 느낌이 들어야 한대.
지금 2012년 6학년 2학기의 목표를 가지고 있니? 그리고 매일 주간플래너를 쓰며 조금씩 나아지고 있다는 생각이 드니? 그러면 분명히 행복해질 거야!"

성공한 이들의 성공과 지능 사이에는 어떠한 연관이 있을까요? 상당수의 성공한 이들에게 다중지능 테스트를 한 결과 대부분 자신의 강점지능과 직업이 일치하고 있었습니다. 그런데 재미있는 것은 자신의 분야에서 성공했다고 하는 사람들도 못하는 부분이 하나씩은 있었다는 것입니다. 한 가지는 잘하지만 한 가지는 못하는 건 성공한 사람들도 예외는 아니었습니다.

그렇다면 그들이 성공할 수 있었던 요인이 강점지능 한 가지 때문이라고 말할 수 있을까요? 조사해보니 상위 강점 세 가지와 직업이 조합된 곳, 그곳이 바로 성공의 자리였습니다. 그리고 또 한 가지 성공한 사람들의 공통점은 상위 강점지능 세 가지 중에 모두 '자기이해지능'이 포함되어 있다는 것입니다. 즉 성직자나 철학자, 심리학자 등이 많이 가지고 있는 자기성찰 능력이 들어있었다는 것입니다. 저는 아이들에게 주간 플래너에 대해 소개하기 전에는 꼭 EBS 《다중지능》 영상과 함께 성공하는 삶을 살기 위해 '자기이해지능'을 키우려면 어떻게 할지 이야기를 나눕니다.

> EBS 《아이의 사생활》
> 〈자기이해지능〉 보기:
> ebs.daum.net/docuprime/
> episode/4782

자기이해지능을 키우기 위해서는 자신을 들여다보는 활동을 많이 해야 합니다. 예를 들어 일기를 쓰며 자신의 생활을 돌이켜보는 시간을 갖고, 부모님과 함께 미래에 대해 이야기 해 보는 것이 좋습니다. 혼자 있는 시간을 가지고, 취미 활동을 해 보는 것도 한 방법입니다. 자기이해지능은 자신의 장단점을 정확히 알고 장점을 강화시켜 단점을 보완할 줄 아는 것입니다. 그리고 어떤 것을 하던지 간에 "내가 왜 이것을 해야 하는가?"에 대해 자문하며 그 이유에 대해 굳건한 토대를 다지기 때문에 일관되고 지속적으로 일에 몰입할 수 있게 됩니다. 이런 자기이해지능은 가치관이 형성되는 청소년 시기에 두뇌훈련을 통해 충분히 높일 수가 있습니다.

자기이해지능을 키워주기 위해서는 첫째, 가정에서는 아이가 혼자 있을 시간을 마련해 주어야 합니다. 이를 위해서는 자기 관리, 그중에서도 감정 상태를 편히 유지하는 감정 관리가 필수입니다. 자신의 감정이 어떤 상태인지 꾸준히 내면을 들여다보며 느껴야 합니다. 자신의 감정을 조절하기 위해서는 자기감정을 두려워하지 않는 것이 필수입니다. 하지만 어릴 때부터 감정 표현을 통제받으면 자신감을 잃을 수도 있습니다. 슬플 때 슬퍼하고, 좋은 일이 있을 때 기뻐해야 자연스럽게 감정을 표현할 수 있고, 조절하는 능력도 키워집니다.

둘째, 무슨 일을 할 때 왜 하는지 자신을 납득시키도록 합니다. 왜 해야 하는지 스스로 납득이 안 되면 몸과 마음이 잘 안 따라 옵니다. 하지만 '이래서 필요하구나'라고 깨달으면 아이들은 일순간에 패러다임을 바꿉니다.

교실에서 자기이해지능을 키우기 위해서 제가 가장 강조하는 것은 '주간플래너 작성하기'와 '일기쓰기'입니다. '주간플래너'로 스스로 계획하고, '일기쓰기'로 자신을 돌아보는 습관이 길러지기 때문입니다.

시간을 지배하는 자! 333 습관 만들기

초등학교 때는 곧잘 공부를 잘하던 아이가 중학교에 올라가면 성적이 뚝 떨어지는 경우가 많습니다. 부모는 더욱 잔소리를 늘어놓게 되고, 많은 아이들이 문을 닫으며 더욱 공부가 싫어지는 악순환이 계속됩니다. 사실 초등학교 공부에 큰 영향을 끼치는 것은 암기력과 이해력입니다. 그러나 중학교 때가 되면 과목이 늘어나며 감당하기 어려워진 학습량 때문에 공부 습관이 성적에 가장 큰 영향을 주게 됩니다. 그래서 초등학교 때는 지능지수가 높고 암기력, 이해력이 좋아서 성적이 상위권이었어도 공부 습관이 잘못 만들어지면 중학교 때부터는 성적이 떨어지게 됩니다.

제대로 된 공부 습관을 만들려면, 습관이 어떻게 만들어지는지 알아야 합니다. 습관은 몸안에 시계를 들여놓는 일입니다. 매일 반복적인 행동으로 몸시계를 만들어가는 과정입니다. 늘 하던 행동에 변화가 생기면 우리 머릿속에서 불편함을 느끼고 반발합니다. 무언가를 결심하고 새로운 습관이 되기 위해선 우리 뇌가 반발하지 않도록 해야 합니다.

1. 3일

호기심을 유발하는 도파민은 3일, 72시간은 유효하다고 합니다. 하기 싫은 일도 참고 할 수 있는 도파민의 3일. 반복되는 행동에 대한 거부감이 줄어드는 중장기기억의 3주. 반복되는 행동이 자연스럽게 습관으로 자리 잡는 잠재의식의 3개월, 이렇게 333단계에 따라 계획을 짜고 실천을 하다 보면 자연스럽게 공부 습관을 가지게 될 것입니다.

2. 3주 '21일의 습관' 만들기

처음에 안 하던 행동을 하게 되면 부신피질이 스트레스를 받습니다. 그러나 1주일이 지나면 스트레스가 줄면서 3주, 즉 21일 정도가 되면 뇌간이 이 행동을 기억하게 되면서 생체리듬이 생기기 시작한다고 합니다. 사람은 새로운 행동을 시작한 뒤 21일 동안 끊임없이 낯선 행동에 대한 불편함을 느낍니다. 우리의 뇌가 특정한 행동에 대한 '낯섦'과 '거부감'을 잊으려면 '21일'이란 기간이 필요합니다.

특히 첫 3일 동안은 그 거부감이 가장 크기 때문에 '작심삼일'이란 옛말도 나온 것입니다. 그 다음 위기는 7일과 14일, 이를 악물고 의지를 다하여 21일간 한 가지 일을 지속하게 된다면 이제 습관이 정착된 초기 단계에 도착한 것입니다! 문제는 이것이 습관의 초기 정착 단계일 뿐이라는 사실입니다. 우리의 뇌가 익숙하게 인지한다 할지라도 우리의 '몸'이 한 가지 습관을 완전히 흡수할 때까지는 3배의 시간이 더 필요합니다.

'21일 법칙'은 1970년대 중반 미국 캘리포니아 대학의 언어학과 존 그라인더 교수와 심리학을 전공한 리차드 밴들러가 창시한 'NLP이론'에 이론적 바탕을 두고 있습니다. 일찍 일어나는 습관을 가지고 싶거나 TV 시청 시간을 줄이고 싶거나 체중을 줄이고 싶다면, 그 표에 대해 의식하며 21일 동안 반복하면 새로운 습관으로 만들 수 있습니다. 21일은 대뇌피질에 있던 생각이 뇌간까지 내려가는 데 걸리는 최소한의 시간입니다. 그래서 신경회로에 새로운 길, 새로운 습관을 만들려면 21일이란 기간이 필요하다고 합니다.

많은 학생들이 공부 습관을 만들려고 큰 각오를 하지만 쉽게 성공하지 못하는 이유는 행동 자체가 어려운 게 아니고, 그 행동을 습관화하는 과정에서 실패하기 때문입니다. 항공기의 대명사로 유명한 '보잉 747'기는 이륙할 때 단 한 순간에 지상을 박차고 올라가야 하기 때문에 엔진을 최대출력으로 가동합니다. 하지만 상승을 마친 후 일단 순항고도에 오르면 평소의 70~80%의 출력으로만 비행을 한다고 합니다. 공부도 마찬가지입니다. 초기에 좋은 공부 습관만 들이면 스스로 공부하게 됩니다.

무엇보다 아이가 자신의 의지력과 싸우지 않도록 해주세요. 최근 심리학자들은 인간의 의지력은 소모성 자원이라는 것을 밝혀냈습니다. 어떤 일에 지나치게 의지력을 소모하면 다른 부분에서 자제력을 잃고 무너져 버린다는 사실을 발견한 것이죠. 작심삼일의 원인이기도 합니다. 그것보다는, 어쩔수 없이 무언가를 할 수 밖에 없는 상황을 만들어 보세요.

운동을 하자고 결심하기보다는 친구와 저녁 7시마다 만나 배드민턴을 하기로 약속하세요. 영어를 배우자고 결심하기보다는 영어 학원을 등록하세요. 자신의 의지력과 싸우기보다는 그렇게 할 수밖에 없는 상황을 만드는 것이 더 쉽고 실현 가능성도 높일 수 있습니다. 그런 점에서 플래너는 의지력과 싸우지 않고 습관을 만들 수 있도록 도와줍니다.

3. 3개월 '66일의 공부 습관' 만들기

영국 런던대학교의 제인 워들Jane Wardle 교수는 일반인을 대상으로 같은 행동을 얼마나 반복해야 자동적으로 반사행동을 하게 되는지 실험을 하였습니다. 참가자들은 점심시간에 과일 한 조각 먹기, 혹은 물 한 병 마시기, 저녁 식사 전에 15분 달리기 등 건강에 도움이 되는 습관 중 하나를 선택해 매일 반복 실천하였습니다.

연구진들은 이들이 매일 미션으로 주어진 행동을 할 때 의무감과 의지가 작용하는지, 아니면 무의식적으로 하게 되는 반사적인 행동인지를 집중적으로 테스트한 결과, 평균 66일이 지나서야 습관으로 굳어지는 것을 확인하였습니다. 실험을 종료한 뒤 제인 워들 교수는 '개인차가 있기는 하지만, 평균적으로 66일 동안 매일 같은 행동을 반복하면 그 뒤에는 동일 상황이 주어지면 자동적인 반응으로 행동하게 된다'고 결론을 내렸습니다.

66일이라면 주말에는 학교에 오지 않는 아이들을 생각한다면, 아이들을 적어도 세 달 동안은 습관이 될 수 있도록 지속적으로 매일 챙겨줘야 한다는 것을 알 수 있습니다. 지속적으로 집요하게 매일 확인해주어야 합니다. 이렇게 습관이 바뀌면 행동이 바뀌고, 행동이 바뀌면 성격이 바뀝니다. 성격이 바뀌면 인격이 바뀌고, 인격이 바뀌면 한 아이의 운명이 바뀌는 것입니다.

플래너의 목표 스마트하게 세우기

플래닝의 핵심은 형식적인 시간 배분보다 체계적인 시간 관리와 이를 통해 이루고자 하는 '목표'에 있습니다.

저는 아이들과 만난 첫날 타임캡슐 학습지를 통해 '올해 난 이것을 지킬 것이다'라는 목표를 세웁니다. 아이들이 세운 목표는 플로터를 이용해 전지에 크게 인쇄하여 일 년 동안 벽에 게시하며 수시로 목표를 이루었는지 확인합니다. 월별, 학기말 등 중간에라도 벅찬 목표를 세운 아이들은 피드백을 통해 수정하여 새로 세울 수 있도록 했습니다.

> 〈2012년 7월 20일(금)1교시: 통지표 배부 및 방학과제 안내〉
> 통지표를 배부하기 전에 잠시 동안 3월 첫 만남때 작성했던 타임캡슐 학습지를 살펴보고, 중간점검을 한 후에 교실 뒤에 게시된 일 년의 목표를 한 명 한 명 일어나 이루었는지 확인했다. 1학기에 벌써 목표를 다 이룬 아이는 14명. 딱 절반이었다.

목표를 세우고도 잘 이루지 못하는 이유는 무엇일까요?

우선 공부에 대한 의지 문제입니다. 공부에 있어 가장 중요한 것은 뜻을 두는 것, 즉 공부에 대한 의지입니다. 내가 공부를 보다 효율적으로 해야겠다. 성적을 어느 정도 내가 정한 만큼 올려야겠다고 마음먹으면 흔히 50%정도는 성공했다고 합니다. 공부는 대부분 의지의 설정에서 출발한다고 봅니다. 마음먹기에 달려있다는 얘기입니다. 막연한 의지가 아니라 무엇을 어떻게 계획해서 목표를 이루고 말겠다는 중기 혹은 장기 전략에서 출발한다고 봐야 됩니다.

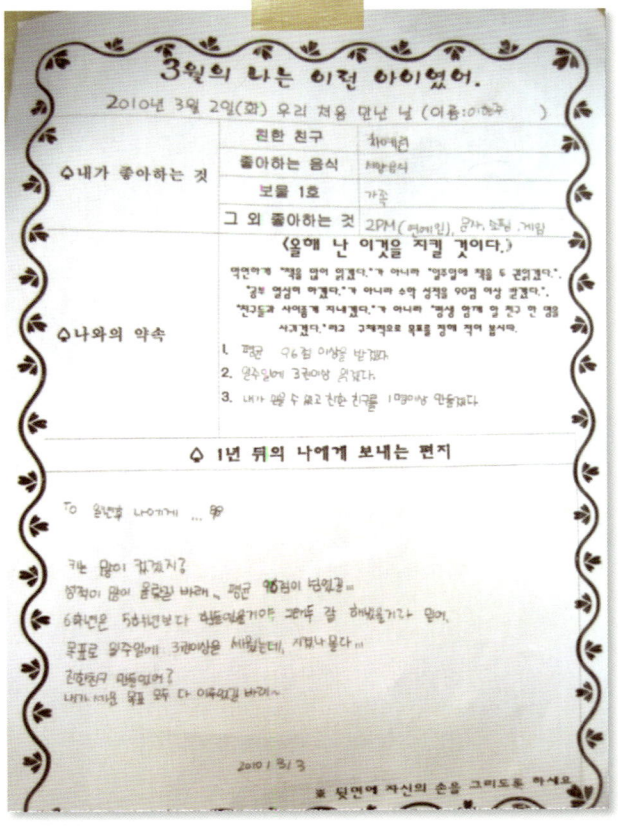

목표를 잘못 세우면 지키지 못하는 상황이 악순환되면서 '나는 안돼'라는 부정적인 이미지를 심어줄 수 있으며 자신감을 저하시키고 낮은 자존감을 갖게 만들게 됩니다. 특히 자신이 설정한 학습목표를 실천하지 못했다는 것이 중요한 것이 아니라 점차 자신을 비하시키고 무능한 존재로 인식시키게 되는 위험요소가 있다는 점이

위험한 것입니다. 그렇기에 목표의 성공을 위해서는 계획은 너무 거대하고 포괄적으로 설정하기보다는 비교적 세분화하여 역량에 맞는 학습 분량을 할당하는 것이 바람직합니다.

마지막으로 중요한 것은 심리적으로 항상 자신을 긍정적으로 위로하라는 것입니다. '나는 이것을 잘 해낼 수 있어' '나는 이번에 정한 목표를 잘 할거야'라는 식으로 스스로에게 긍정적인 메시지를 주는 것도 은연중에 큰 정신적 보상이 된다는 사실을 이해해야 합니다.

꿈을 날짜와 적으면 목표가 되고, 목표를 잘게 나누면 계획이 되며, 그 계획을 실행에 옮기면 꿈이 실현된다고 했습니다.

(1) 목표는 구체적이고 명확하게 정하기 Specific

"이번 시험에 성적을 올리겠다"보다는 "자신 없던 과학을 열심히 공부해서 만점을 받겠다"와 같은 구체적인 목표를 설정합니다.

(2) 수치화할 수 있는 목표 세우기 Measurable

'하루에 수학 문제집 3장 풀기, 또는 이틀에 책 1권을 읽고 독서 감상문 1장씩 써서

학기말에 문집으로 엮기' 등

목표를 수와 양으로 측정할 수 있도록 하는 것이 목표를 달성하기가 쉽습니다.

(3) 생각이 아니라 행동 중심으로 정하기 Achievable

'수업 태도를 고치자'는 좋은 결심이지만 행동이 쉽지 않습니다. '선생님께서 강조하시는 내용은 공책에 기록하자'는 식의 행동 중심으로 목표를 정합니다.

(4) 실천 가능한 목표 설정하기 Realistic

30분도 공부하기 힘들어하던 아이가 갑자기 2시간씩 공부하는 것은 무리입니다. 목표를 너무 높게 잡으면 쉽게 지칩니다. 따라서 자신의 상황에 맞게 꾸준히 실천할 수 있는 목표를 세워야 합니다.

(5) 시간을 적절히 배정하고 즉시 시행하기 Timely

큰 목표에 맞게 실천할 구체적인 목표들의 시간을 자신에게 알맞게 배분하고, 바로 행동에 옮기도록 합니다.

우리 반 주간 플래너 '꿈틀' 이야기

1. 일 년 목표와 매달 목표 관리하기

아침마다 우리 반의 아침자습은 간단합니다. 두 줄 쓰기 공책으로 어제 있었던 일을 두 줄로 정리하기, 그리고 주간플래너 작성하기…. 간단하지만, 하루도 빠짐없이 일 년을 습관 들여 작성하고 있습니다.

(1) 표지

표지에는 '자기이해지능을 키워주는 주간플래너'라고 명시해서 자주 '자기이해지능

'에 대한 아이들의 생각을 발문하려고 했습니다. 그리고 황색 파일을 학기 초 학급 준비물로 준비해서 선물로 주었습니다.

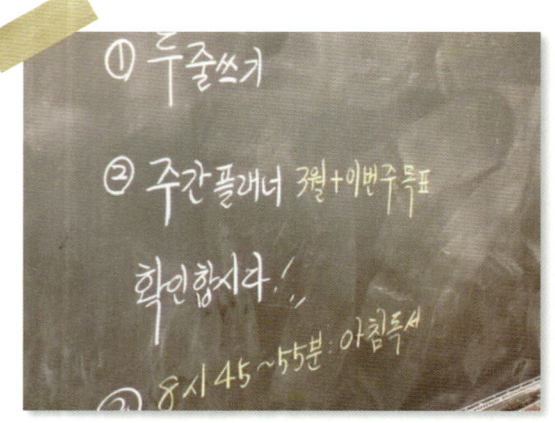

(2) 일 년 목표와 월별 목표 관리하기

파일을 열면, 왼쪽 페이지에 스스로 세운 일 년의 목표와 매달 목표가 보이도록 했습니다. 매달 목표는 매달 말일이 되면, 5점 만점으로 스스로 점수를 매기도록 했습니다.

매달 마지막 날에는 아이들도 그동안 보냈던 한 달을 되돌아보며 점검하는 시간을 보내고 글을 쓰게 했고, 가정으로 주간플래너를 보내 '부모님이 아이에게 남기는 글'을 쓰도록 참여를 유도했습니다.

2. 매주 체크리스트로 한 주 돌아보기

매주 월요일마다 한 주의 일정이 담겨있는 주간플래너를 아이들에게 복사해서 나누어주고 있습니다.

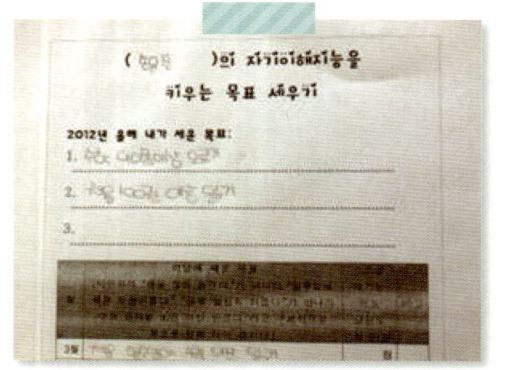

(1) 매주 목표 스스로 세우기

하단의 목표는 아이들이 스스로 세우게 했습니다. 어떤 선생님은 꼭 '공부'에 대한 목표로만 한정하기도 하지만, 저는 아이들이 스스로 가치있게 생각하는 것들을 적도록 부탁했습니다. 사소하다고 생각하는 일상이 매일 반복되면, 일생을 만들어냅니다. 매주 목표를 세우고 난 후에는 적당한 목표인지, 아니면 지나치게 쉽거나 지나치게 어려운 목표인지를 점검하며 이야기를 나누었습니다.

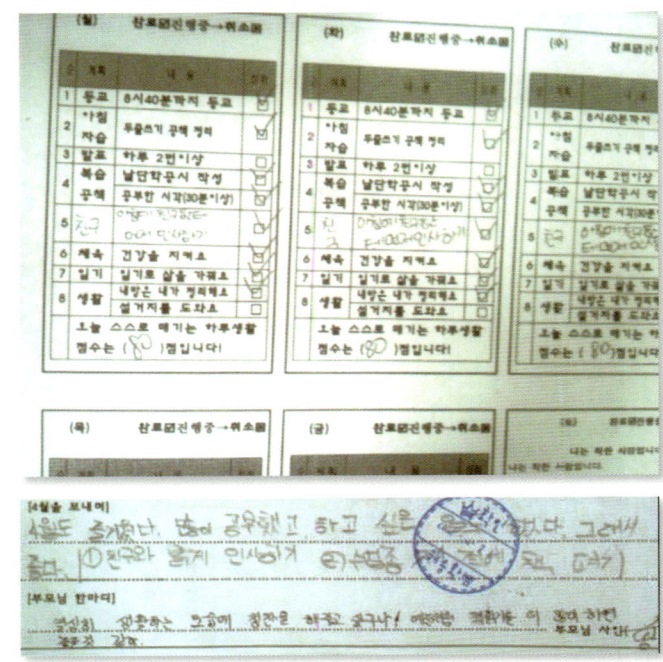

사회학자 앨빈 반두라는 '작은 성공을 맛본 아이가 큰 성공을 맛본다'고 했습니다. 자기효능감은 노력과 과제 지속력과 매우 밀접하게 관련이 있습니다. 높은 자기효능감에 대한 믿음을 가진 개인들은, 어려움에 직면했을 때 더 많은 노력을 기울이고, 그들이 요구되는 기술을 가지고 있을 때 과제에 더 끈기 있게 매달립니다. 그래서 매주 월요일이면 스스로 목표를 세우도록 했고, 교사는 아이들의 목표를 확인하고 적절한지 이야기를 나누었습니다. 친구들의 목표를 줄줄이 발표로 들어보기도 하며 수정하는 과정을 거치도록 했습니다. 아이들의 정한 목표에는 '되도록 손톱을 뜯지 말자', '8시 20분 전까지 등교하기', '매일 친구들에게 1분 투자하기', '선생님하고 눈을 마주치고 공부하기'

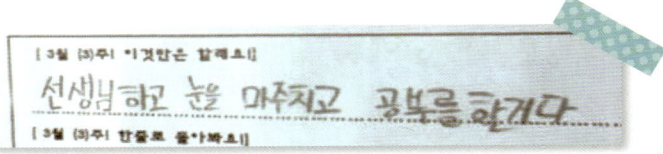

> **2012년 8월 21일 화요일 [아침자습]**
> 두 줄 쓰기 공책은 내일부터 쓰기로 하고, 오늘은 주간플래너 이번 주 플래너를 나누어주고 스스로 작성할 시간을 가졌다. 서희가 7개나 목표를 정해 놀랐더니, 대경이는 10개의 목표를 정했다. 많은 아이들이 학급 홈페이지에 글올리기, 친구들을 만나면 먼저 인사하기 같은 목표를 정해서 기분좋았다. 하나하나 읽어주고, 칭찬하며 확인해줬다.

(2) 체크리스트로 하루 생활 점검하기

자기주도학습의 꽃, 저는 체크리스트라고 생각합니다. 스스로 습관을 들이기 어려운 초등학생들에게는 처음 습관을 들이는 좋은 첫걸음을 '체크리스트'로 해보시길 추천합니다. 체크리스트는 간단히 미리 주어진 항목에 대해 V체크하면 되기 때문에 많은 시간이 걸리지 않고, 처음에 시작할 때 학생들에게도 부담이 적습니다. 우리 반 주간플래너의 월요일부터 금요일까지 생활은 체크리스트로 점검하도록 되어 있습니다.

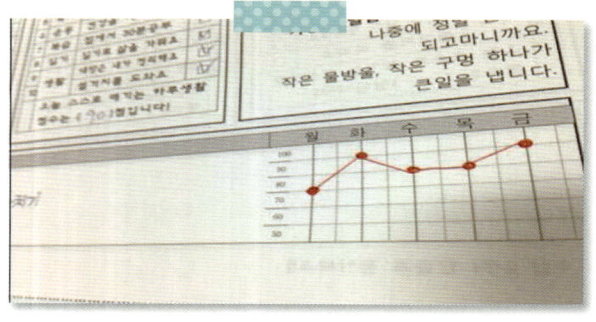

(3) 주말에 일주일 점검하기

주말에는 매일 매일 스스로 매긴 점수를 연결해 한 주동안 얼마나 열심히 살아왔는지 스스로를 되돌아봅니다.

한 걸음 더, 생각 더하기

두 달마다 체크리스트 한 칸 아이들에게 주기

주간플래너를 체크리스트의 형태로 만들어 사용한 것은 순전히 딸 예은이가 홈스쿨링을 선택했기 때문입니다. 초등학교 시절에는 제법 공부를 곧잘 하던 아이였지만, 홈스쿨링이 시작되자 스스로의 의지로 매일 공부를 해야 하는 환경에 적응하기 어려워했습니다. 잠시 아이에게 시간을 스스로 보내도록 놔두면 컴퓨터로 게임을 하곤 아이도 후회하고 저희 부부도 잔소리를 많이 했습니다.

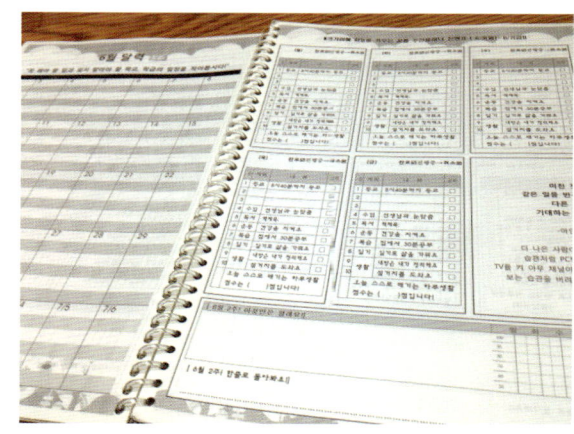

캐나다는 홈스쿨링 학생이 12만여 명에 이르는데, 국가 지원금까지 받으며 홈스쿨링 교육이 진행됩니다. 일주일에 한 번 종일반 등의 일반 수업을 통해서, 혹은 웹 디자인, 퍼블릭 스피킹, 저널리즘, 파워 포인트 등 특별반 등을 통해 학생들은 서로 친구가 되고 학부모들은 서로 만나서 교류하며 정보를 교환합니다. 캐나다 홈스쿨링에는 다양한 연령층의 친구들을 사귈 수 있다는 점과 자발적으로 자신이 하고 싶은 공부를 한다는 장점이 있었습니다. 학생들의 기본 수준을 파악한 후, 그 수준에 맞는 교재와 커리큘럼을 제공하고 일정 시기마다 그 학습 정도와 적응 등을 체크 관리하며 새로운 방향을 제시해주는 환경도 부러웠습니다. 그래서 저도 주기적으로 캐나다 주정부에서 확인하는 체크리스트의 형태를 빌려와 활용하기 시작했습니다.

이 체크리스트는 10개의 항목 당 각 10점씩 하루 생활을 마치면, 스스로 100점 만점으로 점수를 매기게 되어 있습니다. 3월에는 10개의 항목(8시 40분 등교 / 아침자습 두줄쓰기 / 하루 2번 이상 발표 / 날단학공시 복습공책 작성 / 하루 30분 이상 스스로 공부하기 / 친구들과 사이좋게 지내기 / 건강을 지켜요 / 일기로 삶 가꾸기 / 내방 정리하기 / 설거지하기)을 미리 제시하여 매주 월요일마다 나누어줍니다. 아이들은 아침이 되면 어제 하루 동안 있었던 일을 스스로 체크만 하며 주간플래너를 익히도록 만들었습니다.

3~4월이 지나 5월이 되면, 10개의 칸 중 한 칸을 비워서 아이들에게 제시하고, 스스로 목표를 세워 작성하도록 했습니다. 7~8월에는 두 칸, 9~10월에는 세 칸, 11~12월에는 네 칸이었습니다. 1~2월에는 다섯 개의 칸, 그러니까 전체의 절반에 달하는 칸을 아이들이 스스로 작성하도록 했습니다. 처음에는 주어진 대로 생활하다가 조금씩 스스로 세운 목표를 이뤄가는 경험을 키워가도록 일 년을 지도한 것입니다.

3월의 아이들이 스스로 매기는 생활점수의 평균은 40점이었습니다. 12월을 지나갈 때 30명 중 생활점수가 100점인 아이는 8명 정도, 90점인 학생까지 합하면 절반에 이릅니다. 90%의 학생들 생활 점수가 80점 이상이니, 나름대로 학생들의 습관을 긍정적으로 향상시키는 데 플래너가 큰 효과가 있다고 생각합니다. 그 뒤에는 무엇보다도 지속적인 확인과 격려, 칭찬이 있어야 합니다.

MEMO

DATE

Part 6

이제, 공부가 좋아지는 공책정리

기억을 돕는 색펜 활용하기!

공책정리 잘 못하는 학생치고 공부 잘하는 학생은 없습니다. 공책정리 잘하는 학생치고 공부 못하는 학생도 드뭅니다. 그런데 공책정리는 잘하는데 성적이 잘 나오지 않는 학생들이 종종 있습니다. 무슨 이유 때문일까요? 아마도 다음 세 가지 가운데 한 경우가 아닐까 생각합니다.

① 공책정리 방법에 문제가 있다.
② 공책정리를 해놓고, 다시 공책을 보지 않는다.
③ 공책정리를 예쁘게 꾸미는 데만 신경을 쓴다.

그동안 공책정리 방법과, 공책을 여러 번 복습을 통해 다시 봐야 시험에 도움이 된다는 내용을 다뤘습니다. 그렇다면 위에서 나온 세 번째 경우, 바로 공책정리를 예쁘게 꾸미는 데만 신경을 쓰는 학생의 경우에는 어떻게 지도해야 할까요?

우뇌는 색깔에 반응한다

뇌과학에서는 두뇌를 발전시키려면 의식적으로 '우뇌'를 사용하는 것이 좋다고 말합니다. 인간의 뇌는 좌뇌와 우뇌로 이루어져 있습니다. 좌뇌는 논리를 담당하고 용량이 적은 반면, 우뇌는 영상을 관장하고 용량이 크다는 특징이 있습니다. 우뇌는 영상을 담당하기 때문에 색깔에 반응합니다. 사람들은 흔히 검은색 볼펜으로 공책에 필기를 합니다. 글을 쓸 때에는 검은색을 쓰는 것이 당연하다고 생각하지만, 청색 볼펜을 쓰는 것만으로도 기억력에 상당한 효과로 작용한다는 것을 느끼게 될 것입니다.

《머리가 좋아지는 1분 공부법》을 쓴 이시이 다카시는 그의 저서에서 색깔이 있는 종이에 청색 펜으로 필기하는 방법을 추천합니다. 청색 펜이 없어서 검은색 펜으로 썼다고 해도 이미 배경색이 있기 때문에 우뇌가 반응을 하게 된다는 것입니다. 공책정리를 예쁘게 하는 학생들은 기본적으로 우뇌를 더 잘 활용하는 아이들이라고 칭찬할 수 있습니다. 색깔을 활용한 필기법은 복습을 할 때 한눈에 중요한 내용을 쉽게 파악할 수 있고, 나중에 학습한 지식을 검색하고 활용하는 데에도 효율적입니다.

공부 효과를 높이는 색펜 활용법

색을 활용한 공책정리는 바람직하지만, 수업 시간에 여러 가지 색깔을 사용해서 필기를 하다보면 번거롭고 산만해질 수 있습니다. 실제로 수업 시간에 여러 가지 색펜으로 예쁘게 꾸미는 데 집중하느라 필기보다 중요한 선생님의 말씀을 놓칠 수 있으므로, 색을 활용할 때 나름대로의 원칙을 세워 놓아야 합니다.

예를 들어 수업 시간에는 검은색으로 필기를 하고, 중요한 부분에는 선생님이 강조하시는 만큼 별표 개수 그리기, 시험에 나온다고 말씀하시면 옆에 대문자로 Exam(시험)의 E를 크게 써놓기 등의 자기 나름의 방법을 정하는 게 좋습니다.

1. 인간의 눈은 세 가지 색깔만 감지한다

색깔은 인간의 눈이 감지할 수 있는 빛(가시광선)이 뇌에 만들어내는 일정한 성질입니다. 인간의 눈이 감지할 수 있는 색은 빨강Red과 초록Green, 파랑Blue뿐입니다. 물리적으로 말하면 빛, 즉 전자파는 단파에서 장파에 이르기까지 광범위하게 존재합니다. 그 중에서 인간이 감지할 수 있는 색은 한정된 파장 영역에 있는 위 세 가지 색뿐입니다. 이러한 사실을 고려한다면 공책 필기에 활용하는 색깔도 세 가지면 충분하다는 것을 알 수 있습니다. 그리고 이왕이면 시중에서 가장 구하기 쉬운 검정, 파랑, 빨강 색펜들을 사용하면 좋습니다.

2. 복습 효과를 높이는 색펜 활용

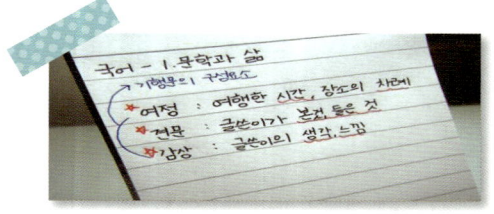

공책정리를 할 때 학습 내용에 따라 대단원, 중단원, 소단원, 세부 내용으로 나눕니다. 평범한 내용은 검은색, 중요한 내용은 빨간색, 보충 설명이나 새로 알게 된 내용은 파란색으로 색깔에 따라 의미를 달리하면, 기억에 도움이 될 뿐만 아니라 반복학습에도 효과가 있습니다. 꼭 이런 색이 아니라 자신이 좋아하는 색에 의미를 부여해서 필기해도 좋습니다.

(1) 처음에는 되도록 형광펜을 사용하지 말자

우선 여백을 넉넉하게 두어 보충 설명할 공간을 확보해놓고 필기를 시작합니다. 그리고 공책을 만들 때 지우개는 되도록 사용하지 않아야 합니다. 왜냐하면 틀린 내용까지 공책에 남길 필요가 있기 때문입니다. 그리고 공책필기를 할 때 형광펜을 쓰지 않는다는 것도 중요합니다. 수업 시간에는 검정색 하나만 사용하되, 선생님이 강조한 부분을 빨간색이나 파란색 볼펜으로 표시하는 것이 기본입니다. 처음부터 형광펜을 사용하게 되면 나중에 무엇이 중요한지를 알기 어렵기 때문입니다. 형광펜은 시험 직전 포인트를 표시할 때 쓰는 것이 유용합니다.

(2) 기본은 검정색, 중요한 것은 빨간색 펜을 사용하라

판서 내용은 검정색으로 쓰되, 선생님이 수업 시간에 반복해서 언급하시거나 중요하다고 말씀하시는 것은 빨간색 펜으로 표시하도록 하는 것이 좋습니다.

선생님이 칠판에 필기 또는 보충 설명을 하거나 언어적 단서로 강조한 내용은 반드시 표시를 해 둡니다. "중요한 3가지 요소는……" 혹은 "그러므로" 등과 같은 언어적 단서 뒤에는 선생님이 강조하려는 내용이 반드시 제시되므로 필기에 주의를 기울여야 합니다. 선생님들마다 많이 사용하는 독특한 언어적 단서를 확인해 두는 것도 편리합니다.

(3) 선생님이 강조하는 내용을 필기하라

선생님이 강조하는 언어에는 공통의 법칙이 있습니다. 다음에 나올 선생님 언어의 공통 법칙을 아이들에게 따로 가르쳐주는 것이 좋습니다.

첫째, 직접적으로 강조합니다.

"이건 정말 중요한 부분이니까 꼭 기억하세요."

이렇게 따로 중요하다고 말할 정도라면 그 차시에 공부하는 가장 중요한 내용임에 틀림없습니다.

둘째, 중요한 내용임을 힌트로 줍니다.

"이 부분을 강조하는 이유를 알겠죠?"

선생님이 대놓고 시험에 내겠다고 말하기는 민망하니까 돌려서 말하는 경우에 자주 쓰는 표현입니다. 시험문제를 출제하는 선생님의 마음을 이해한다면, 더욱 수업 시간에 귀 기울일 수 있어야 합니다.

셋째, 중요한 내용임을 설득합니다.

"절대 잊어버려서는 안 됩니다. 꼭 기억해 두세요."

수업 중에 이렇게 말하는 부분은 중요한 개념이고, 평소에 잊지 않고 기억해 두어야 할 내용임에 틀림없습니다. 이런 부분들을 평소 학습할 때 자신의 것으로 만들면, 시험이 가까웠을 때 좀 더 구체적이고 지엽적인 부분까지 공부를 할 수 있게 됩니다.

필기 후에 선생님이 따로 보충 설명하는 부분은 파란색 펜 등으로 색을 구분해 필기한다면 공책만 봐도 어떤 부분이 중요하고, 어떤 부분을 참고해 공부해야 하는지 쉽게 파악할 수 있어서 복습을 할 때나 시험공부를 할 때 시간을 절약할 수 있습니다.

삼색 볼펜 초학습법 활용하기

삼색 볼펜 초학습법은 교육학을 전공하고 메이지 대학교 문학부 교수로 재직한 사이토 다카시 교수가 소개한 필기 방법입니다. 삼색 볼펜이란 생각을 하면서 필기를 하는 방법입니다. 공자도 '생각하지 않고 글을 읽으면 위험하다'고 했는데 이 책은 생각 없는 필기에서 벗어나 생산적이고 창조적인 필기 방법을 제시하고 있습니다.

삼색이란 파란색, 빨간색, 녹색으로 각각 의미를 가지고 있습니다. 파란색은 객관적으로 중요하고 대체로 중요하다고 생각되는 곳에 긋습니다. 이 부분만 읽으면 전체 요약이 됩니다. 빨간 색으로 긋는 선은 객관적으로 가장 중요하다고 생각되는 부분에 긋습니다. 그러므로 긋는 곳이 그리 많지 않습니다. 누가 봐도 중요하다고 생각되는 곳에 그어야 하기 때문입니다. 초록색은 내가 흥미를 갖고 있거나 주관적으로 중요하다고 생각되는 곳에 긋습니다. 그러므로 책을 읽으면서 현재 내가 어떠한 분야에 흥미를 가지고 있는가를 확인할 수 있습니다. 다른 색과 겹쳐도 됩니다. 관심을 많이 갖고 있으면 그만큼 초록색 선이 많을 수도 있는 겁니다.

삼색 선은 크게 객관과 주관으로 나뉩니다. 파란색 선과 빨간색 선은 개인적인 취미와 감성, 가치관 등으로 긋는 것이 아니라 누구에게나 어느 정도 중요하다고 생각되는 곳에 긋도록 신경 써야 합니다. 줄을 어디

> **대륙과 해양으로 열린 나라**
>
> 반도는 우리나라처럼 육지가 바다 쪽으로 뻗어 나와 삼면이 바다로 열려 있는 지형이다. 우리나라는 아시아의 동북쪽에 있는 한반도에 자리 잡고 있다.
>
> 특히 우리 국토는 대륙과 해양으로 뻗어 나갈 수 있는 좋은 위치에 있다. 우리 국토의 북쪽은 중국과 러시아를 통해 대륙과 연결되어 있고, 남쪽은 해양으로 열려 있기 때문이다.
>
> 그동안 우리나라는 태평양과 접해 있어 중국, 일본 등 세계 여러 나라들과 바다를 통하여 문화와 물자를 편리하게 교류해 왔다. 오늘날 우리나라는 해양으로 활발히 진출하면서 태평양 시대의 주역으로서 경제 성장을 이루고, 세계 속의 한국으로 발돋움해 나아가고 있다.

에 그었는가에 따라 요약력의 역량이 나타나게 되기 때문에 줄을 그을 때 긴장감이 생겨납니다. 그리고 이 긴장감은 좋은 훈련이 됩니다. 반대로 초록색 선은 가능하면 다른 사람이 그을 것 같지 않은 데에 긋도록 신경 씁니다. 자신이 재미있다고 생각되는 부분에 자유롭게 줄을 긋습니다. 그러나 이 초록색 선의 자유로운 자세는 파란색 선과 빨간색 선의 긴장감 있는 객관적인 마음가짐과의 대조에 의해 한층 생기가 돕니다. 초록색 선이 갖는 '객관적으로 중요해야 할 필요는 없다'는 기묘한 조건은 객관성의 틀을 벗어나 대담하게 움직일 것을 요구합니다.

한 가지 재미있는 사실은 초록색 선을 긋는데 익숙해지면 자신의 개인적인 관심사가 터무니없는 것이 아니라 어느 정도의 관계와 연결고리 속에 있다는 사실을 발견하게 된다는 것입니다.

세 가지 색 볼펜으로 줄을 긋는 것은 아주 쉽습니다. 그러나 이는 습관화해야 할 기술입니다. 알고 있는 것만으로는 충분하지 않습니다. 계속 연습해서 필기를 할 때는 무의식적으로 하도록 습관화해야 합니다. 줄을 긋는 것은 판단하고 결단을 내리는 용기가 필요합니다. 줄을 긋기 위해 손을 움직이는 행위는 정신적 관계도 강화시킵니다.

근본적으로 공부를 하며 줄을 긋는 일은 판단하고 결단을 내리는 용기를 필요로 합니다. 읽는 것은 수동적인 행위가 아닙니다. 생각한다는 주체적인 행위를 포함하고 있

습니다. 그러므로 밑줄 긋는 것이 습관화되어 있으면 "필기하는 것은 곧 생각하는 것"이라는 방정식이 몸에 익숙해집니다.

이렇게 삼색 볼펜으로 그으며 필기하면, 평면을 입체화하게 되어 기억에 오래 남고 잘 정리됩니다. 이는 요약력과 발표력을 향상시킵니다. 이러한 능력은 정보화시대에 특히 중요한 능력이 아닐까요?

형광펜 효과적으로 활용하기

형광펜은 '끌chise' 모양의 펜촉을 사용하는데 이는 필기할 때 안정된 필기를 하는데 가장 큰 역할을 합니다. 사람들의 필기 각도인 70도로 기울인 촉 덕분에 밑줄을 긋거나 필기를 할 때 적정한 각도를 유지해 편안하게 필기를 할 수 있는 것입니다. 형광펜은 노란색과 분홍색이 무난하고, 마르기를 기다려야 하는 액체 형광펜보다는 고체 형광펜이 편합니다.

그러나 재차 말하듯이 처음에 필기를 시작할 때에는 형광펜은 가능한 한 사용하지 않아야 합니다. 처음부터 형광펜을 사용하게 되면 나중에 무엇이 중요한지를 알기 어렵기 때문입니다. 형광펜은 시험 직전 포인트를 표시할 때 쓰는 것이 유용합니다. 시험 직전 표시할 때에는 노란색 형광펜은 기본적으로 중요한 것들을, 분홍색은 정말로 꼭 알아야만 하는 내용이나 ★표만큼이나 중요한 긴 내용들을 줄칠 때 사용하면 좋습니다.

형광펜 덧칠하기도 아주 중요한 기술인데, 일단 교과서에서 반드시 외워야 할 단어나 공식은 초록색 형광펜으로 칠

합니다. 하지만 표시만 해놓고 외우지 않으면 소용없습니다. 완전히 외우고 난 후에는 빨간색 형광펜으로 그 위에 덧칠합니다. 초록색과 빨간색 형광펜이 겹쳐진 부분은 짙은 색이 되어서 교과서만 펴봐도 한눈에 짙은 색은 외운 부분, 초록색은

> **우리나라의 위치와 기후**
>
> 세계 각 지역의 기후는 위도나 해발 고도에 따라 다양하게 나타난다. 세계 기후는 대체로 적도에 가까울수록 기온이 높고 비가 많이 내리며, 적도에서 멀수록 기온이 점차 낮아지고 추워진다. 우리나라는 북위 33°~43°의 중위도에 있다. 따라서 우리나라 기후는 봄, 여름, 가을, 겨울의 사계절이 뚜렷하고 온화한 것이 특징이다.

아직 외워야 할 부분임을 알 수 있게 됩니다. 이 방법은 많이 외울수록 '짙은 색'을 더 많이 채워야겠다는 도전감을 자극하기 때문에 나름 재미를 느끼게 됩니다.

하지만 너무 많이 표시하면 나중에 공부할 때 뭐가 중요한지 모르게 되기에 반드시 가장 중요하고, 꼭 기억해야 되는 부분만 신중하게 표시해야 합니다. 시험 전 마지막으로 검토하는 짧은 시간에는 형광펜 칠한 부분만 체크해도 불안감이 많이 해소될 것입니다.

한 걸음 더, 생각 더하기

행동억제력을 키우는 색깔 맞추기 트레이닝 게임하기

다운로드 : http://sciencelove.com – [개발자료] – [학급게임]

이천중학교 김정식 선생님이 만드신 '행동억제력 색맞추기 트레이닝' 플래시를 활용하면, 학생들의 학습능력을 키우는 데 도움이 됩니다. KBS 《스펀지》 방송을 통해 '공부 잘하는 법'으로 소개된 내용을 직접 제작하셨습니다.

'행동억제력'이란 과제를 수행하거나 지시에 따라서 행동을 해야 할 때, 주의 분산이나 방해 자극을 억제하면서 상황 전체를 파악해서 행동하는 능력을 가리키는 말입니다. 행동억제가 안되면 **문제를 끝까지 읽지 못하고 틀리는 경우가 많고 주위가 산만하여, 지속적이지 못한 집중력을 가지는 경우가 많습니다.**

플래시를 재생하면 화면에 색깔이 다른 글자들이 임의로 나옵니다. 이때 글자를 읽는 것이 아니라 글자색을 읽도록 합니다. 순서대로 틀리지 않고 누가 더 빨리 읽는지 시합 할 수도 있고 선생님이 마우스로 임의로 숫자를 선택해 줄 수도 있습니다. 마지막으로 컴퓨터가 임의로 숫자를 선택하게 할 수도 있습니다. 예를 들어 빨간색 글자가 파란색이라고 쓰여 있는 경우 ⇨ 빨간색, 파란색 글자가 노란색으로 쓰여 있는 경우 ⇨ 노란색······. 이런 식으로 글자를 읽지 말고 글자의 색깔을 읽으면 됩니다.

공부가 좋아지는 댓글 활용하기!

> 혹시 복습공책 쓰는거 귀찮은 사람 있어?
> 난 요즘 복습공책 하는 재미에 푹 빠졌다~
> 처음에는 이런걸 왜 하나 했는데 요즘 복습공책 하면서 아무것도 안하고 있을 시간에 시간도 보내면서 ㅋㅋㅋㅋ
> A+를 받을 때마다 느끼는 성취감이랄까?
> 그리고 선생님이 무슨 댓글을 써주실까 궁금해서 쓰기도 하고…
> A+받으면 엄마한테 자랑도 해서 맛있는것도 얻어먹고… ㅋㅋㅋ
> 너네들도 한번 맘 잡고 해봐 ^^;
> 한번 A+ 받고 선생님이 써주시는 댓글도 읽고 엄마나 아빠한테 칭찬도 받으면 나처럼 복습공책이 재있다는 생각이 들껄 … ㅋㅋㅋㅋ

위 글은 2011년에 운영하던 학급 홈페이지에 제자인 송이가 올려준 글을 캡처한 겁니다. 아이의 글을 통해서 복습공책을 하는 재미에 푹 빠진 비결은 'A+ 점수를 받을 때마다 느끼는 성취감' 그리고 '선생님의 칭찬 댓글', 거기에 이어지는 '부모님의 칭찬'이라는 걸 알 수 있었습니다.

아이가 의욕적으로 공책정리를 시작하면, 어떻게 검사하고 확인하나요? 바로 그 지점에 '공부가 좋아지는 비결'이 있습니다.

공책을 자주 검사해야 하는 까닭은?

공책을 작성하도록 지도하셨다면, 꼭 걷어서 확인해주어야 합니다. 걷지도 않으면서 무책임하게 "안 한 사람 손들어"라고만 한다면, 아이들은 우물쭈물 거짓말로 손을 들려다 맙니다. 이게 여러 번에 걸쳐 반복되면, 아이들은 스스로를 합리화하면서 한 거나 다름없다고 둘러댈 수도 있습니다. 꼬박꼬박 하는 게 선생님에게 귀찮은 일이 될 수 있지만, 아이들의 공책을 확인해주게 되면 습관이 길러집니다.

저와 같은 학년 선생님 중 한 분은 수학익힘을 본인이 하루도 빼지 않고 직접 채점하는 분이 계십니다. 교과전담 시간이 되면, 여유 있게 쉬는 선생님들 틈에서 그 선생님은 항상 아이들 수학익힘을 채점해주느라 여념이 없습니다. 하지만 이런 습관 때문에 그 반 학생들은 수학익힘을 풀다 틀린 것은 선생님의 피드백을 통해 자기 것으로 만들어가고 있었고, 실제 수학 시험에서도 어느 반보다 우수한 성적을 거두었습니다. '매일 꾸준히 하는 것이 인생을 변화시킵니다.'

1. 공부를 좋아하게 된다

1학년 초에 처음 공책을 쓰기 시작하며 공책 가득 글씨가 차면 아이들은 그걸 아주 자랑스럽게 여깁니다. 선생님이 "참 잘했어요" 도장이라도 찍어주면 얼마나 신이 나서 좋아하는지 모릅니다. 친절한 선생님들은 "참 잘했어요" "잘했어요" "훌륭해요" "조금만 더 열심히 해요"라고 정성껏 댓글을 공책에 써줍니다. 선생님한테 이렇게 칭찬을 받으면 아이들은 더욱 공책정리에 재미를 붙입니다. 이런 경험을 하게 되면 처음에는 낯

설었던 학교에서 아이와 공책, 아이와 공부 사이의 거리가 좁혀지고 아이는 점점 공부를 좋아하게 됩니다.

2. 과정에도 관심을 가지게 된다

부모님들은 대개 과정보다 시험 결과에 더 관심이 많습니다. 공책정리가 잘 되었는지보다 이번 시험에 몇 점을 받았는지 관심이 많습니다. 물론 시험 점수가 아이를 평가하는 객관적인 기준인 것은 사실이지만, 그것만이 아이의 능력과 개성을 알 수 있는 유일한 척도는 아닙니다. 아이들을 교육할 때는 '노력하는 과정'을 칭찬하는 것이 무엇보다도 중요합니다. 그리고 그 과정을 기록한 것이 '공책'입니다.

아이가 시험을 못 보면 부모님도 충격을 받고 "점수가 이게 뭐냐?"고 나무랍니다. 하지만 시험을 못보고 가장 속상한 것은 역시 아이 자신입니다. 부모님의 성적 지향적인 태도는 아이에게 상처가 되고, 공부에 대해 부정적인 이미지를 갖게 만듭니다. 이럴 때도 공책이 중요합니다. 시험성적이 안 좋아 칭찬할 게 없더라도 공책을 들여다보며 "글씨를 예쁘게 잘 썼구나" "이건 정말 기발한 생각인데… 어떻게 이런 생각을 했니?" 등등 칭찬할 기회가 얼마든지 만들어집니다.

3. 부족한 부분을 고칠 수 있다

공책을 보는 것은 칭찬할 점을 찾기 위해서이지만, 아이가 자신없고 부족한 부분을 발견하여 도와주는 것도 중요한 목적 중 하나입니다. 수학 공책 손에서 분수의 덧셈 계산을 보면, 통분을 이해하는 지 공책만 봐도 바로 알 수 있습니다. 사회 공책엔 많이 필기했는데, 과학 공책에는 별로 필기한 내용이 없다면 아이가 사회 과목은 좋아하는데, 과학은 자신없어한다는 걸 짐작할 수 있습니다. 공책에 있는 아이의 실수나 약점을 확인하고 지적하는 게 아니라 하나하나 도와주는 자세로 지도하면 공부도 좋아지고, 성적도 올라가게 되어 있습니다.

공책 검사의 방법

선생님은 학생들의 공책을 최근에 펼쳐보신 적이 있습니까? 아이들의 공책을 보며 평소에 어떤 말씀을 많이 하시나요? "글씨 좀 예쁘게 쓸 수 없니?" "이 글자는 왜 또 틀린 거야?"라며 자기도 모르게 지적하진 않으셨나요? 물론 아이를 위해서 하는 말씀이지만, 추궁하는 말투에 아이들은 잔뜩 불안해하며 공책 쓰기를 싫어하게 될지 모릅니다.

특히 '가끔 들춰보고 야단치는 것'은 공책 검사 방법 중에 가장 피해야하는 방법입니다. 이건 그때까지 실컷 방치하고서는 그 책임을 아이에게 돌리는 것 아니겠습니까? 어쩌다 생각날 때면 공책을 들춰보고 야단치는 일이 반복되면 아이들은 공책을 보여주길 꺼리게 됩니다. 그 결과 자신감도 잃고 공부를 아예 싫어하게 될지도 모릅니다.

따라서 공책을 검사하더라도 절대 '공책정리'를 문제 삼아 학생들을 벌주지 말아야 합니다. 안 해올 수도 있는 겁니다. 게으름 때문에 안 해올 수도 있고, 집안의 개인적인 사정 때문에 안 해올 수도 있습니다. 안 해왔다고 하면 그냥 지나가는 게 아니라 학생에게 주어진 자유시간을 뺏어 늦게라도 할 수 있도록 시간을 주시면 됩니다. 안 해오는 일이 반복된 아이들은 몇 번 검사하면 누군지 파악이 됩니다. 그리고 검사 전날에 카카오톡으로 점검하고, 당일 아침에 다시 한 번 이름을 불러 혹시 못했으면 아침 자습 시간이라도 할 수 있도록 권유하는 게 좋습니다. 아침에도 하지 않았으면 점심 시간에 교실을 나가지 않고 복습공책을 작성하여 제출하도록 약속하도록 합니다.

1. 검인 도장으로 확인하기

가장 많은 선생님들이 검사를 할 때 활용하는 방법은 따로 준비한 선생님용 도장으로 검사했음을 확인해주는 것입니다.

간단하게 도장을 찍어주기만 하는 선생님도 있고,

'참 잘했어요' '잘했어요', '좀 더 열심히'로 나누어 학생들의 간단한 수준을 보여주는 선생님도 있습니다. 그런데 피드백이 단순하면 아이들은 형식적으로 검사를 받기 위해 공책을 작성하는 경우가 늘어나게 되어 있습니다.

최근에는 도장을 확인해주는 정도지만, 습관을 길러주기 위해서 '보상'을 걸고 칭찬통장 등의 방법으로 스티커에 도장 개수를 모으게 하는 선생님들도 계십니다. 저학년 아이들이라면 이런 보상만으로도 공책을 정리하는 습관을 붙이기 위해 노력하는 모습을 많이 보게 될 것입니다.

2. 학습도우미를 활용하여 확인하기

복습공책을 검사하는 두 번째 유형은 교사가 아닌 같은 반 친구들이 복습공책을 관리하여 학생 참여를 높이고 운영의 구체적인 장단점을 현장에서 바로 파악하여 피드백 하는 방법입니다. 학습도우미는 학급에서 성실한 학생들로 친구들의 추천을

받아 학급에서 선정하는데, 각 학급의 학습도우미가 혼자 복습공책을 점검하고, 매일의 활동에 칭찬 도장을 찍습니다. 부산 동궁중학교같은 경우에는 매주 화요일이 되면 복습공책을 검사하는 날로 지정하여 학습도우미 학생이 제출했는지를 확인하고 학급 현황표에 스티커를 활용해 몇 번의 복습공책을 작성했는지 친구들도 확인할 수 있도

록 운영하였습니다.

3. 선생님이 확인하고 댓글 달아주기

가장 권하고 싶은 세 번째 유형은 선생님이 확인하고 일일이 답글을 달아주는 방법입니다. 선생님에게는 가장 손이 많이 가고 번거로운 방법이지만, 그만큼 학생들에게는 가장 깊게 자극을 줍니다.

한 반 학생이 30명 정도라고 할 때에 한 학생의 복습공책을 꼼꼼히 살펴보고, 그에 필요한 칭찬을 달 때 적어도 1분씩 걸린다고 해도 한 시간이 꼬박 걸리게 됩니다. 그래도 정말 복습공책이 학생들의 인생을 바꿔줄 거라는 확신이 있다면, 자신의 여유로운 시간을 조금 빼서라도 한명 한명 아이들의 복습공책을 보고 댓글을 달아주시길 권합니다.

4. 불러서 한 명 한 명 공책을 보며 이야기하기

아침 일찍 출근한다면 가능합니다. 한 명 한 명 공책을 가지고 앞으로 와서 작성한 공책을 보면서 대화를 하면 됩니다. 댓글로 공책에 달아주는 것과 달리 글에서 올 수 있는 오해를 줄일 수 있고, 글로는 다 하지 못했던 이야기까지 편안하게 할 수 있습니다. 다만 이렇게 불렀을 때 '야단치지 않도록' 조심해야 합니다. '칭찬'을 해줄 생각을 하고 불러내어 이야기하면, 효과는 가장 강력합니다.

공부가 좋아지는 댓글 달기

1. 노력을 중심으로 칭찬하기

1950년대 이후로 행동주의가 약화되면서 인간의 인지를 중심으로 인간 행위를 설명하려는 시도가 버나드 와이너의 '귀인 이론'입니다. 성공이나 실패의 다양한 원인들을 찾으려고 하고, 그 원인이 행동에 어떤 영향을 주느냐에 따라 후속 행동과 정서적 반응에도 영향을 준다고 보았지요.

똑같이 시험을 망치고 나서도 아이들의 반응은 제각각입니다.

네 명의 아이들 중에서 시험 성적이 오를 수 있는 가능성이 높은 아이는 누구일까요? 와이너는 능력이나 과제의 난이도, 운은 통제 불가능한 환경이라고 생각했습니다. 그런데 '노력'만큼은 개인이 통제할 수 있는 환경이라고 믿었고, 결국 스스로 '노력'이 부족해서 시험을 못 봤다고 생각한 아이는 다음에 노력을 하게 되지만, 다른 변인의 경우에는 통제가 불가능하다고 믿기에 별다른 동기부여를 하지 못하게 됩니다.

흔히 칭찬은 아이들에게 자신감을 심어주고 동기를 높여준다고 생각합니다. 우리는 와이너의 귀인 이론을 통해 어떻게 칭찬하면 좋은가에 대한 좋은 아이디어를 얻을 수 있습니다. 아이가 어떤 일을 잘 했을 때 '똑똑하다'고 말하는 것은 반대로 아이가 잘못 했을 때 '너는 바보야'라고 말하는 것과 같습니다. 지능이나 능력에 대한 잘못된 칭찬은 아이들에게 평가목표를 설정해 뭔가 해보겠다는 동기를 빼앗아 버립니다.

그렇다면 동기를 키울 수 있는 올바른 칭찬법은 무엇일까요? '칭찬'을 해줄 때 '노력'을 칭찬하고 '능력'을 칭찬하지 말아야 합니다. 머리가 좋다고 칭찬 받은 아이는 실패할 경우 자신의 태생적인 머리를 탓하며 재기가 어렵지만, 노력을 칭찬받은 아이는 성

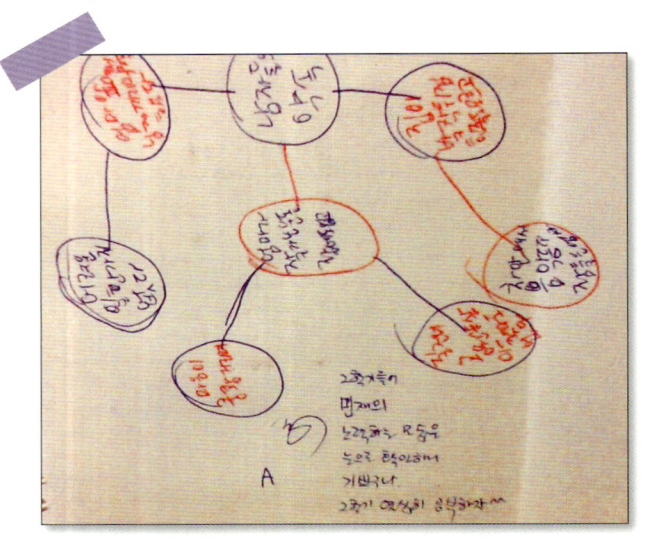

공이나 실패의 원인을 자신의 후천적인 노력으로 귀인하므로 실패해도 얼마든지 다시 일어설 수 있습니다. 아이가 교실에서 한 활동에 대해 친구들과의 비교보다는 아이 자신과 비교해 이전에 비해 얼마만큼 노력이 더 들어갔는지 의식적으로 칭찬한다면 아이들은 조금씩 변화될 것입니다.

그러니 정말 부족한 복습공책이라해도 '노력'에 대해 초점을 맞추어 칭찬하도록 노력해야 합니다.

2. 칭찬부터 하고 부탁하기

조직심리학자인 마시알 로사다와 로스 페로는 시스템 컨설팅 업체인 일렉트로닉 데이터 시스템스를 대상으로 10년 간 연구하는 과정에서 칭찬이 조직의 성과에 큰 영향을 미친다는 사실을 밝혀냈습니다. 그들은 회의실의 한 면에 한쪽에서만 들여다 볼 수 있는 특수한 거울을 설치했습니다. 그리고 회의 광경을 일일이 비디오로 찍은 다음, 사람들이 긍정적인 언급(칭찬)과 부정적인 언급(비난, 비판 등)을 각각 몇 번씩 했는지 세어 보았습니다. 예를 들어 "아주 좋은 생각이야"는 긍정적인 언급으로, "정말 뭘 모르고 하는 소리야"는 부정적인 언급으로 수를 세었습니다. 그리고 회의를 진행한 팀들을 성취도를 평가하여 상중하로 분류했습니다. 과연 어떤 팀들이 높은 성과를 거두었을까요?

높은 성과를 거둔 상위 15개 팀은 긍정적인 언급과 부정적인 언급의 비율이 대략 5 : 1이었습니다. 정확히는 5.6 : 1이지만 기억하기 쉽게 5 : 1이라고 하겠습니다. 반면 성과가 저조한 하위 19개 팀은 이 비율이 1 : 3으로 나타났습니다. 팀이 서로를 칭찬하는 분

위기일수록 높은 성과를 나타낸다는 사실과, 비판을 앞세우는 조직일수록 성과가 낮다는 사실이 증명된 것입니다.

어찌 보면 당연한 결과라 여겨지겠죠? 하지만 마시알 로시다와 로스 페로가 주목한 부분은 그게 아니었습니다. 다섯 번의 긍정적인 언급 사이에 한 번의 부정적인 언급이 왜 끼어 있는가가 그들의 관심사였습니다. 그들은 칭찬과 비판의 비율이 5 : 1을 훨씬 넘으면(예컨대 10 : 1의 비율로 하면) 오히려 팀이 무기력해지고 성과가 떨어진다는 사실을 발견했습니다. 칭찬이 과도하면 오히려 독이 된다는 것입니다.

이 연구를 바탕으로 하여 다섯 번 칭찬하되 한 번은 상대방에게 도움이 될 따끔하고 진정 어린 충고가 개인과 조직의 성과 향상에 꼭 필요하다고 말하고 싶습니다.

칭찬은 좋은 것입니다. 하지만 칭찬이 능사는 아닙니다. 다섯 번 칭찬할 때 한 번은 비판하는 건강한 긴장감이 복습공책을 더 잘 쓰고 싶은 마음이 들게 합니다. 칭찬의 '5 대 1 원칙'을 꼭 기억하세요.

옆의 위 사진은 잘 정리된 공책이었지만, 대충 연필로 그려낸 표가 눈에 띄었습니다. 그래서 공책에 대해 칭찬하며 '다만 표는 반듯하게 자로 정성들여 그려주렴'이라고 댓

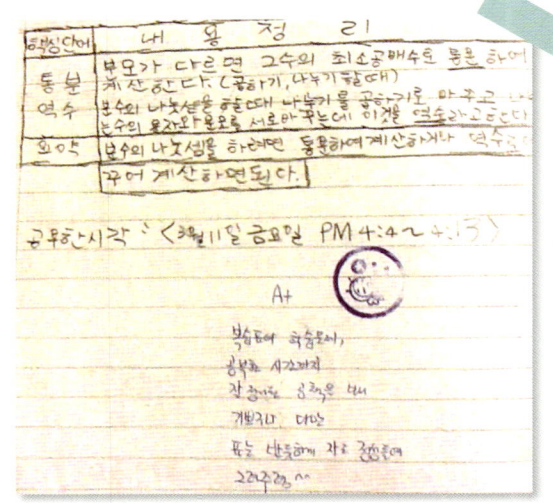

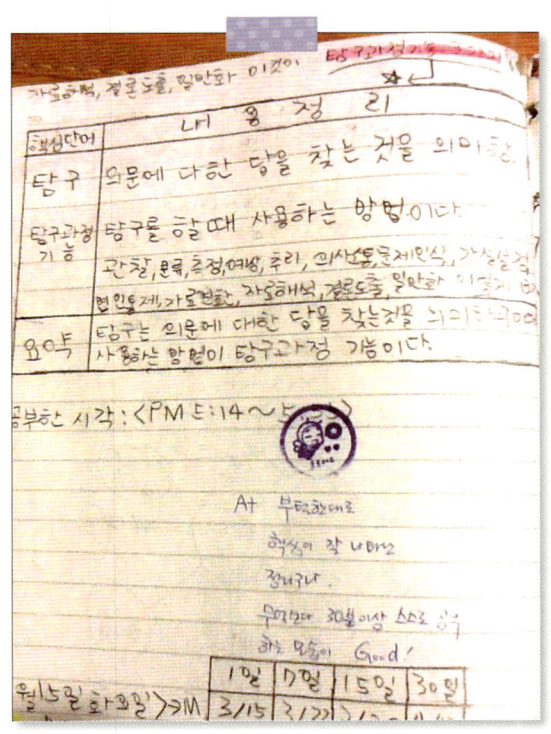

글을 달았습니다. 그 아래 사진은 바로 다음 날 같은 학생의 복습공책입니다.

혹시 불러내어 대화를 하게 된다면 충분히 아이의 복습공책을 보며 "이 부분은 글씨를 잘 썼다" "여기는 도형을 그려 수학 공식을 쓰니 이해가 잘되는구나"라고 칭찬을 해 줍니다. 그런 다음에 "다시 예쁘게 고쳐 쓰고 싶은 데는 없니?"라고 물으면 큰 효과를 얻을 수 있습니다. 이렇게 물으면 대부분의 아이들은 다시 쓰고 싶은 부분을 말합니다. 이미 칭찬을 충분히 받은데다가 더 잘하고 싶은 욕심에 다음에는 더욱 노력하여 공책을 작성하게 됩니다. 만약 다시 쓰고 싶은 부분을 말하지 않으면, 선생님이 "여기를 다시 써볼까?"라고 제안하면 됩니다. 물론 여러 군데가 보이지만, 그 중에 고쳤으면 하는 곳 딱 하나만 부탁하면 됩니다. 바로 잡아주자고 너무 의욕을 앞세우면 자칫 아이가 공책을 싫어하게 되고 관계마저 나빠질 수 있습니다.

3. 칭찬할 게 없어도 칭찬하기

아이의 공책을 보고 조금이라도 잘한 점을 찾았다면 바로 칭찬해야 합니다. '도저히 칭찬할 곳이 없는 아이'라고 생각이 드는 아이를 보게 될 지도 모릅니다. 도저히 알아볼 수 없는 글씨에 학교에 와서야 억지로 몇 줄 밖에 안 썼습니다. 그러나 전체적으로 형편없어도 더러는 괜찮은 부분이 있기 마련입니다. 저는 하다못해 포기하지 않고 제 시간에 공책을 내었다고 칭찬한 적도 있습니다. 이처럼 그 아이만의 장점과 발전한 모습을 예민하게 꼭 찾아내야 합니다. '칭찬할 게 없는 것은 내가 아직 보는 눈이 없기 때문'이라고 생각해야 합니다.

복습공책을 걷어 확인하는 이유는 '칭찬하기 위해서'입니다. 따로 칭찬받을 일이 없던 아이가 공책을 통해 조금씩 칭찬을 받기 시작하면 아이는 공책정리를 좋아하게 됩니다. 공책정리를 좋아하던 아이는 그 다음으로 공부가 좋아지게 됩니다. 공부가 좋아지게 된 아이는 성적이 오르며 인생에 대한 자신감을 되찾기 시작할 것입니다. 칭찬할 게 없는 아이에게서 칭찬을 하는 이 작은 반복된 노력이 아이들의 인생을 바꿀 수 있다니 노력할 만하지 않습니까?

4. 개인적인 관심을 표현하기

일본의 학력평가 1위 지역으로 유명한 아키타 현의 공부 비결을 찾던 다큐멘터리 방송에서 한 학부모가 이렇게 이야기했습니다. "선생님들이 아이들 한 명 한 명에 관심을 가지고 지켜보고 있다는 것을 느꼈습니다."

학부모는 어디에서 그런 관심을 느꼈을까요? 선생님의 매일 계속되는 공책의 댓글 속에서 아이에 대한 선생님의 사려 깊은 관심을 느꼈기 때문이 아닐까요?

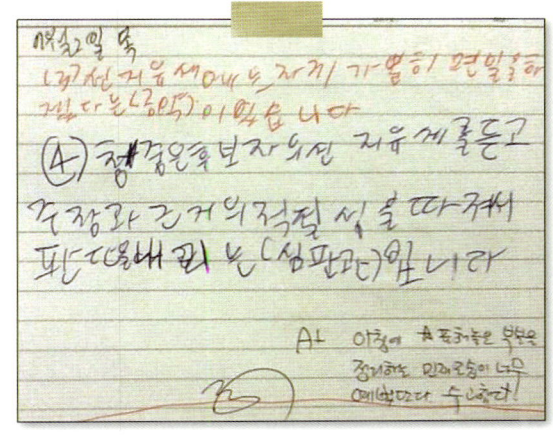

공책 검사 후 피드백하기

복습공책을 검사한 후에도 칭찬은 이어져야 합니다.

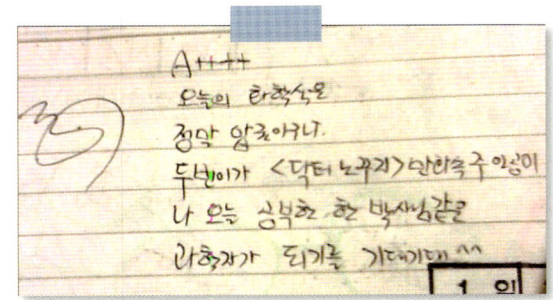

1. 기본적인 약속을 점수로 매기기

그냥 댓글만 다는 것보다 아이들과 정한 약속대로 복습공책을 작성해 오면 정해진 점수를 주는 방법을 취하면 아이들에게 더욱 성취감을 줄 수 있습니다. 우리 반 같은 경우에는 다음과 같은 약속으로 점수를 매기고 있습니다.

(1) A++ : 구조화된 필기가 되어 있으며, 날짜-단원명-학습문제-공부한 시간이 모두 나와 있고, 색펜의 사용과 그림, 도표, 그래프 등을 잘 활용함

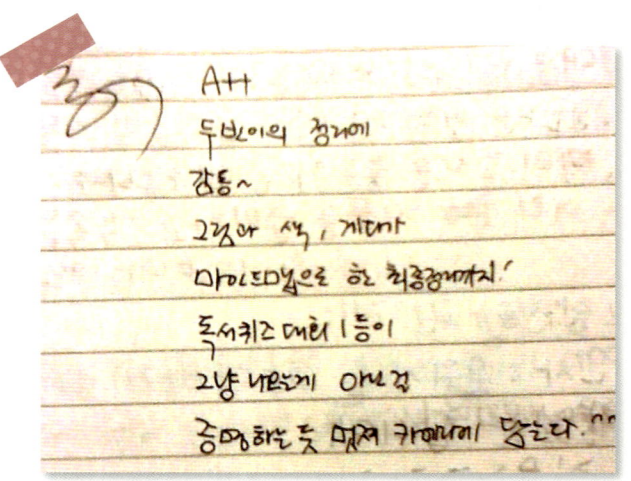

(2) A+ : 구조화된 필기가 되어 있고 날짜-단원명-학습문제-공부한 시간이 잘 나타나 있으나 색펜만 제대로 사용함

(3) A : 구조화된 필기가 되어 있고, 날짜-단원명-학습문제-공부한 시간이 잘 나타나 있지만, 연필 등 단색으로만 작성됨.

(4) B+ : 날짜-단원명-학습문제-공부한 시간은 잘 나타나있지만, 연필로만 작성되어 있고, 자기만의 생각을 담아 구조화하지 못함

(5) B : 날짜-단원명-학습문제-공부한 시간 중 하나가 미흡하고, 연필로만 작성되어 있고, 자기만의 생각을 담아 구조화하지 못함

C : 날짜-단원명-학습문제-공부한 시간 중 둘 이상이 갖춰있지 않고, 연필로만 작성되어 있고, 자기만의 생각을 담아 구조화하지 못함

D : 날짜-단원명-학습문제-공부한 시간 중 하나만 적혀 있고, 연필로만 작성되어 있고, 자기만의 생각을 담아 구조화하지 못함

이와 더불어 일단 복습공책의 기본 형식을 갖추고, 우뇌가 좋아하는 색깔과 그림 등 이미지를 담을 수 있도록 계속 권하고 있습니다.

2. 카메라로 찍어 학급 홈페이지에 게시하기

백 번 잘 쓰라고 말하는 것보다 아이들에게 최고의 동기유발은 정성껏 쓴 친구들의 복습공책을 보여주는 것입니다. 평소 글씨가 엉망인 아이가 한 페이지를 정성껏 써서

제출했을 때, 수학 원기둥의 넓이를 구할 때 원기둥 그림을 그려 잘 표현했을 때, 이전 복습공책 댓글로 부탁한 부분을 점검하고 자기 것으로 만들어 제출했을 때, 열심히 노력했다는 느낌이 전해질 때에는 많이 칭찬하고 카메라(제 경우는 아이패드 카메라로)로 촬영합니다. 그런 후에 학급 홈페이지에 잘한 공책 사진만 올려주면, '나도 잘 쓸 수 있다'는 자신감이 생기며 '이렇게 정리하는구나'라는 생각을 하며 더욱 공책정리를 잘하게 됩니다.

3. 복사하여 게시판에 붙여 칭찬하기

아이들은 자신이 잘하고 있다는 것을 알면 더욱 의욕이 샘솟고 분발하게 됩니다. 일본 아키타 현 관련 다큐멘터리에서도 가장 많이 활용하는 방법이 바로 교실 뒤 게시판을 활용해 잘한 공책을 복사해서 붙여놓고 볼 수 있도록 게시하는 것이었습니다. 축소 복사를 하면 여러 쪽의 공책을 함께 붙일 수도 있습니다.

열심히 노력한 공책은 아이들에게 매우 중요하며 이런 중요한 결과물을 그냥 내버려두는 것은 아까운 일입니다. 자기 공책이 복사되어 교실 벽에 게시되어 있는 학생은 아이들이 자신의 복습공책 사진을 바라볼 때마다 뿌듯뿌듯하며 더욱 성취감을 느끼게

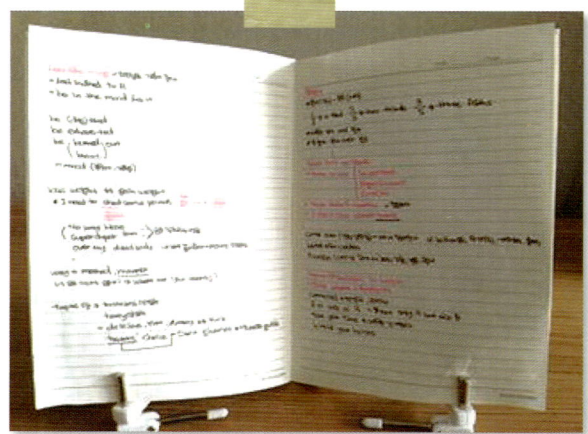

될 것입니다.

4. 교실 뒤 공책 전시회 하기

독서대를 준비해 '좋은 공책 전시회'를 하면, 공책정리를 어려워하는 아이들도 어떤 공책이 좋은 공책인가에 대한 눈을 기를 수 있습니다. 꾸미기를 좋아하는 여자 아이들에게도 '학습문제와 연관이 있는 공책이 왜 좋은 공책인지' 보여줄 수 있습니다.

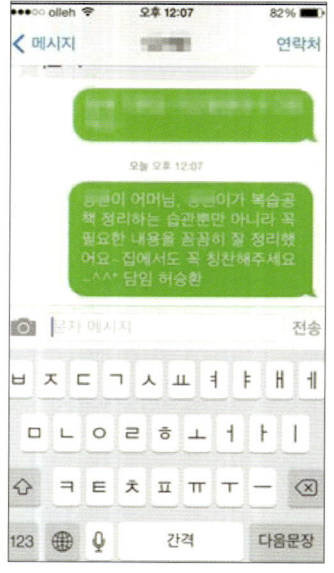

5. 학부모님과 연계해 칭찬하기

선생님뿐만 아니라 엄마, 아빠도 함께 칭찬해주시면 아이들은 더욱 의욕적으로 공책정리에 정성을 기울이게 될 것입니다. 조금 과하다 싶을 정도로 칭찬을 해주며 댓글로 "부모님, ○○이 복습공책이 오늘 가장 잘한 정리로 꼽혔습니다. 집에서도 꼭 칭찬해주세요"라고 답글을 달아주거나 문자로 보냅니다. 학교와 가정이 이렇게 연계될 때 아이들은 더욱 공부를 좋아하게 되며, 더욱 정성을 들여 공책을 정리하게 됩니다.

한 걸음 더, 생각 더하기

> 2012. 3. 12
> 큰일났다!
> 큰일이 벌어지고 있다. 6학년 담임 쌤이 수업을 너무 재미있게
> 해서 학원수업이 재미가 없다. 너무 지루해서 잠만 온다.
> 어떻게 그렇게 재미있게 가르치실 수가 있는지? 신기하다.
> 복습공책, 코넬공책, 칸칸이 공책 이렇게 세 개의 이름을 가진
> 색다른 필기방법도 마음에 든다. 내가 흥미를 느낀 필기 방법은
> 이번이 처음이다. 복습공책은 공부도 좋지만 너무 재미있다.
> 심심할땐 최고! 그러나 내가 마음에 드는건 따로 있다.
> 내 공책에 있는 답글 및 칭찬! 나는 나를 칭찬하는 것이 너무좋다.
> 그래서 선생님, 엄마, 아빠 등 나를 칭찬하는 사람과는 더욱
> 친해지고 싶다. 선생님! 잘 부탁드려요!

2012년 복습공책을 처음 시작하고 몇 주후에 다인이가 써준 글입니다. 복습공책을 정말 즐겁게 쓰는 아이의 마음이 느껴져 교사로서도 뿌듯했습니다만, 제 마음을 끄는 것은 바로 아래쪽 글이었습니다.

'그러나 내가 마음에 드는 건 따로 있다. 내 공책에 있는 답글 및 칭찬! 나는 나를 칭찬하는 것이 너무 좋다. 그래서 선생님, 엄마, 아빠 등 나를 칭찬하는 사람과는 더욱 친해지고 싶다. 선생님! 잘 부탁드려요'

공부가 좋아지는 공책정리 습관을 기를 때 가장 필요한 것은 아이의 글에 나와 있듯이 바로 공책을 확인해주는 선생님의 댓글입니다.

19세기 미국의 강철왕 카네기는 새로운 사람을 사귈 때 가장 필요한 세 가지 인간관계 비법으로 (1) 관심 가지기 (2) 먼저 인사하기 (3) 이름 외우기를 꼽았다고 합니다. 카네기 인간 관계론의 네 번째 원칙은 바로 "우리는 우리에게 관심을 갖는 사람에게 관심을 갖는다"라고 합니다. 정말 그렇지 않나요? 아이들에 대한 깊은 관심은 아이들에게도 관심을 이끌어낼 수 있습니다.

학습부진아를 위한 공책정리!

중학교에 올라간 2011년 제자들이 2012년 제자들의 6학년 학급 홈페이지에 이런 글을 남겼습니다. 태성이는 "난 오늘 영등포중학교 작년 1학기 중간고사 문제를 풀었는데, 70점 이상 나왔어. 복습공책 때문에 성적이 무지 올랐어." 작년 평균 60점 정도를 받던 아이인데, 정말 기분 좋은 소

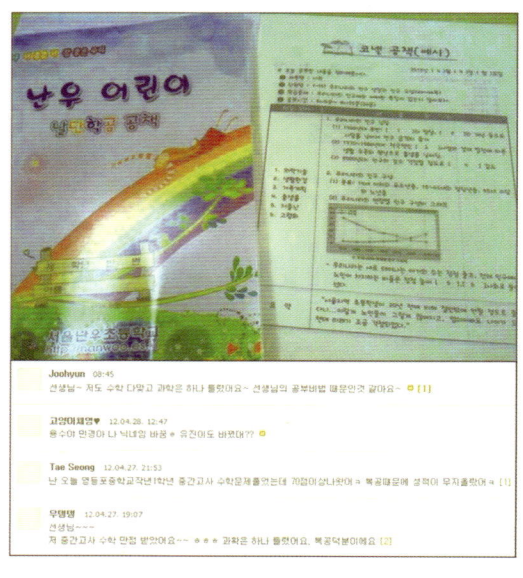

식이었습니다. 그런데 그 밑에 댓글에 태영이가 "선생님, 저 중간고사 수학 만점 받았어요~과학은 하나 틀렸어요. 복습공책 덕분이에요"라고 글을 남겼습니다. 주현이도 "선생님, 저도 수학 다 맞고 과학은 하나 틀렸어요. 선생님의 공부비법 때문인 것 같아요"라고 글을 남겼고, 해인이, 송이, 영진이 등 많은 아이들이 중학교에 올라가서도 시험공부를 하며 복습공책을 쓰고 있다고 고마워했습니다.

성적이 오른 것보다 더 기쁜 소식은 아이들이 누가 검사하지 않는데도 스스로 자신을 위해 복습공책을 쓰며 공부하고 있다는 사실이었습니다. 원래 공부를 잘하던 태영이나 주현이보다 태성이의 성장에 감격스러웠습니다. 공부에 별로 뜻이 없던 아이가 일 년 동안 복습공책을 작성하는 습관을 들이고, 이젠 졸업하고 중학교에 올라갔는데 스스로 복습공책을 만들어 공부하고 있다니….

이제 공책정리를 지도하며 가장 고민이 되었던 '학습부진아들에게 어떻게 공책을 정리하도록 지도할까'에 대한 고민을 나누려고 합니다. 사실 공책정리를 시켜 보면, 곧바로 성적이 오르며 효과를 느끼는 학생들은 중상위권 학생들이나 상위권 학생들입니다. 이 아이들은 조금만 습관을 갖춰 주면 스스로 배움의 즐거움을 느끼고, 학습 내용도 곧잘 구조화하여 자기만의 사고가 담긴 공책을 정리해냅니다. 하지만 일 년 내내 지도해도 내내 안 해오고, 아침에 학교에 와서 친구들 것을 대충 베껴 내고, 그 글씨마저 너무 바쁘게 흘려 써서 알아보지도 못하게 내는 학생들이 적지 않습니다. '검사 받기 위해 공책을 내는 것'은 하지 말자고 부단히 부탁해도 쉽지 않다는 고민은 후배들을 통해서도 많이 듣고 있습니다. 그러면 어떻게 해야 공부를 못하는 학생들도 '스스로의 성장'을 느끼며 공책을 잘 정리하도록 도울 수 있을까요?

남학생과 여학생의 특성을 이해하자

공책정리를 지도하다 보면, 유난히 남자 아이들의 공책정리가 여자 아이들에 비해 뒤쳐진다는 생각을 하게 됩니다. 사실 여자의 뇌는 양쪽 뇌의 연결이 더욱 긴밀하고, 대뇌피질의 특정부위에 11%나 더 많은 뉴런이 있어서 언어능력이 탁월합니다. 반면 남자의 뇌는 소근육을 관장하는 소뇌가 늦게 발달하여 가위질, 글씨 쓰기 등에 서툰 경향이 있습니다.

좌뇌와 우뇌 사이의 연결부에 대한 연구는 로스앤젤레스에 있는 캘리포니아 대학교의 신경학자 로저 고르스키에 의해 이루어졌습니다. 이 연구 결과, 좌뇌와 우뇌 사이

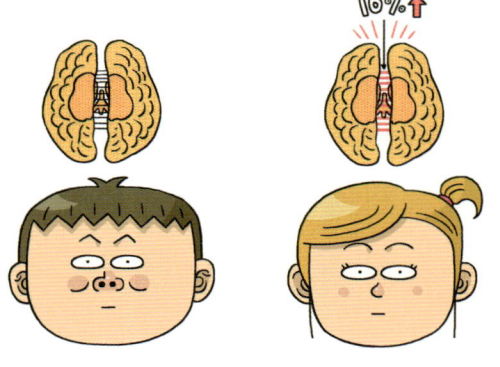

를 연결하는 일종의 대들보인 뇌량이 여자들은 10% 더 두꺼운 것으로 나타난다는 사실이 확인되었습니다. 이 뇌량이 많을수록 인간의 언어적 숙련도 또한 높다는 뜻이기에 보통 여자 아이들이 남자 아이들보다 말하기를 더 좋아하는 것은 당연한 현상입니다. 남자 5세의 언어 발달 능력은 여자 3세 아동과 비슷하다는 실험 결과도 있습니다.

그러나 이 이야기는 여학생이 남학생보다 더 낫다는 비교가 아닙니다. 태어나기를 서로 다르게 태어났다는 것을 인정해야 합니다. 남자와 여자는 서로 다르지만 서로 다른 경로를 통해 동일한 지능으로 도달합니다. 그래서 남자 아이와 여자아이는 다르게 교육해야 하며 이 차이를 인정하고 아이들을 대해야 합니다. 특히 학습이 부진한 남학생에게 교사가 해줄 몫은 인내하고 기다려주는 것! 그리고 칭찬해주는 방법밖에는 없습니다.

학습부진아를 위한 공책정리 비법

공부를 못하는 학생들이 복습을 하리라 굳게 마음먹었다 해도 실제로 복습을 하지 못하는 가장 큰 이유는 '의지 부족'이 아니라 '무엇을 복습해야 할지 몰라서'인 경우가 훨씬 많습니다.

복습에는 '40% 연독학습법'의 법칙이 적용됩니다. 한 번 공부한 후 거의 잊어버렸던 내용을 다시 복원시키는 데는 처음에 소요된 시간의 40% 정도가 걸린다고 합니다. 책 한 권을 읽는데 1년이 걸렸다면, 두 번째 공부할 때에는 1년의 40%인 5개월이 소요되고, 세 번째 읽을 때는 2개월이 소요되고, 10번째 읽을 때에는 단 한 시간이면 되는 것입니다. 10분을 공부한 내용을 다음에 복습할 때에는 4분이면 복습할 수 있습니다. 40분 수업이라면 제대로 공부하면 16분이면 충분히 할 수 있습니다. 복습에 많은 시간이 걸리는 학생도 복습할 내용이 정해져 있다면, 40분 수업의 복습시간도 10분을 넘지 않을 것입니다.

학습부진아를 위해서는 인내하고 기다리며 몇 가지 지도 전략을 적용해야 합니다.

1. 공책 길라잡이의 활용

선생님이 충분히 어떻게 복습공책을 작성하는지 설명하셨다고 해도 학생들이 집에서 스스로 하려고 하면 어떻게 할 줄 모르는 게 복습공책입니다. 그럴 때 아이가 스스로 참고해서 볼 수 있도록 '길라잡이'를 작성해서 나누어주실 필요가 있습니다. 복습공책 길라잡이에는 '복습공책의 작성 방법'과 '공책을 왜 써야 하는지' 학생들이 공책을 펼칠 때마다 볼 수 있도록 제시되어야 합니다. 저 같은 경우는 인쇄해서 공책 표지 안쪽에 붙여 주고, 수시로 열어 비교하고 확인하여 공책을 작성하도록 지도하고 있습니다.

2. 따라 쓰기의 지도

학습부진이 누적된 학생들은 작은 '성공경험'이 필요합니다. 그런데도 계속 복습공책을 안했다는 이유로 혼나게 되면, 결국 부정적인 자아상만 커지게 될 것입니다. 3, 4월을 지나면서부터는 반복적으로 복습공책을 작성하지 않는 학생들을 개별면담하고, 그 이유가 게으름이 아니라 누적된 기초 학습 부진으로 무엇을 정리할지 몰라서거나 가정에서 복습공책을 따로 작성할 시간이 없는 경우라면, 아침자습 시간에 따로 작성할 시간을 주면 좋습니다. 항상 반복적으로 작성을 안 해와서 학교에서의 선생님과의 일대일 경험이라곤 혼난 것밖에 없는 아이들, 생각해보면 안타깝고 불쌍한 아이들 아닙니까?

저는 이 아이들에 대해선 우선 아이들이 저에게 허락을 받고 아침이면 모범적으로 복습공책을 작성해오는 아이들 공책을 가져가 그대로 베끼게 했습니다. 혹시 집에 참고서가 있는 학생이라면 참고서를 베껴 적도록 지도했습니다. 그것이라도 잘하는 학생들은 어떻게 작성하는지를 따라 쓰다 보면 스스로 하고 싶을 때가 있습니다. 그때를 눈여겨봤다가 칭찬해주면 하루 종일 행복해 합니다. 칭찬을 받아본 경험이 없는 아이들을 칭찬해주려고 노력하는 것, 교사가 매일 애써야 하는 전문성이라고 생각합니다.

3. 저학년용 공책 활용하기

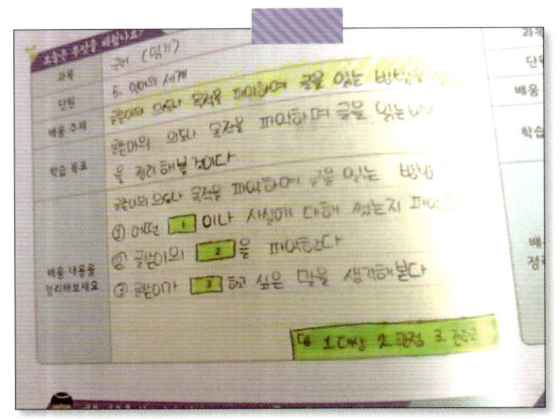

습관을 들이는 게 목적이라면, 학습이 부족한 학생들에게는 따로 적을 양이 적은 공책을 준비해서 작성하도록 하면 좋습니다. 시중에 나온 공책을 활용해서 정말 중요한 내용만 적도록 하거나 '학습 일기'를 통해 한 시간에 공부한 내용을 3줄~5줄만 적도록 허락해주면, 그리 부담스러워하지 않아 하며 잘 따라옵니다.

333 공책으로 가볍게 공책 필기를 시작하는 것도 권하고 싶습니다. 333 공책은 서울청량초등학교에서 개발해 지도한 공책으로 3. 3. 3 세 가지 원칙을 중심으로 제작된 공책입니다. 실제로 학습이 부진한 학생들에게 지도해보니, 아이들이 부담감 없이 좋아했습니다.

3 : 수업 시작 전 3분 동안 학습목표 확인하기

3 : 수업 끝나기 전 3분 동안 학습 정리하기

3 : 집에 가서 공책에 3줄 이상으로 정리하기

수업이 시작되기 3분 전에 교과서의 목차를 통해 배울 내용이 무엇인지 미리 확인하는 정도의 예습만 진행해도 더욱 학습의 효과는 큽니다마는, 저학년이라면 선생님의 일괄적인 지도가 수업이 시작되었을 때 함께 지도되는 게 바람직합니다.

'수업이 끝나면 3분간 공책을 보면서 핵심 단어를 적어본다.'

3줄로 공부하는 게 낯설다면, 이렇게 '핵심 단어'만 적어보도록 지도하는 것도 효과적입니다. 대신 이 '핵심 단어'를 통해 학습 내용을 연상 결합시킬 수 있도록 다음 시간 공부를 시작할 때 반드시 '이전 학습을 상기'시켜 주어야 합니다.

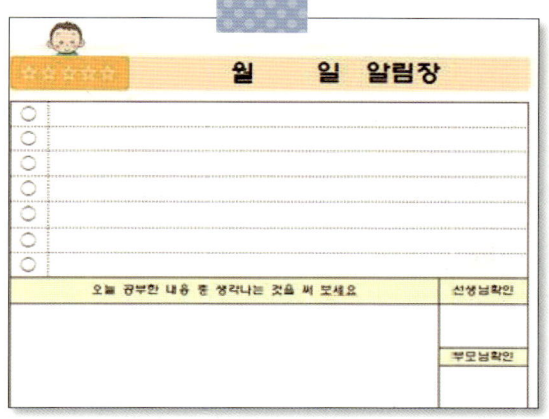

당곡초등학교 박미향 선생님께서는 간단히 알림장에 '공부한 내용중 생각나는 것'만 쓰도록 하셨습니다. 1학년이라면 이렇게 가볍게 시작하는 것도 괜찮습니다. 2학년 정도 되면, 수업 시간에 배운 내용 중 기억에 남는 핵심 단어만 적도록 합니다.

학습일기를 쓰게 하는 것도 좋은 방법입니다. 학습일기는 학교 공부도 일기로 쓴다면 더 재미있게 배울 수 있다는 것을 알려주는 좋은 글쓰기 방법입니다. 일기쓰기를 통해 습관을 바꾸고 아이 스스로 자기주도 학습의 기초를 세울 수 있도록 도와줄 것입니다. 학습일기는 인권 문제 등 여러 가지 오해를 낳고 있는 일기 대신 오늘 공부한 내용을 일기에 자기 생각을 담아 쓰는 일기입니다. 일기 지도와 복습을 한꺼번에 할 수 있는 방법이라 어떤 일기를 써야할지 매일매일 고민인 부진학생들어 게 딱 좋습니다.

4. 틀이 제공되는 학습지 활용하기

공책정리에 익숙해질 때까지는 기본적인 형식을 교사가 작성해서 훈련이 되도록 제공해주어야 합니다. 3. 3. 3습관의 법칙을 적용해 3일은 완전히 완성된 공책 학습지를 제공하고, 3주 정도의 시간동안은 수업 시간동안 교사가 학생들과 함께 이야기하며 공책을 완성해갑니다.

"오늘 공부한 내용 중에 핵심 단어를 5가지 고른다면 무엇일까요?"

이렇게 교사가 기본적인 형태를 제공해주되, 점점 아이들이 할 몫을 많이 넘겨주면 됩니다. 코넬 공책을 지도한다면 기본적인 형식은 다 교사가 작성하되, 핵심어를 빼는 부분이나 요약 부분을 학생들이 수업시간에 직접 작성하는 시간을 가지며 교육해야 합니다.

아이들에게 무작정 맡기고 책임을 지우면 안 됩니다. 선생님은 수고스럽지만, 이 방법이 길게 봤을 때 더욱 효과적입니다. 점점 학생들이 해야 할 공간을 늘려주면 그만큼 잘하게 되어 있습니다.

5. 자기가 하고 싶은 공부 공책에 정리하기

일본 아키타 현의 저학년 아이들은 반드시 집에 가면 '가정학습공책'을 작성합니다.

방과 후 집에서 그날 배운 내용을 복습공책에 필기하는 것입니다. 자신이 몰랐던 것이나 스스로 생각했을 때 학습이 더욱 필요하다고 여겨지는 부분을 혼자 찾아서 공부하고 그것을 정리하는 것입니다. 이것이 가장 중요한 부분이며 학생 스스로의 의지가 발휘되는 부분입니다.

가정학습 공책에 자기에게 필요한 공부 또는 자기가 하고 싶은 공부를 해가는 것입니다. 아이들은 아침에 학교에 오면 이 공책을 선생님의 책상 위에 제출하고, 선생님은 수업 중에 이것을 틈틈이 검토하고 지적 사항을 꼼꼼히 적어줍니다. 처음 공책 필기의 습관을 들인다면, 따로 과제의 압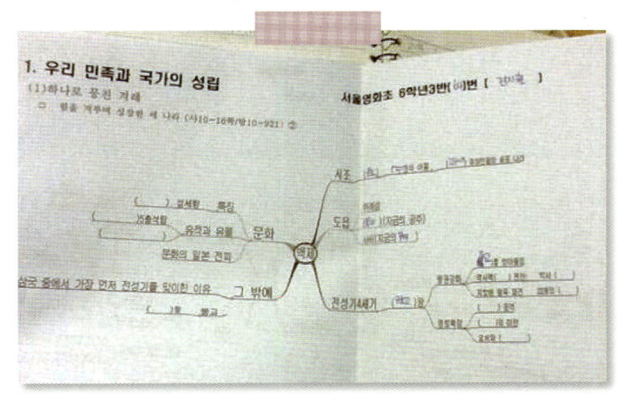
박에서 벗어나 아이가 스스로 공부하는 습관을 들이기 위해서 (1)자기가 잘 못하는 부분 (2)더 열심히 해야 하는 부분 (3)스스로 공부하고 싶은 부분 등을 선택해 정리하도록 하는 아키타 현의 공책이 시사하는 게 많다고 생각합니다. 축구를 좋아하는 아이라면, 축구에 대해 알고 싶은 것, 알게 된 것들을 조사해 정리하도록 해서 일단 공책정리를 좋아하게 할 필요가 있습니다.

6. 여러 선생님들의 집단지성 아이디어

교육연수원이나 교육지원청에서 '공책'에 대한 강의를 할 기회가 되면, 포스트잇으로 여러 선생님들의 의견을 다음과 같이 물어봤습니다.

"공책정리를 귀찮아하는 아이들, 연거푸 안 해 오는 아이들을 어떻게 지도하면 좋을까요?"

여러 선생님들의 보석같은 아이디어도 함께 집단지성으로 남겨둡니다. 혼자 가면 외

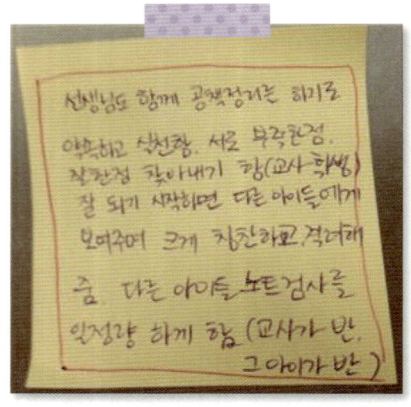

롭지만, 함께 가면 아이들을 더 잘 지도할 수 있습니다. 다음은 그 아이디어들 중 일부입니다.

- 선생님도 함께 공책정리를 하기로 약속하고 실천한다.
- 하지 않을 '자유'가 있지만, 자유에는 '책임'이 따른다는 것을 이야기해준다. 그런 후에 아이가 선택한 것은 무엇이든 인정해준다.
- 공책 필기를 계속 안 해오는 아이들은 내가 가르친 것을 필기하라고 하지 않고, 자기가 좋아하는 것을 적어오라고 하고 칭찬해주는 것으로 시작하겠다.
- 그 아이와 친한 아이 중에 공책정리를 잘하는 아이의 도움을 부탁해 친구를 통해 공책정리에 관심을 가지도록 지도한다.
- 핵심 단어만 큰 글씨로 써오게 한다.
- 아이를 혼내지 않고 남아서 아이와 함께 복습공책을 작성한다. 즐겁고, 재미있게! 그리고 교사가 아이에게 최선을 다해 도와주려는 모습을 보여준다.
- 지속적으로 대화하고, 근원적인 문제에 접근하고, 관계의 본질을 잃지 않도록 한다.
- 공부를 못하는 학생들의 특징은 끝까지 완성하지 못한다는 점이다. 아이가 무엇을 끝까지 완성하는지 알아보려한다.
- 복습공책정리 대신에 교과서를 읽고 형광펜으로 핵심 단어와 핵심내용을 찾아 칠해오게 하여 부담감없이 복습하도록 하겠다.
- 또래친구를 만들어 함께 복습하고, 집에서가 아니라 모둠 안에서 함께 협력하여 복습하도록 하겠다.
- 학생과 공감하기, 참고 기다리기, 작은 것에 칭찬하기, 아이는 서서히 따라온다.

- 안 써와도 그냥 두겠다. 그러다가 한 줄이라도 스스로 써오면 크게 칭찬해주겠다. 그러다 또 안 써오면 그냥 두겠다. 스스로 할 때까지 기다려주겠다.
- 조용히 불러 이야기한다. "그렇게 힘들면 안 써와도 괜찮아. 대신 이 공책에 네 마음속에 있는 말들, 그냥 하고 싶은 이야기들을 적어줄 수 있겠니? 그렇게 해도 괜찮아."
- 학습에 낮은 성취감을 맛본 아이들은 그로 인해 모든 것에 부정적일 수밖에 없다. 이럴 때는 학습 이외의 것, 운동이나 만들기, 그리기 등 그 아이의 강점을 높이 평가하고 그로 인해 성취감과 자존감을 회복시켜 준다. 그러한 후에 학습에 관심을 가지도록 작은 결과에도 크게 격려하고 칭찬하면서 주기적으로 자존감을 높여준다.
- 아이가 공부를 힘들어하게 되었거나 어려워하게 된 지점이 언제인지 무엇 때문인지 상담을 통해 깊은 공감으로 이야기 나눈다.
- 공책 쓰기에서 가장 힘들고 어려운 지점이 무엇인지 진지하게 이야기해본다. 그리고 아이가 할 수 있는 지점을 스스로 찾고, 합의점을 찾아본다. 한 달 정도 경과를 지켜본 뒤 그동안의 상황을 다시 돌아보며 함께 이야기 나누어 본다.

마지막 두 분의 조언은 학습이론 전문가 멜 레빈이 제안하는 '나는 못해라는 신화 벗기기'와 닮았습니다. 멜 레빈은 가장 먼저 "난 공부랑 안 맞아" "난 잘 하는 게 없어"라는 아이의 오해를 벗어줄 수 있도록 다음과 같은 6단계 상담을 권했습니다.

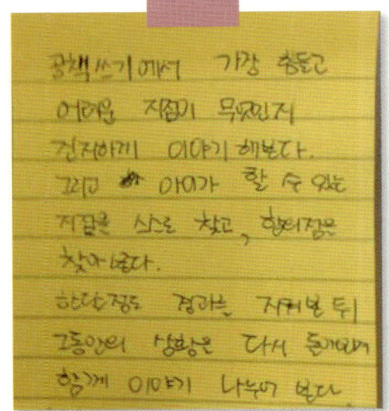

(1) 잘못된 신화 벗기기
(2) 강점 찾아주기

(3) 약점을 이해하고 공부 관점 바꾸기

(4) 낙관적 태도 기르기

(5) 협력관계 형성하고 유지하기

(6) 전문적인 도움으로 연결해주기

《공부 상처》의 저자 김현수 교수님은 "저는 머리가 나쁘고 한심한 애예요"라는 아이에게 다음과 같이 물었다고 합니다.

(1) 언제부터 그랬는지

(2) 무엇 때문에 그리고 어디에서 그랬는지

(3) 누구와의 관계 때문에 그랬는지

그리고 매우 신중하게 이야기 나누면서 "충분히 그럴 수 있었겠구나"라고 끄덕여주며 공감만 해줘도 학습부진 지도의 절반은 왔다고 밝혔습니다.

무엇보다 중요한 것은 아이들을 믿는 마음입니다. 아이들은 배우고 싶어합니다.

켄 로빈슨 경의 유명한 TED 강의 중 〈교육 패러다임을 바꾸자〉 편을 보면 '종이 클립으로 할 수 있는 것은?'이란 질문에 대답한 1,500명의 유치원 아이들 중 98%가 확산적 사고의 천재라는 결과가 나왔다고 밝혔습니다. 그런데 5년, 10년 뒤 이 아이들이 교육을 받은 후 10~15개 정도밖에 이야기하지 못했다고 하는 게 충격적이었습니다. 교육Education의 어원은 라틴어 Educatio에서 유래되었는데, 그 뜻은 '끄집어내다'라고 합니다. 그 어원에서부터 교육은 가르쳐서 아이들의 머릿속에 집어넣는 게 아닌 겁니다.

저명한 심리학자인 칼 로저스는 인간 중심 상담을 통해 진실성, 무조건적 긍정적 존중, 공감만 함께 한다면 다른 기법이 필요 없이 아이들을 도울 수 있다고 했습니다. 공감은 그것이 공포, 분노, 아픔, 혼란 그 무엇이던간에 학습부진아의 내면에서 일어나고 있는 느낌의 변화에 순간순간 민감해지는 것을 포함합니다. 공부로 인해 상처 받고 성적 포기가 인생 포기로 이어지는 아이들의 인생에 변화가 일어나기를 소망합니다. 아이들이 남과의 경쟁보다 자신과의 경쟁을 하며 자신의 꿈을 찾아가는 길에 이 책이 조금이라도 도움이 되면 좋겠습니다.

한 걸음 더, 생각 더하기

필기화 과정을 학습하기

교과서 본문을 봐도 무엇이 핵심적인 내용인지 모르는 아이들에게는 필기화 과정을 모둠별로 학습할 기회를 제공해야 합니다.

2012년 10월 25일 금요일 5교시 : 읽기 5단원. 한글을 문자로 사용하는 찌아찌아족

공부를 시작할 때, 외국에서는 맥도널드 햄버거를 어떻게 발음하는지 들려주었다. 영어로 McDonald Hamburger가 중국어로는 麥當勞漢堡(마이당로우 한뽀우), 일본어로는 マクドナルドハンバガ(마꾸도나르도 함바가)로 표현에 제한적인 면이 있는 반면 우리말은 표음문자로 11,000개의 소리 표현을 자유롭게 한다며 한글의 우수성에 대한 공부를 시작했다. SBS 드라마 《뿌리깊은 나무》에서 28자의 한글로 처음 자기 이름 똘복이를 쓰는 장혁의 모습 동영상을 보여주었다.

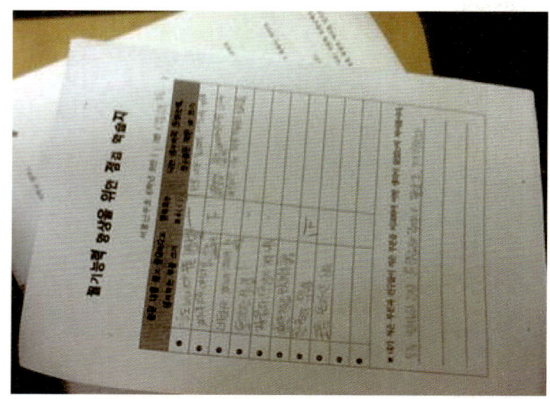

그렇게 표음문자로서의 한글의 장점을 살피고, 필기 능력 향상을 위해서 따로 학습지를 준비했다. 그리고 교과서를 읽으면서 스스로 중요하다고 생각하는

부분을 연필로 밑줄을 그은 후에 학습지 왼쪽에 옮겨 적게끔 했다.

잠시 후에 모둠별로 모여 서로 중요하다고 적은 글을 「돌아가며 읽기」로 발표했다. 이때 듣는 학생은 발표하는 친구가 적은 내용이 자신에게도 있다면, 자신이 쓴 글 옆에 바를 정(正)자로 표시하고, 자신은 적지 않았는데 중요한 내용이라면 오른쪽 칸에 그 친구의 발표를 요약해서 정리하도록 했다.

같은 내용을 공부해도 우리는 제각기 다른 내용으로 배운 내용을 구성해 자기 것으로 만든다. 그래서 이러한 협업 과정을 통해서 학생들이 친구들과 함께 배워야 보다 완전해짐을 깨달을 수 있기를 바라는 마음이다.

참고 문헌

강승임, 《초등 마인드맵 노트법》, 소울키즈
고경희, 《공부법을 알려줘》, 계림북스
고도 치하루 지음/오희옥 옮김, 《기억력 10배 올리는 방법 47》, 북폴리오
고봉익, 《공부감성》, 중앙북스
고봉익 · 김승 · 성기철, 《습관 : 66일의 기적》, 새앙뿔
고봉익 · 육근혜, 《고봉익의 공부 습관 4가지 비밀》, 아리샘
권혁도, 《꿈을 이루는 공부 습관》, 지상사
김미라, 《공부심리학》, 밀리언하우스
김민조 · 김순혜 · 김판수 · 김효원 · 남미영 · 박경진 · 박승호 · 박효정 · 송인섭 · 오승걸 · 이희숙 · 이희현 · 정재영 · 정찬호, 《내 공부의 내비게이션》, 한국교육개발원
김판수 · 최성우, 《아이를 바꾼다》, 교육과학사
김판수 · 최성우, 《자기주도학습&코칭ABC》, 즐거운학교
김현수, 《공부상처》, 에듀니티
대니얼 T. 윌링햄 지음/문희경 옮김, 《왜 학생들은 학교를 좋아하지 않을까》, 부키
도나 워커 틸슨 지음/정종진 · 성용구 · 임청환 옮김, 《좋은 수업의 실제 10가지 전략》, 시그마프레스
드니 르보 · 장 뤽 들라드리에르 · 피에르 몽젱 · 프레데릭 르 비앙 지음/김도연 옮김, 《생각정리의 기술》, 지형
레너드 삭스 지음/이소영 옮김, 《남자아이 여자아이》, 아침이슬
마이클 거리언 지음/이지현 · 서소연 옮김, 《남자아이의 뇌 여자아이의 뇌》, 21세기북스
모기 겐이치로 지음/이근아 옮김, 《뇌가 기뻐하는 공부법》, 이아소
민성원, 《민성원의 공부원리》, 대교출판
바비 드포터 · 마크 리어든 · 사라 싱거-누리 지음/김창환 옮김, 《퀀텀교수법》, 멘토르
박인수, 《공부의 정석》, 성안당
박재원, 《공부가 즐거워지는 기적의 두뇌 학습법》, 길벗
박점희, 《학습일기 만점 공부법》, 행복한 나무
배리 코빈 지음/이찬승 · 김은영 옮김, 《10대를 몰입시키는 뇌기반 수업원리》, 한국뇌기반교육연구소
사이토 다카시 지음/서한샘 옮김, 《삼색볼펜 초학습법》, 지식여행
서상훈, 《공신 카드 학습법》, 손바닥공간
서상훈, 《학습이 중요하지만 복습은 더 중요하다》, 지상사
서상훈 · 서상민, 《한번에 합격하는 올패스 공부법》, 한언출판사
서승덕 · 김연민 · 이성근 · 조재홍 · 홍정수, 《14일 공부습관 스스로 길들이기》, 이야기쟁이낙타
세바스티안 라이트너 지음/안미란 옮김, 《공부의 비결》, 들녘
스펜서 케이건 지음/기독초등학교협동학습연구모임 옮김, 《협동학습》, 디모데 출판사

신성일, 《초등 노트 정리법》, 팜파스
신성일, 《노트정리 시크릿》, 문예춘추사
신윤정·김정선·장혜영·성정은·홍지수, 《매일매일 노트필기 공부법》, 북코디
아베 노보루 지음/홍성민 옮김 , 《기적의 아키타 공부법》, 김영사
야스코치 테츠야 지음/최대현 옮김, 《쉽게 가르치는 기술》, 두리미디어
오야노 치카라 지음/고은진 옮김, 《초등 노트습관이 아이 성적 결정한다》, 조선일보생활미디어
와다 히데키 지음/정윤아 옮김, 《기적의 노트공부법》, 파라북스
요시자와 유카 지음/이인애 옮김, 《세로줄 하나가 인생을 바꾼다》, 을유문화사
이상우, 《살아있는 협동학습》, 시그마프레스
이상혁, 《노트의 기술》, 스펙트럼북스
이주연, 《노트필기 1등급 공부법》. 웰북
이지은, 《노트 한권으로 대학 가기》, 뜨인돌
이지은, 《전교 1등 어린이 노트법》, 뜨인돌어린이
이케가야 유지 지음/김성기 옮김, 《착각하는 뇌》, 리더스북
이케가야 유지 지음/하현성 옮김, 《뇌를 속이는 시험공부》, 행복포럼
정문성·조성태·서우철 지음, 《함께해서 즐거운 협동학습》, 즐거운학교
정철희, 《21일 공부모드》, 밀리엄하우스
정철희, 《한국의 아키타 기적의 분포초》, 행복한나무
제임스 E. 줄 지음/문수인 옮김, 《뇌를 변화시키면 공부가 즐겁다》, 돋을새김
찰스 두히그 지음/강주헌 옮김, 《습관의 힘》, 갤리온
최귀길, 《공부생 노트필기》, 마리북스
카트린 뮐러 발데 지음/추금환 옮김, 《공부 잘하는 여학생 공부 못하는 남학생》, 사회평론
캐롤 드웩 지음/차명호 옮김, 《학습동기를 높여주는 공부원리》, 학지사
테리 도일 지음/강신철 옮김, 《뇌과학과 학습혁명》, 돋을새김
토니 부잔·배리 부잔 지음/권봉중 옮김, 《토니 부잔의 마인드맵북》, 비즈니스맵
한국부잔센터, 《반갑다 마인드맵》, 사계절
한국성과향상센터, 《수첩이 인생을 바꾼다》, 김영사
황농문, 《공부하는 힘》, 위즈덤하우스
후루이치 유키오 지음/이진원 옮김, 《1일 30분―인생승리의 공부법 55》, 이레

공부가 좋아지는
허쌤의 공책레시피

허승환 선생님의 공책정리 비법 코칭,
티처빌 원격연수원에서 절찬리 강의중!

www.teacherville.co.kr

선생님마을! 티처빌